HISTÓRIA, TEATRO E POLÍTICA

KÁTIA RODRIGUES PARANHOS (org.)

HISTÓRIA, TEATRO E POLÍTICA

ADALBERTO PARANHOS
CATARINA SANT'ANNA
EDELCIO MOSTAÇO
EVELYN F. WERNECK LIMA
LUCIANA MONTEMEZZO
MARIA DE LOURDES RABETTI
MARIA SÍLVIA BETTI
MIRNA ARAGÃO MEDEIROS
PAULO M. C. MACIEL
ROGER CHARTIER
VERA COLLAÇO
VICTOR HUGO A. PEREIRA

Copyright © Boitempo Editorial, 2012

Coordenação editorial
Ivana Jinkings

Editora-adjunta
Bibiana Leme

Assistência editorial
Pedro Carvalho

Preparação
Mariana Echalar

Revisão
Thaisa Burani

Capa
Antonio Kehl
sobre foto de Maria Della Costa e Orlando Guy,
na peça *Anjo negro* (Teatro Fenix, Rio de Janeiro, 1948)
Fotógrafo Carlos Moskovics, Acervo Cedoc/Funarte;
guardas: elenco da peça *O rei da vela*
(Teatro João Caetano, Rio de Janeiro, 1972)

Diagramação e produção
Livia Campos

CIP-BRASIL. CATALOGAÇÃO-NA-FONTE
SINDICATO NACIONAL DOS EDITORES DE LIVROS, RJ

H578

História, teatro e política / Kátia Rodrigues Paranhos (org.). - São Paulo : Boitempo, 2012.

ISBN 978-85-7559-284-7

1. Teatro - História e crítica. 2. Política - História. 3. Política e cultura. I. Paranhos, Kátia Rodrigues II. Título.

12-4672.	CDD: 792
	CDU: 792
04.07.12 18.07.12	037077

É vedada a reprodução de qualquer
parte deste livro sem a expressa autorização da editora.

Este livro atende às normas do acordo ortográfico em vigor desde janeiro de 2009.

1ª edição: agosto de 2012

BOITEMPO EDITORIAL
Jinkings Editores Associados Ltda.
Rua Pereira Leite, 373
05442-000 São Paulo SP
Tel./fax: (11) 3875-7250 / 3872-6869
editor@boitempoeditorial.com.br
www.boitempoeditorial.com.br

Sumário

Apresentação: Abrem-se as cortinas e começa o espetáculo........................9
Kátia Rodrigues Paranhos

1. Editar Shakespeare...15
Roger Chartier

2. História, política e teatro em três atos.....................................35
Adalberto Paranhos

3. Itinerários da opereta: do mapeamento de acervos
a uma antologia de fontes selecionadas..................................59
Maria de Lourdes Rabetti e Paulo M. C. Maciel

4. Combatendo em todas as frentes: a trajetória
de Miguel Hernández...81
Luciana Montemezzo

5. Leituras de um viajante: o teatro revolucionário russo..............95
Vera Collaço

6. Arquitetura, teatro e política: Lina Bo Bardi e os espaços teatrais....111
Evelyn Furquim Werneck Lima

7. Pelas bordas: história e teatro na obra de João das Neves...................135
Kátia Rodrigues Paranhos

8. O sol do novo mundo: Hélio Oiticica e o
quasi teatro ambiental 157
Edelcio Mostaço

9. O corpo a corpo de um dramaturgo em tempos sombrios:
concepções dramatúrgicas no trabalho de Oduvaldo Vianna
Filho na fase pós-AI-5 181
Maria Sílvia Betti

10. A dança dos véus e o corte do censor: movimentos recorrentes
entre o livro e os palcos brasileiros 201
Mirna Aragão Medeiros e Victor Hugo Adler Pereira

11. Teatro e "história imediata": o caso de *Os ajudantes de
ordens (Les huissiers)*, de Michel Vinaver 221
Catarina Sant'Anna

Sobre os autores 245

APRESENTAÇÃO

ABREM-SE AS CORTINAS E COMEÇA O ESPETÁCULO[1]

> [...] o teatro de Brecht [...] é um teatro que convida, obriga
> à explicação, mas não a dá; é um teatro que provoca a
> história, mas não a divulga; que levanta com acuidade
> o problema da história, mas não o resolve [...] a obra de
> Brecht sempre é apenas uma *introdução*.[2]

As transformações que abalaram tanto a escrita da história quanto a eleição de novos objetos a serem estudados têm provocado, há um bom tempo, uma redefinição do campo de ação do pesquisador contemporâneo. Nesse sentido, podemos afirmar que, por um lado, uma história dos elementos constitutivos do espetáculo teatral não se apresenta como uma "outra história", em oposição e, portanto, divergente daquela que vem sendo repetida e que tradicionalmente elegeu o texto teatral como documento central de suas reflexões; e, por outro, não interessa banir o texto teatral desse espectro de discussão, mas sim entendê-lo como mais um elemento constitutivo com o qual se trama o fio da história.

A atividade teatral dialoga com outros campos do fazer artístico e, assim, é lógico que se incentive uma história que dê conta das relações verificadas dentro e "fora" do fenômeno teatral. Nessa medida, trata-se da compreensão do fato teatral como uma rede extensa e complexa de relações dinâmicas e plurais que transitam entre a semiologia, a his-

---

[1] Faço uso aqui de um dos célebres bordões do locutor esportivo Fiori Gigliotti, radialista falecido em 2006.

[2] Roland Barthes, *Escritos sobre teatro* (São Paulo, Martins Fontes, 2007), p. 215.

História, teatro e política

tória, a sociologia, a antropologia, a técnica e a arte, a representação e a política.

Como exemplo de estudos históricos bem-sucedidos, podemos lembrar o trabalho paradigmático de Martine de Rougemont sobre a história do teatro francês no século XVIII[3]. Nessa obra, hoje considerada referência sobre o tema, vários aspectos da vida teatral são sistematizados e investigados pela primeira vez. A autora articula uma rigorosa relação entre prática teatral – economia, sociologia, política – e a estética do teatro, sem deixar de levar em conta as circunstâncias enunciativas da representação propriamente dita.

Outra experiência significativa, que por sua vez cria uma produtiva interface com a história do espetáculo, encontra-se nos estudos de sociologia do teatro, que, rompendo os limites de uma investigação centrada, a princípio, apenas no estudo do público, oferece-nos trabalhos relevantes, quando não exemplares. É o caso da hoje célebre obra de Jean Duvignaud, *Sociologia do comediante*[4], na qual ele traça e analisa o perfil sociológico do ator a partir das sociedades monárquicas e estabelece um programa metodológico interdisciplinar, viabilizando a convergência de seu estudo para uma história do ator, ainda que restrito à sociedade europeia.

Nessa mesma linha, Denis Guénoun[5] destaca o caráter multifacetado do teatro em suas articulações e possibilidades, levando em consideração, para uma análise mais aprofundada, tanto o público quanto a arquitetura teatral, o autor e o ator. Outro aspecto extremamente importante para o trabalho historiográfico é evidenciado por Roger Chartier: a "negociação" entre o teatro e o mundo social, ou seja, a "materialidade do texto" deve ser entendida como uma operação que inclui a produção do próprio texto (o discurso, a época), o lugar de produção e sua transmissão[6]. Como podemos perceber, o espectro de ação do fato teatral, por si mesmo, transborda a própria representação de um texto teatral e, consequentemente, sua multiplicidade é fulgurante. José Ortega y Gasset lembra:

---

[3] Martine de Rougemont, *La vie théâtrale en France au XVIIIe siècle* (Paris, Champion-Slatkine, 1988).

[4] Jean Duvignaud, *Sociologia do comediante* (Rio de Janeiro, Zahar, 1972).

[5] Denis Guénoun, *A exibição das palavras: uma ideia (política) do teatro* (Rio de Janeiro, Teatro do Pequeno Gesto, 2003).

[6] Roger Chartier, *Do palco à página* (Rio de Janeiro, Casa da Palavra, 2002), p. 63.

Um quadro [...] é uma "realidade imagem". [...] A coisa "quadro" pendurada na parede de nossa casa está constantemente transformando-se no rio Tejo, em Lisboa e em suas alturas. O quadro é imagem porque é permanente metamorfose – e metamorfose é o teatro, prodigiosa transfiguração. [...] O que vemos [...] no palco cênico são imagens no sentido estrito que acabo de definir: um mundo imaginário; e todo teatro, por humilde que seja, é sempre um monte Tabor onde se cumprem transfigurações.[7]

Por sinal, ao relacionarmos as manifestações artísticas e o campo social, não podemos nos esquecer das formas escritas como produtoras também de sentidos políticos. Lloyd S. Kramer, que dedica um capítulo à obra de Dominick LaCapra e de Hayden White[8], argumenta que em geral os historiadores se preocupavam apenas com o objeto de seu estudo, não dando atenção à narrativa histórica em si, como se o discurso do historiador fosse tão objetivo quanto a linguagem matemática. Ocorre que o modo mesmo de narrar um fato ou período histórico também pode se tornar objeto de estudo e revelar o modo de apreensão da realidade daquele que o faz. Essa preocupação parte do pressuposto de que a narrativa histórica não é uma simples reprodução do real. Por exemplo, o historiador elege obras, períodos, artistas para serem estudados, deixando outros "fora" de sua história. Narra os fatos obedecendo a uma lógica que ele mesmo determina como a mais apropriada. Além disso, o estilo de narração do historiador também revela suas escolhas e, por isso, não pode ser um discurso objetivo, mero reflexo da realidade vista como ela é em si mesma[9].

Assim, as abordagens que entrecruzam história e teatro podem ainda colaborar de modo bastante importante para o aprimoramento da pesquisa na área das ciências humanas: em primeiro lugar, com uma discussão sobre teoria e fontes documentais e, em segundo, com análises dos processos que envolvem as complexas relações entre leitor e

---

[7] José Ortega y Gasset, *A ideia do teatro* (trad. J. Guinsburg, São Paulo, Perspectiva, 1991), p. 36.

[8] Lloyd S. Kramer, "Literatura, crítica e imaginação histórica: o desafio literário de Hayden White e Dominick LaCapra", em Lynn Hunt (org.), *A nova história cultural* (trad. Jefferson Luís Camargo, São Paulo, Martins Fontes, 1992), p. 131-73.

[9] Ver Michel Foucault, "O que é um autor?", em *Estética: literatura e pintura, música e cinema* (trad. Inês Autran Dourado Barbosa, 2. ed., Rio de Janeiro, Forense Universitária, 2009), p. 264-98.

história, ficção e vida, história e política[10]. Como diz Fredric Jameson a propósito do filme *Notícias da Antiguidade ideológica*, de Alexander Kluge, o que importa, quando refletimos sobre a história, é a "miscelânea" ou a "montagem de sentimentos"[11].

Os textos reunidos neste livro têm origens diversas que, entretanto, relacionam-se diretamente: são resultado, por um lado, dos Encontros Regionais de História da Associação Nacional de História, Seção São Paulo (Anpuh-SP), e dos Simpósios Nacionais de História, realizados desde 2007, e, por outro, da criação, em 2009, do grupo História & Teatro, registrado no Conselho Nacional de Desenvolvimento Científico e Tecnológico (CNPq) como Diretório de Pesquisa, estabelecendo, por isso mesmo, de modo geral, uma forma de incorporar um maior número de pessoas interessadas em participar dessas discussões.

Seu objetivo não é outro senão oferecer ao leitor um quadro inicial das diferentes categorias de discursos teatrais, indo além do dominante discurso teatral hegemônico. Em síntese, voltar o olhar para discursos teatrais não iluminados pela crítica, para aqueles deslocados e para os subjugados.

Consideramos, portanto, o fenômeno teatral em toda a sua amplitude, procurando fazer convergir sua teoria e prática – os textos e as edições, a política, a dramaturgia e os dramaturgos, as experiências cênicas –, levando em consideração as várias escolas de pensamento que fundamentam as diversas práticas teatrais.

No fim desta apresentação, cabem ainda algumas palavras de agradecimento. Em primeiro lugar, devo a Adalberto Paranhos, companheiro muito querido, a iniciativa de apresentar o projeto deste livro a Ivana Jinkings, diretora da Boitempo Editorial, que, para minha alegria, de imediato topou a ideia e entrou nesse palco de "mala e cuia". Bibiana Leme, editora-adjunta, acompanhou todos os passos dessa estrada. Giselle Venâncio, professora da Universidade Federal Fluminense (UFF), colaborou de forma especial ao fazer a revisão técnica de "Editar Shakespeare", de Roger Chartier.

---

[10] Ver Umberto Eco, *Seis passeios pelos bosques da ficção* (trad. Hildegard Feist, 6. reimp., São Paulo, Companhia das Letras, 2002), e Fernando Catroga, *Os passos do homem como restolho do tempo: memória e fim do fim da história* (Coimbra, Almedina, 2009).

[11] Fredric Jameson, "Filmar *O capital*?", *Crítica Marxista*, n. 30, 2010, p. 69.

Essa iniciativa editorial deve muito à Fundação de Amparo à Pesquisa do Estado de Minas Gerais (Fapemig) e à Fundação de Apoio Universitário da Universidade Federal de Uberlândia (FAU/UFU), em especial nas figuras de Cibele Januário Faria, Ana Luiza Dornelas Mota e Silva e Rafael Visibelli Justino.

Desce o pano.

Kátia Rodrigues Paranhos
Uberlândia, julho de 2012

Roger Chartier

1. Editar Shakespeare*

Em 1986, Stanley Wells e Gary Taylor dividiram, por conta própria, o reino de Lear. Na edição de Oxford das obras de Shakespeare, eles decidiram publicar duas variantes diferentes da "mesma" peça: de um lado, *True Chronicle Historie of the Life and Death of King LEAR and His Three Daughters*, publicada em 1608 num in-quarto** impresso por Nathaniel Bitter; de outro, *King Lear*, tal como publicado no in-fólio*** de 1623, que reúne as "Comedies, Histories, & Tragedies" de Mr. William Shakespeare e situa a peça nas "Tragedies", entre *The Tragedy of Hamlet* e *Othello, the More of Venice*[1]. Essa divisão do território textual do rei Lear não foi aceita sem resistência. Desencadeou controvérsias, mas foi seguida de outras divisões – como os

---

* Tradução de Analúcia Teixeira Ribeiro e de João Batista Claudino Junior; revisão técnica de Giselle Venâncio, professora do Departamento de História e do Programa de Pós-Graduação em História da Universidade Federal Fluminense (UFF). (N. E.)

** A impressão in-quarto é aquela feita em folhas que depois são dobradas duas vezes, dando origem a cadernos de oito páginas, ou quatro folhas. (N. E.)

*** A impressão in-fólio, por sua vez, é aquela em que as folhas são dobradas apenas uma vez, dando origem a cadernos de quatro páginas, ou duas folhas. (N. E.)

[1] Stanley Wells e Gary Taylor (orgs.), *William Shakespeare: The Complete Works* (Oxford, Oxford University Press, 1986). Ver igualmente Stanley Wells et al., *William Shakespeare: A Textual Companion* (Oxford, Oxford University Press, 1987), p. 509-42. Ver também Gary Taylor e Michael Warren (orgs.), *The Division of the Kingdoms: Shakespeare's Two Versions of "King Lear"* (Oxford, Oxford University Press, 1983) e William Shakespeare, *The Complete King Lear 1608-1623* (textos e textos paralelos em fac-símile, prep. Michael Warren, Berkeley/Los Angeles/Londres, University of California Press, 1989).

16 História, teatro e política

três *Hamlets* de 1603, 1604 e 1623[2] ou outras peças shakespearianas, cujas edições in-quarto anteriores ao in-fólio de 1623 foram publicadas em edições modernas[3]. Isso obrigou a considerar, com todas as suas consequências históricas e estéticas críticas e editoriais, a distância entre o *corpus* mais canônico e a extrema diversidade dos textos que propuseram sua leitura. A nova crítica shakespeariana levou para o centro de seus questionamentos essa tensão fundamental, destacando a lógica própria de cada variante impressa de uma "mesma" peça[4] ou as inúmeras variações introduzidas pela própria materialidade da obra, instável em todos os seus elementos: da literalidade movente de cada texto à delimitação flutuante do *corpus*, dos nomes dados às personagens à designação do autor[5]. O pequeno livro publicado por David Scott Kastan insere-se na linha direta dessa abordagem e permite, mais uma vez, um retorno a Shakespeare, seus públicos e seus editores[6].

Kastan enuncia com firmeza a questão que o texto shakespeariano torna particularmente viva, mas vai muito além dela: a "da relação das estruturas linguísticas da obra literária para as formas materiais que o tornam disponíveis". Em outras palavras:

> Os textos existem independentemente do meio em que aparecem, de sua forma material acidental e meramente veicular; ou só existem nessas formas, cada uma delas uma encarnação textual única cuja própria materialidade se fundamenta em formas significativas, alterando de alguma maneira o significado da organização linguística do trabalho?[7]

---

[2] Paul Bertram e Berenice W. Kliman (orgs.), *The Three-Text Hamlet: Parallel Texts of the First and Second Quartos and First Folio* (Nova York, AMS, 1991, reed. 2003).

[3] Ver a série "The Early Quartos", publicada por The New Cambridge Shakespeare.

[4] Ver, como demonstração exemplar dos três *Hamlet*, Leah Marcus, "Bad Taste and Bad *Hamlet*", em *Unediting the Renaissance. Shakespeare, Marlowe, Milton* (Londres/Nova York, Routledge, 1996), p. 132-76, e seu artigo "Qui a peur du grand méchant in-4º?", em Larry F. Norman, Philippe Desan e Richard Strier (orgs.), *Du spectateur au lecteur. Imprimer la scène aux XVIᵉ et XVIIᵉ siècles* (Fasano/Paris, Schena/Presses de l'Université de Paris-Sorbonne, 2002), p. 183-202.

[5] Ver o artigo pioneiro de Margreta De Grazia e Peter Stallybrass, "The Materiality of the Shakespearean Text", *Shakespeare Quarterly*, v. 44, n. 3, 1993, p. 255-83.

[6] David Scott Kastan, *Shakespeare and the Book* (Cambridge, Cambridge University Press, 2001).

[7] Ibidem, p. 117.

Sua resposta, como a de toda a crítica shakespeariana ilustrada pelo trabalho de Stephen Orgel, Margreta De Grazia, Peter Stallybrass ou Leah Marcus, é considerar cada variante do texto como uma das "encarnações" da própria obra, sem que a essência do acidente possa ser separada, para retomarmos a linguagem da *bibliography*.

Essa posição é fiel à definição da "sociologia dos textos" proposta por D. F. McKenzie, entendida como "a disciplina que estuda textos como formas inscritas, bem como os processos de sua transmissão, incluindo sua produção e recepção"[8].

Essa proposta, como sabemos, suscitou reações desconfiadas ou hostis por parte dos defensores mais ortodoxos da tradição bibliográfica fundada pelas obras clássicas de Walter Greg, R. B. McKerrow e Fredson Bowers[9]. Nessa perspectiva, o estudo material dos livros coloca-se a serviço do estabelecimento de um texto tão fiel quanto possível ao que o autor escreveu ou desejou. Daí a análise meticulosa, nos exemplares conservados das diferentes edições de uma mesma obra, dos indícios que permitem reconstituir a história de sua composição tipográfica, de sua correção e de sua impressão, a fim de recuperar o texto original tal como era antes das deformações sofridas na tipografia. Trata-se, pois, de identificar as variantes textuais imputáveis não ao autor, mas aos tipógrafos ou aos corretores, estabelecendo os hábitos gráficos dos diversos compositores que trabalharam numa mesma obra, assinalando certas particularidades de seu material (letras danificadas, iniciais, ornamentos), detectando as correções introduzidas durante a tiragem. Essa abordagem, que multiplicou os estudos eruditos, supõe uma distinção radical entre as variações acidentais, que resultam das operações feitas na tipografia e não têm importância para o sentido do texto, e a obra tal como foi escrita, ditada e desejada pelo autor.

Insistindo no papel das formas gráficas e materiais no processo de construção da significação, D. F. McKenzie recusava essa oposição entre "substantivos" e "acidentais"*, entre o texto em sua essência e as

---

[8] D. F. McKenzie, *Bibliography and the Sociology of Texts* (Londres, The British Library, 1986, série The Panizzi Lectures), p. 20.

[9] Ver as resenhas das Panizzi Lectures de D. F. McKenzie por Hugh Amory, em *The Book Collector*, n. 36, 1987, p. 411-8; T. N. Howard-Hill, em *The Library*, s. 6, n. 10, 1984, p. 151-8; e G. Thomas Tanselle, "Textual Criticism and Literary Sociology", *Studies in Bibliography*, n. 42, 1991, p. 83-143.

* Textos substantivos: a essência dos textos. Textos acidentais: aqueles modificados por diferentes situações. (N. T.)

alterações infligidas pelas preferências, pelos hábitos ou pelos erros daqueles que o compuseram ou corrigiram. Ele abria, assim, caminho para todos os estudos que, nos últimos anos, dedicaram-se à pluralidade das variantes de uma "mesma" obra, em suas diferentes edições ou mesmo nos exemplares de uma mesma edição, e às múltiplas significações que essa instabilidade lhe confere.

Paradoxalmente, se a bibliografia analítica estudou minuciosamente os exemplares impressos para reconstituir o manuscrito ideal, perdido para sempre, a sociologia dos textos, tal como definida por D. F. McKenzie, faz com que cada variante de uma obra seja considerada uma de suas encarnações históricas, que se deve compreender, respeitar e, possivelmente, editar. Para ele, o conceito de "texto ideal", existindo aquém e além das diversas formas impressas (ou manuscritas) de uma obra, é uma ilusão que a crítica textual deve abandonar em prol de uma análise dos efeitos produzidos por cada uma de suas existências materiais sobre o texto, os leitores e, eventualmente, o autor. Essa posição é compartilhada por Jerome J. McGann, para quem "obras literárias não conhecem a si mesmas, e não podem ser conhecidas além de seus modelos materiais específicos de existência/resistência"[10], e por David Scott Kastan, que afirma: "Eu diria que a literatura existe, em qualquer sentido útil, apenas e sempre em suas materializações, e que estas são mais as condições de seu significado do que meramente seus recipientes"[11].

A tensão entre a obra em sua identidade linguística e a pluralidade de suas variantes textuais torna-se ainda mais intensa no caso de Shakespeare em razão da ambivalência de sua relação com a publicação impressa. Sua presença nas edições de poemas é patente. *Venus and Adonis* [Vênus e Adônis] e *The Rape of Lucrece* [O estupro de Lucrécia] foram publicados em 1593 e 1594 pelo mesmo tipógrafo, Richard Field, que também era proveniente de Stratford-upon-Avon, e dedicados ao mesmo conde de Southampton, ao qual é endereçada uma dedicatória do autor. Também é possível (embora essa não seja a opinião de Kastan) que Shakespeare tenha igualmente se envolvido na edição de 1609 dos sonetos, que aparece com o nome do autor nos re-

---

[10] Jerome J. McGann, *The Textual Condition* (Princeton, Princeton University Press, 1991), p. 11.

[11] David Scott Kastan, *Shakespeare and the Book*, cit., p. 4.

gistros da *Stationers' Company*[12]. O mesmo não acontece com as obras teatrais, que foram publicadas sem nenhuma intervenção de sua parte no processo de edição. Shakespeare escrevia para a cena e para os espectadores do Globe ou dos Blackfriars, e não para os livreiros, que publicaram suas peças a partir dos diferentes manuscritos a que tinham acesso: os manuais de palco, ou *prompt books*, que contêm o texto tal como autorizado pelo *Master of Revels** após a censura e as indicações indispensáveis para a representação, as *fair copies* feitas a partir dos *foul papers*, ou manuscritos autográficos**, ou ainda as reconstituições derivadas de uma memorização ou de uma cópia estenográfica[13].

Vários traços caracterizam o mercado das obras teatrais e, portanto, a própria variante dos textos impressos na Inglaterra entre 1565 (data da edição da primeira tragédia inglesa, *The Tragedie of Gordobuc*, de Thomas Norton e Thomas Sackville) e 1642 (data do fechamento dos teatros). É preciso lembrar, em primeiro lugar, que o regime legal de publicação é definido pelos regulamentos da *Stationers' Company*, os quais reconhecem o "direito sobre a cópia" patrimonial e perpétuo do livreiro ou tipógrafo que adquiriu um manuscrito e mandou que fosse registrado pela comunidade. Nesse sistema, a única ilegalidade sujeita

---

[12] Katherine Duncan-Jones, "Was the 1609 Shakespeares Sonnets Really Unauthorized?", *Review of English Studies*, v. 34, n. 134, 1983, p. 151-71. [A *Stationers' Company* é uma espécie de enciclopédia literária publicada na Inglaterra. (N. T.)]

* Oficiais ingleses que desde os tempos da dinastia Tudor até o Licensing Act de 1737 supervisionaram a produção e o financiamento do entretenimento da corte. Mais tarde, foram os emissores oficiais de licenças para teatros e companhias teatrais, bem como os censores de peças teatrais públicas. (N. T.)

** "Manuscrito autográfico" é o termo que se refere aos projetos de trabalho de um autor, na maioria das vezes aplicado no estudo das peças escritas por Shakespeare. Uma vez que a composição de uma peça foi terminada, suas transcrições, ou *fair copies*, foram feitas pelo autor. (N. T.)

[13] Numa bibliografia imensa, é possível ressaltar Paul Werstine, "Narrative about Printed Shakespearean Texts: 'Foul Papers' and 'Bad' Quartos", *Shakespeare Quarterly*, v. 41, n. 1, 1990, p. 65-86; Laurie E. Maguire, *Shakespearean Suspect Texts: The "Bad" Quartos and their Contexts* (Londres/Nova York, Routledge, 1996); Adele Davidson, "'Some by Stenography'? Stationers, Shorthand, and the Early Shakespearean Quartos", *Papers of the Bibliographical Society of America*, v. 90, n. 4, 1996, p. 417-49, e "*King Lear* in an Age of Stenographic Publication", *Papers of the Bibliographical Society of America*, v. 92, n. 3, 1998, p. 297-324. Recentemente, a ideia de que Shakespeare teria sido indiferente à publicação impressa de suas peças foi radicalmente questionada por Lukas Erne, *Shakespeare as Literary Dramatist* (Cambridge, Cambridge University Press, 2003).

a acusações e processos é a publicação, sem autorização prévia, de um título previamente "incluído" nos registros da *Company* por um colega. Em compensação, publicar um texto sem o consentimento de seu autor, a partir de um manuscrito infiel, não é de modo nenhum um delito. A única defesa dos autores que se consideram traídos pela difusão de versões corrompidas de suas obras reside na publicação de uma nova edição corrigida.

Mas – e este é um segundo traço – essa preocupação não é compartilhada por todos os dramaturgos, muito pelo contrário. Como bem mostrou Jeffrey Brooks, o interesse desigual dos autores pela impressão de suas peças depende diretamente de sua posição no espaço da produção dramática e da concepção que eles têm do destino das obras teatrais[14]. A mensagem *"To the Reader"* [Ao leitor] que aparece em 1612 na edição da peça *The White Devil* [O demônio branco], de John Webster, estabelece com nitidez a oposição entre os autores (e, entre eles, o próprio Webster) que veem a representação como uma possível alteração da obra, o grande público do teatro como uma multidão ignorante e aqueles que escrevem para satisfazer seu gosto vulgar. Daí o paradoxo que, sob a pena de Webster, considera que o público disperso dos leitores da edição impressa constitui o verdadeiro "auditório" que sua tragédia merece: "Desde que foi encenada, em tão nublado inverno, apresentada em cena aberta e escura de um teatro, que desejava (esta que é a única graça e definição de uma tragédia) uma plateia cheia e compreensiva". Distante da "multidão incompetente capaz de envenenar" "a tragédia mais sentenciosa que já foi escrita", a edição da peça encontrará o público letrado, o único capaz de perceber as *sententiae* ou os sublimes lugares-comuns que ela contém. Ela permitirá compartilhar com o autor as múltiplas citações latinas, não traduzidas, que permeiam habilmente o texto, e saborear os versos publicados em forma de "impressão contínua", ou seja, em uma só linha, à maneira dos poemas, mesmo que contenham falas de duas personagens. Esse primado do texto que deve ser lido sobre o espetáculo leva Webster a construir, para si mesmo, uma figura de autor erudito, que escreve de maneira lenta, e não "com uma pena de ganso, alado com duas plumas", mas cuja obra atravessará os tempos. Para esse autor, as circunstâncias das representações não passam de acidentes sem importância, e – con-

---

[14] Douglas A. Brooks, *From Playhouse to Printing House. Drama and Authorship in Early Modern England* (Cambridge, Cambridge University Press, 2000).

trariando o uso comum – seu nome aparece sozinho, sem nenhuma menção à trupe, na página de rosto do *White Devil*: *"Written by JOHN WEBSTER"* [Escrito por JOHN WEBSTER]. Ele é um Eurípedes moderno, que pode responder aos que criticam sua lentidão o que seu mestre replicou a Alcestide. A este último, que objetava "como Eurípedes em apenas três dias compusera três versos, uma vez que ele mesmo havia escrito trezentos", o dramaturgo declarou: "Tu dizes a verdade, mas aqui está a diferença – os teus serão lidos em apenas três dias, ao passo que os meus continuarão por três eras".

Esse é o mesmo princípio de distinção que organiza, como salienta sutilmente Jeffrey A. Brooks, a lista dos autores dos quais Webster diz ter boa opinião[15]. Ele põe em primeiro lugar os dramaturgos mais eruditos, tradutores dos antigos (Homero ou Horácio), e os mais cuidadosos com a publicação impressa de suas peças, que permite ler o que não pôde ser representado e restaura as obras em sua totalidade. É assim que ele louva, em primeiro lugar, "o estilo completo e elevado de mestre Chapman" e "os trabalhos rebuscados e inteligentes de mestre Jonson" e, em seguida, "as não menos respeitáveis composturas dos excelentemente respeitáveis mestre Beaumont e mestre Fletcher". Só depois vêm três autores caracterizados por sua "produção feliz e abundante" e não por seu estilo elevado ou sua escrita culta: mestre Shakespeare, mestre Dekker e mestre Heywood. Os três são "homens da companhia", autores que escrevem para uma trupe e para o(s) teatro(s) em que ela se apresenta (no caso de Shakespeare, os Chamberlain's Men e, a partir de 1603, os King's Men; no caso de Thomas Dekker, os Prince's Men). Os três têm uma produção abundante, "uma produção copiosa", em particular Thomas Heywood, que em 1633 afirma ter escrito 220 peças "na qual eu tive uma ou outra mão, não o todo, mas pelo menos um dedo principal". Os três têm um forte vínculo com o teatro: Shakespeare é não só autor e coproprietário de sua trupe, mas também um de seus atores; Dekker tem estreita relação com o empresário teatral Philip Henslowe; e em 1612 Heywood publica uma *Apologie for Actors* [Apologia de atores] que justifica a dignidade estética e a utilidade moral do teatro contra seus detratores.

Enfim, os três dão testemunho de outra característica da produção teatral na Inglaterra dos séculos XVI e XVII: a escrita a várias mãos. No diário de Philip Henslowe[16], Dekker aparece como autor de 45 peças:

---

[15] Ibidem, p. 43-4.

[16] R. A. Foakes (org.), *Henslowe's Diary* (Cambridge, Cambridge University Press, 2002).

ele escreveu 31 vezes em colaboração (das quais 18 vezes com dois coautores ou mais) e trabalhou 5 vezes com textos já existentes. Thomas Heywood aparece 11 vezes no diário: 6 vezes por uma peça escrita em colaboração (duas das quais com Dekker e outros dramaturgos) e uma vez por acréscimos. Das 282 peças mencionadas por Henslowe entre 1590 e 1609, dois terços têm pelo menos dois autores – mas em geral muito mais do que isso. Um dado impressionante é a diferença entre essa porcentagem muito elevada de obras escritas em colaboração e a porcentagem muito mais modesta de peças atribuídas, durante as mesmas décadas, a vários autores nos diversos documentos (edições impressas, registros da *Stationers' Company*, diários e memórias etc.) compilados nos *Annals of the English Drama* [Anais do teatro dramático inglês], ou seja, 15% entre 1590 e 1599 e 18% entre 1600 e 1609[17]. Essa diferença remete ao fato de que, nas edições impressas, como talvez na memória dos espectadores, as peças escritas a várias mãos são atribuídas, afinal, a um só autor.

É essa lógica de construção do autor pelos livreiros editores que Kastan segue por meio da análise das páginas de rosto dos in-quartos shakespearianos. Antes de 1598, apenas um – aquele que nesse mesmo ano publica *A PLEASANT Conceited Comedie CALLED Loves Labors Lost* – menciona o nome do autor, mas não lhe atribui claramente a paternidade da peça, pois a ambígua frase "*Newly corrected and augmented By W. Shakespeare*" [recém-corrigido e aumentado por W. Shakespeare] pode levar a supor que Shakespeare apenas revisou e ampliou um texto já existente. Até essa data, as peças shakespearianas são publicadas conforme a prática comum, encontrada em cerca da metade dos textos dramáticos anteriores a 1600[18], que ignora o autor, ou os autores, e menciona apenas o nome da trupe e os locais ou as datas das representações. Foi assim que o segundo in-quarto de *THE MOST EX-cellent and lamentable Tragedie of Romeo and Juliet*, impresso em 1599 pelo mesmo editor do in-quarto de *Love's Labor's Lost*, Cuthbert Burby, indica apenas: "Como ele atuou diversas vezes publicamente, pelo honorável senhor lorde Chamberlain e seus criados".

---

[17] Alfred Harbage, *The Annals of the English Drama 975-1700: An Analytical Record of All Plays, Extant or Lost, Chronologically Arranged and Indexed* (rev. Sylvia Stoler Wagonheim, Londres/Nova York, Routledge, 1989). Ver Douglas A. Brooks, *From Playhouse to Printing House*, cit., p. 176-8.

[18] Idem. O quadro esboçado por Douglas A. Brooks indica que as peças anônimas correspondem a 42% do total na década de 1580 e 46% na década de 1590.

A partir de 1598, a reputação crescente de Shakespeare, atestada pelo tantas vezes citado Palladis Tamia de Francis Meres, que o compara a Plauto e Sêneca e o declara "o mais excelente nos dois tipos [isto é, na comédia e na tragédia] para os palcos"[19], estimula os livreiros e os tipógrafos a pôr à vista um nome que vende. Há muitos sinais disso. De um lado, o nome de Shakespeare aparece nas páginas de rosto das reedições de peças publicadas anteriormente sem menção ao autor: é o caso dos in-quartos de *Ricardo II* e *Ricardo III*, em 1598, e do primeiro *Henrique IV*, em 1599. De outro lado, o nome ou as iniciais de Shakespeare aparecem em coletâneas poéticas, das quais ele é, na verdade, apenas um dos autores (é o caso de THE PASSIONATE PIL-GRIME [O peregrino apaixonado], publicado por William Jaggard em 1599, em que está "*By* [por] W. Shakespeare", embora a antologia contenha apenas quatro sonetos seus), ou em obras teatrais generosamente atribuídas a ele (e que entraram de fato no *corpus* shakespeariano a partir da segunda publicação do terceiro in-fólio, em 1664, antes que todas, exceto *Pericles* [Péricles], fossem excluídas pelos editores do século XVIII). Enfim, a afirmação da autoridade autoral de Shakespeare pelos livreiros é dada numa forma paroxística mas única pelo in--quarto de 1608 de *King Lear* [Rei Lear], cujas primeiras linhas do título são: *M. William Shak-speare: a verdadeira crônica DELE sobre a vida e a morte do Rei Lear e suas três filhas.* A reivindicação (o Rei Lear "DELE") não deve ser atribuída ao húbris shakespeariano. Ela remete a uma competição entre livreiros, já que se trata, para Nathaniel Butter, de pôr no mercado sua edição do *King Lear* de Shakespeare, à custa daquela de 1605, impressa para John Wright e que, sob o título de "*A verdadeira crônica do Rei Lear e de suas três filhas, Gonorill, Ragan e Cordella*", tinha posto em circulação a mesma história que havia sido levada ao palco por um dramaturgo que não era Shakespeare.

Mas a pressa para mobilizar o nome de Shakespeare após 1598 não deve obliterar duas fortes realidades da publicação dos textos de teatro. É certo, em primeiro lugar, que isso não ocorria com todos os livreiros ou com todas as edições. As reedições in-quarto de *Titus Andronicus* em 1600 e 1611 ou as de *Romeo and Juliet* [Romeu e Julieta] em 1599, 1609 e 1622 não mencionam o nome do autor. Por outro lado, durante muito tempo o dramaturgo teve de compartilhar a página de rosto com o livreiro editor e/ou com o tipógrafo, o que é a regra

---

[19] Francis Meres, *Palladis Tamia: Wits Treasury* (Nova York, Garland, 1973).

Història, teatro e política

comum das edições impressas, mas também com a trupe e, até certo ponto, com os espectadores, fossem eles reis ou não. É o caso do primeiro in-quarto de *Hamlet*, publicado em 1603, em que a atribuição do texto a "William Shakespeare" é acompanhada da indicação de quem representou a peça e onde: "Diversas vezes foi representada pelos criados reais na cidade de Londres, assim como nas universidades de Cambridge e Londres e em outros lugares". É o caso, mais significativo ainda, do in-quarto de *Rei Lear, o Rei Lear "DELE"*, em que está indicado: "[A peça] como foi representada anteriormente à Sua Majestade em Whitehall, na noite de S. Stephans, durante o feriado de Natal. Apresentada geralmente pelos criados de Sua Majestade no Globe, em Bankce-Side".

Isso significa, no conjunto, inserir a encenação da peça no ciclo festivo dos doze dias e manifestar a proteção real. Mesmo na lógica editorial que explora a reputação conquistada pelos dramaturgos ou, pelo menos, por alguns deles, os textos publicados permanecem, como indica Kastan, "um registro pleno das atividades de colaboração de uma companhia teatral"[20].

Lembrar, nas páginas de rosto, as circunstâncias das representações é talvez a marca de um esforço para preencher a distância entre a plateia numerosa dos "teatros públicos" e a exiguidade do mercado das peças impressas. A prova é o fato de que, apesar do pequeno investimento necessário para publicar uma edição in-quarto, a maioria das peças representadas nunca foi impressa. David Scott Kastan sugere que menos de 20% foram impressas ("quase com certeza menos de um quinto do número apresentado"[21]), enquanto Douglas A. Brooks se mostra um pouco mais generoso, afirmando, a partir de uma comparação entre o número de títulos conhecidos e o de textos existentes, que a porcentagem das peças representadas entre 1580 e 1640 que tiveram ao menos uma edição impressa é 36%[22]. Reticentes em publicar os textos, os livreiros editores também o são em reeditá-los, como se as tiragens, ainda que limitadas, não tivessem saída, e como se numerosas obras não encontrassem compradores. Segundo

---

[20] David Scott Kastan, *Shakespeare and the Book*, cit., p. 48.

[21] Ibidem, p. 23.

[22] Douglas A. Brooks, *From the Playhouse to Printing House*, cit., p. 172: "do total de 1.200 listadas aqui [isto é, em *The Annals of the English Drama*], apenas 40% – 469 peças completas em 961 edições completas – ainda existem, e quase 10% delas apenas em manuscritos".

Peter Blayney, se cerca da metade das peças publicadas antes de 1622 teve pelo menos uma reedição nos 25 anos seguintes à sua publicação, a porcentagem cai para apenas 20% no caso das peças publicadas entre 1623 e 1642[23]. Desse ponto de vista, Shakespeare representa um caso ambíguo, porque, de um lado, oito das dezoito peças publicadas em formato in-quarto antes de sua morte, em 1616, só tiveram uma única edição, mas, de outro lado, algumas foram um grande sucesso de livraria, marcado por numerosas edições: três para *Titus Andronicus* e *Romeo and Juliet*, cinco para *Richard II* e *Richard III*, seis para a primeira parte de *Henry IV*.

Como, por exemplo, Gary Taylor ou Michael Dobson[24], David Scott Kastan acompanha minuciosamente o processo que, pelo trabalho dos editores, mas não só por ele, monumentaliza e canoniza o texto shakespeariano, levado do teatro para a literatura. A trajetória começa em 1623, quando dois antigos membros da trupe de Shakespeare, John Heminge e Henry Condell, também atores e coproprietários da companhia, decidem reunir num só volume as peças de seu companheiro morto sete anos antes. Eles convencem os tipógrafos William e Isaac Jaggard a entrar nesse empreendimento altamente arriscado que era a publicação dos modestos in-quartos. Os tipógrafos assumem os custos, formando um consórcio com John Smethwick e William Aspley, dois livreiros que possuíam um "direito sobre a cópia" de seis peças de Shakespeare, e com Edward Blount, um terceiro livreiro que se especializara na edição de novidades literárias e traduções, como os *Ensaios* de Montaigne, traduzidos por John Florio (e editados em 1603 e 1613) e a primeira parte de *Dom Quixote*, traduzida por Thomas Shelton e publicada em 1612[25].

Não é nosso propósito – nem de David Scott Kastan, aliás – escrever mais uma vez a história material e editorial de um dos livros mais céle-

---

[23] Peter W. M. Blayney, "The Publication of Playbooks", em John D. Cox e David Scott Kastan (org.), *A New History of Early English Drama* (Nova York, Columbia University Press, 1997), p. 383-422, em particular p. 387.

[24] Ver Gary Taylor, *Reinventing Shakespeare: A Cultural History from the Restoration to the Present* (Oxford, Oxford University Press, 1989); Michael Dobson, *The Making of the National Poet: Shakespeare, Adaptation, and Authorship 1660-1769* (Oxford, Clarendon, 1992).

[25] Blount publicou a tradução de *Dom Quixote* em 1620, publicado originalmente cinco anos antes em Madri (e não três semanas antes da edição inglesa, como curiosamente indica David Scott Kastan, *Shakespeare and the Book*, cit., p. 52).

bres. Outros o fizeram, e muito benfeito[26]. Contudo, dois traços podem ser sublinhados. De um lado, o in-fólio de 1623 traça, pela primeira vez, os contornos do *corpus* teatral de Shakespeare. Ao contrário do in-fólio de 1616, encomendado por Ben Jonson e que, com o título de "*THE WORKES OF Benjamin Jonson*", apresenta somente nove das peças do autor, além de suas máscaras, seus epigramas e seus poemas, o in-fólio composto por Heminge, Condell e pelos livreiros do consórcio compreende todas as obras teatrais escritas por Shakespeare, mas somente elas, ou seja, dezoito peças cujos *rights in copy* foram fornecidos ou comprados de colegas pelos editores e outras dezoito peças que jamais foram publicadas e compradas da trupe. O critério adotado para delimitar o repertório considerado shakespeariano leva a lógica editorial à sua mais extrema consequência, preferindo a atribuição a um só autor. Foram excluídas, portanto, as peças que Heminge e Condell consideraram escritas a várias mãos (como *The Two Noble Kinsmen*, *Pericles*, embora a edição in-quarto de 1609 mencionasse o nome de Shakespeare na página de rosto, *Edward III* ou *Sir Thomas More*). Em compensação, foram incluídas peças que a crítica identificou como produto de um trabalho coletivo, mas que os editores de 1623 reconheciam como plenamente shakespearianas (como *Henry VIII*). A monumentalização de Shakespeare pelo in-fólio, manifestada por todos os preliminares (o retrato gravado, os poemas de louvor, a dedicatória "*To the great Variety of Readers*" [Para a grande variedade de leitores], assinada por Heminge e Condell), supõe o desaparecimento da prática coletiva do teatro em prol da construção de um autor singular.

É essa mesma autoridade que funda, se não a natureza real dos textos, tal como foram publicados no in-fólio e cujas origens são as mais diversas (edições in-quarto, *prompt books*, cópias manuscritas), ao menos a afirmação de que eles são "publicados de acordo com cópias originais". Assim, o "texto original" proposto pelo livro de 1623 é apresentado como aquele mesmo que foi concebido, composto e escrito por Shakespeare: "Sua mente e sua mão criaram em conjunto. E ele proferiu o que pensava com tamanha facilidade que seus escritos parecem um borrão".

---

[26] Charlton Hinman, *The Printing and Proofreading of the First Folio of Shakespeare* (Oxford, Clarendon, 1963); Peter Blayney, *The First Folio of Shakespeare* (Washington, The Folger Library, 1991); Anthony James West, *The Shakespeare First Folio: The History of the Book* (Oxford, Oxford University Press, 2001).

Reproduzindo de modo idêntico "seus próprios escritos", o in-fólio oferece ao leitor, sem variações, as obras tais como o "Autor" as "proferiu" isto é, enunciadas como poemas e emitidas como moedas preciosas. A retórica de Heminge e Condell subtrai o texto shakespeariano das deformações implicadas pelas representações e das corrupções introduzidas pelas edições, que fizeram circular não uma reprodução autêntica dos manuscritos do autor, mas "cópias clandestinas, textos mutilados e deformados pelas fraudes e furtos de impostores prejudiciais que os expuseram".

Graças aos "originais" sem rasuras nem arrependimentos de Shakespeare, o in-fólio é duplamente perfeito: ele restaura em sua pureza original os textos corrompidos pelas edições precedentes ("mesmo aqueles copiados são agora oferecidos perfeitos e *curados* ao público") e, pela primeira vez, permite a leitura de todas as peças do autor ("e de todo o resto, em seu número absoluto, como ele os concebeu"[27]).

A partir desse primeiro gesto editorial, é visível a tensão entre a reivindicação de um texto ideal, perfeitamente conforme ao que o autor concebeu e escreveu, e as variações introduzidas pela própria materialidade do impresso. Essas variações têm diversas escalas. Referem-se, em primeiro lugar, à composição do in-fólio, pois, devido às dificuldades encontradas pelos editores para adquirir o *right in copy* de *Troilus and Cressida* [Troilo e Créssida], obtido somente depois de iniciada a impressão, certos exemplares não incluem a peça (o título não aparece no "Catálogo" das peças contidas no volume), enquanto outros a propõem e, conforme o exemplar, com ou sem o prólogo. As variações dizem respeito ao próprio texto, na medida em que a possibilidade de correções durante a tiragem, ou "correções durante a impressão", permite modificar o texto das páginas de uma mesma fôrma, sem precisar destruir as folhas já impressas antes. Daí as diferenças entre os exemplares da edição. Enfim, os hábitos dos compositores (que foram pelo menos cinco ou talvez mais), bem como as exigências da composição[28] (particularmente fortes no caso de um in-fólio composto em fôrmas, nas quais cada caderno compreende três folhas de impressão, ou seja,

---

[27] John Heminge e Henrie Condell, "To the Great Variety of Readers", em William Shakespeare, *Comedies, Histories, and Tragedies* (Londres, s. n., 1623), A3.

[28] Ver o brilhante e sugestivo ensaio de Jeffrey Masten, "Pressing Sujects, or the Secret Lives of Shakespeare's Compositors", em Jeffrey Masten, Peter Stallybrass e Nancy Vickers (orgs.), *Language Machines: Technologies of Literary and Cultural Production* (Londres/Nova York, Routledge, 1997), p. 75-107.

seis páginas), levam a uma extrema diversidade de grafias, pontuação ou distribuição do texto. Esta é especialmente variável na página composta por último em cada caderno e na qual a composição do texto, mais ou menos densa ou arejada, com poucas ou muitas abreviações, depende diretamente dos possíveis erros cometidos na calibragem ou "finalização" da cópia[29]. Portanto, há um grande contraste entre a reivindicação de um "texto ideal" antes da carta formulada por Heminge e Condell e a realidade plural, móvel, incerta, do texto em suas formas impressas. Os editores de 1623, que, por sua iniciativa comercial, inventaram Shakespeare como autor, legaram a seus sucessores a impossível busca de um Shakespeare autêntico, sempre presente, sempre traído[30].

A partir da Restauração de 1660 e até o começo do século XIX, a contradição toma duas formas principais. A primeira opõe a modernização das peças exigida pelo palco à vontade tenaz dos editores de um retorno ao texto original, puro e autêntico. David Scott Kastan qualifica de "esquizofrênica" essa ambivalência que atravessa toda uma época, ou mesmo o indivíduo, quando ele evoca "a relação esquizofrênica da época de Shakespeare – sempre a admirando, mas, por um lado, presunçosamente alterando suas peças para o sucesso no palco, enquanto, por outro, decididamente buscando o texto autêntico na sucessão de edições escolares"[31].

Para o teatro, as peças são abreviadas, adaptadas, transformadas. John Dryden, Nahum Tate e William Davenant são especialistas nessas reescritas que propõem um Shakespeare adaptado aos novos dispositivos teatrais e domesticado pelas convenções e censuras de um tempo que não é mais o da Inglaterra elisabetana. Nas edições eruditas, a proposta é inversa, pois, como escreve Lewis Theobald, trata-se de recuperar "a pureza original" da obra, de restaurar "o texto real do poeta"[32]. Theobald ilustra de maneira radical a contradição entre o palco e o livro, porque como editor dedica-se à restauração do texto tal como o poeta o escreveu, mas como "autor" ele muda profundamente

---

[29] Ver, por exemplo, a primeira página do caderno L do in-fólio, que contém a última página de *Much Ado about Nothing*. Ver Stanley Wells et al. *William Shakespeare: A Textual Companion*, cit., p. 44-5.

[30] Stephen Orgel, "The Authentic Shakespeare", *Representations*, n. 21, 1988, p. 1-25.

[31] David Scott Kastan, *Shakespeare and the Book*, cit., p. 93. Ver Andrew Murphy, *Shakespeare in Print: A History and Chronology of Shakespeare Publishing* (Cambridge, Cambridge University Press, 2003).

[32] Lewis Theobald, *Shakespeare Restored* (Londres, s. n., 1726).

Richard II [Ricardo II], em 1720, de modo a adaptar a peça ao gosto estético e às exigências políticas de seu tempo.

Essa mesma tensão é perceptível em certas edições das peças encenadas que indicam os cortes feitos no texto para tornar a sintaxe mais moderna e a versificação mais regular, ao mesmo tempo que proclamam sua fidelidade ao "incomparável Autor". Foi assim que a edição de 1676 de *Hamlet*, tal como a peça foi representada pela trupe de Davenant, assinala na dedicatória ao leitor: "Sendo a peça longa demais para ser convenientemente representada, o que seria menos prejudicial à trama ou ao sentido foi deixado de fora: mas o que não se pode errar desse incomparável Autor está de acordo com a cópia original e com estas marcas [isto é, aspas]"[33].

Assim, as aspas nas margens, que com outros sinais (vírgula invertida, asterisco, mão com o indicador apontado para determinado trecho) durante muito tempo assinalaram aos leitores das edições de teatro os versos ou as linhas mais essenciais, os que eles deviam decorar, copiar em seus cadernos de lugares-comuns e citar em seus próprios discursos[34], passam a designar o que podia ser cortado na representação sem nenhum prejuízo.

A relação "esquizofrênica" inaugurada pela Restauração não diz respeito apenas ao contraste entre a cena e o livro. Ela atravessa o próprio trabalho de edição, que desenvolve múltiplas técnicas para um fim que ele sabe ser impossível. Os editores ingleses do século XVIII mobilizam diversas estratégias para restaurar o texto shakespeariano em sua autenticidade. Nicholas Rowe (em 1709) e, mais sistematicamente, Alexander Pope (em 1725)[35] colecionam e colacionam os antigos in-quarto (29 edições de 18 peças, no caso de Pope). Em 1733, Lewis Theo-

---

[33] William Shakespeare, *The Tragedy of Hamlet Prince of Denmark* (Londres, s. n., 1676). Sobre essa edição, ver H. Spencer, *Shakespeare Improved. The Restoration Versions in Quarto on the Stage* (Cambridge, Harvard University Press, 1972); Mongi Raddadi, *Davenant's Adaptations of Shakespeare* (Uppsala, Acta Universitatis Uppsalensis, 1979); e Roger Chartier, *Publishing Drama in Early Modern Europe* (Londres, The British Library, 1999, série The Panizzi Lectures), p. 62-8 (estudo de um exemplar da edição de 1676, utilizado como *prompt book* e *acting copy* nos anos 1740).

[34] Ver G. K. Hunter, "The Marking of *Sententiae* in Elizabethan Printed Plays, Poems and Romances", *The Library*, s. 5, n. 6, 1951, p. 171-88; e Francis Goyet, *Le sublime du "lieu commun". L'invention rhétorique à la Renaissance* (Paris, Honoré Champion, 1996), p. 605-9 (para as edições das peças de Robert Garnier).

[35] John A. Hart, "Pope as Scolar-Editor", *Studies in Bibliography*, v. 23, 1970, p. 45-59.

bald fundamenta numa teoria de transmissão dos textos as correções que insere neles e é o primeiro a estabelecer o texto "contra todas as cópias"[36]. Em 1765, Samuel Johnson inaugura as edições *variorum*, que enchem o texto de notas[37]. E, em 1790, Edmond Malone baseia a crítica de seus predecessores e o estabelecimento dos textos e da biografia de seu autor na busca de materiais autênticos (os mais antigos in-quartos, o primeiro in-fólio ou os documentos de arquivos referentes a Shakespeare)[38].

Esse trabalho de restauração encontra um primeiro limite na própria posição dos editores que se consideram mais shakespearianos do que Shakespeare – pelo menos o Shakespeare transmitido pela tradição impressa. Pope dá um exemplo espetacular ao decidir "rebaixar" para o rodapé os versos e as linhas que ele caracteriza como "passagens suspeitas e excessivamente ruins" e que não podem ter sido escritos pelo sublime autor. Nas décadas de 1730 e 1740, e em grande parte graças às mulheres do Shakespeare Ladies' Club, a obra do poeta esquecido por algum tempo torna-se o emblema do gosto nacional, em oposição às depravações das modas italianas, e a expressão das virtudes e dos valores mais profundamente ingleses[39]. Mais ainda do que a própria obra, conhecida pelas edições impressas, representadas nos palcos dos teatros (mas menos do que as outras), seu autor torna-se a encarnação suprema da cultura nacional (sua estátua foi erguida na Westminster Abbey em 1741). A mutação do *status* público e estético do poeta, que agora é "o poeta nacional", muda não só a significação atribuída a suas peças, mas sua própria letra. A edição de Pope dá testemunho disso, na medida em que tenciona purificar a obra do poeta das interpolações vulgares que a mancharam. É o que ela faz, como salienta Michael Dobson, "extraindo passagens 'menores' e destacando aquelas não

---

[36] Peter Seary, *Lewis Theobald and the Editing of Shakespeare* (Oxford, Oxford University Press, 1990).

[37] Joanna Gonderis, "'All This Farrago': The Eighteenth-Century Shakespeare Variorum Page as a Critical Structure", em Joanna Gonderis (org.), *Reading Readings: Essays on Shakespeare Editing in the Eighteenth-Century* (Cranbury, Associated University Presses, 1998), p. 123-39.

[38] Margreta De Grazia, *Shakespeare Verbatim: The Reproduction of Authenticity and the 1790 Apparatus* (Oxford, Clarendon, 1991), p. 48-93 em particular.

[39] Katherine West Schell, "Rouz'd by a Woman's Pen: The Shakespeare Ladies' Club and Reading Habits of Early Modern Women", *Critical Survey*, v. 12, n. 2, 2000, p. 106-27.

shakespearianas ao relegar muitas das passagens de Shakespeare de humor ruim para o rodapé como interpolações teatrais vulgares, indignas do grande poeta que essa edição monumental espera resgatar"[40].

Contudo, o projeto é um empreendimento sem esperança, porque faltam os documentos necessários. Rowe constata em 1709: "Eu não preciso fingir ter restaurado este trabalho à exatidão dos manuscritos originais do autor. Esses estão perdidos ou, pelo menos, estão além de qualquer investigação. Eu poderia fazer isso". Pope faz o mesmo quinze anos depois: "É impossível reparar os danos já feitos neles, muito tempo se passou e os materiais são muito poucos". E Theobald tem de reconhecer que "a falta de originais nos reduz à necessidade de adivinhar, a fim de alterar [o texto]"[41]. Desde o século XVIII, os manuscritos ausentes atormentam tanto a crítica shakespeariana quanto a tradição bibliográfica. que tentará reencontrá-los, a partir das edições impressas, não em sua materialidade, mas em sua identidade de *foul papers*, *fair copy* ou *prompt book*. A publicação dos irmãos Wright, em 1807, da primeira edição fac-símile do in-fólio de 1623, reconstituído de forma idêntica em sua composição, paginação e texto, senão em sua tipografia, é o sinal de uma renúncia, violentamente criticada por Malone, à restauração de um Shakespeare autêntico, para sempre inatingível. Já que é assim, por que não considerar Heminge e Condell seus primeiros e últimos editores?

Como é sabido, essa proposta foi pouco aceita e, nos séculos XIX e XX, o zelo dos editores do bardo nunca fraquejou. Sua obstinação só podia ser estimulada pelos recursos inéditos oferecidos pela textualidade eletrônica. Esta torna mais fácil e mais sistemática a comparação das edições ou dos exemplares, multiplica as ligações hipertextuais com múltiplos arquivos e, sobretudo, mostra de maneira mais imediata do que o impresso que cada obra não é redutível a um de seus textos, seja o de uma edição antiga, seja o de uma edição moderna[42]. A técnica con-

---

[40] Michael Dobson, *The Making of the National Poet*, cit., p. 129-30.

[41] Os textos de Rowe, Pope e Theobald são citados por David Scott Kastan, *Shakespeare and the Book*, cit., p. 98, 99 e 102.

[42] Para opiniões contrastadas sobre a edição eletrônica de textos literários, ver Richard J. Finneran (org.), *The Literary Text in the Digital Age* (Ann Arbor, University of Michigan Press, 1996); Peter S. Donaldson, "Digital Archive as Expanded Text and Electronic Textuality", em Kathryn Sutherland (org.), *Electronic Text: Investigations in Method and Theory* (Oxford, Oxford University Press, 1997), p. 173-97; José Manuel Blecua et al., *Filología e Informática. Nuevas tecnologías en*

seguirá amenizar a oposição nítida entre as duas tradições que Kastan chama de "platônica" e "pragmática", a primeira afirmando que a obra transcende todas as suas possíveis encarnações materiais e a segunda, que não há texto fora de suas materialidades? É duvidoso. Talvez seja preciso deslocar a questão e tomar por igualmente fundadas essas duas percepções dos textos, que habitam não só a crítica filológica e a prática editorial, mas também as relações íntimas e costumeiras com as obras.

Numa conferência feita em 1978, "O livro", Borges declara: "Em certo momento, pensei em escrever uma história do livro". Mas, em seguida, separa radicalmente o projeto da "história do livro" de qualquer interesse por suas formas materiais: "Não do ponto de vista físico. Não me interesso pelos livros fisicamente (sobretudo os livros dos bibliófilos, que costumam ser desmedidos), mas pelas diversas apreciações que o livro recebeu"[43]. As obras que constituem o patrimônio compartilhado da humanidade são inteiramente irredutíveis à série dos objetos que as transmitiram a seus leitores – ou ouvintes. Um Borges "platônico", portanto. E, no entanto, no fragmento de autobiografia que ele ditou a Norman Thomas di Giovani, o mesmo Borges recorda seu encontro com um dos livros de sua vida, *Don Quixote de la Mancha*. Este é o objeto que vem primeiro à sua memória:

> Ainda me recordo daqueles volumes vermelhos com letras estampadas em ouro da edição da Garnier. Em algum momento, a biblioteca do meu pai se fragmentou e, quando li *O Quixote* em outra edição, tive a sensação de que não era o verdadeiro. Mais tarde, fiz com que um amigo me conseguisse a edição da Garnier, com as mesmas gravuras de aço, as mesmas notas de rodapé e também as mesmas erratas. Para mim, todas essas coisas fazem parte do livro; considero que esse é o verdadeiro *Quixote*.[44]

Para ele, *Dom Quixote* será para sempre aquele exemplar de uma das edições que os Garnier imprimiam para o mundo de língua espanhola e que foi devorado por um leitor ainda criança. O princípio platônico tem pouco peso diante do retorno pragmático da lembrança singular...

---

los estudios filológicos (Bellaterra, Millenio/Universidad Autónoma de Barcelona, 1999); e Gary Taylor, "c:\wp\file.text 05:41 10-07-98", em Andrew Murphy (org.), *The Renaissance Text: Theory, Editing, Textuality* (Manchester, Manchester University Press, 2000), p. 44-54.

[43] Jorge Luis Borges, "El libro", em *Borges oral* (Madri, Alianza Editorial, 1998), p. 10.

[44] Jorge Luis Borges e Norman Thomas di Giovanni, *Autobiografia 1899-1970* (Buenos Aires, El Ateneo, 1999), p. 26.

A contradição de Borges nos ajuda a pensar que o confronto entre essas duas posições talvez seja uma falsa querela. As obras sempre se oferecem à leitura de forma particular. Conforme a época e o gênero, as variações dessa forma são mais ou menos importantes e dizem respeito, de modo separado ou simultâneo, à materialidade do objeto, à grafia das palavras ou ao próprio texto. Mas, da mesma maneira, múltiplos dispositivos (filosóficos, estéticos, jurídicos) sempre se esforçaram para reduzir essa diversidade, postulando a existência de uma obra idêntica a ela mesma, qualquer que seja sua forma. No Ocidente, a filosofia neoplatônica, o julgamento estético, a definição do *copyright* contribuíram para construir esse texto ideal que os leitores reconhecem em cada uma de suas variantes particulares. Em vez de tentar se desprender de uma maneira ou de outra dessa tensão irredutível, o que importa é identificar seus termos próprios em cada momento histórico – inclusive o nosso.

Adalberto Paranhos

2. História, política e teatro em três atos

> E eu te farei as vontades
> Direi meias verdades
> Sempre à meia-luz
> E te farei, vaidoso, supor
> Que és o maior e que me possuis
>
> Mas na manhã seguinte
> Não conta até vinte
> Te afasta de mim
> Pois já não vales nada
> És página virada
> Descartada do meu folhetim
> Chico Buarque, "Folhetim", em *Ópera do malandro*

Como água do mesmo pote, política e teatro estão, historicamente, misturados. Mais do que elementos que se relacionam, ao trafegarem por vias de mão dupla, eles, a rigor, são indissociáveis e, em última análise, fundem-se num corpo só. O teatro, seja autodenominado político, engajado, revolucionário ou até apolítico, é sempre político, independentemente da consciência que seus autores e protagonistas tenham disso. O mundo da política também é habitado por todos nós, queiramos ou não, quando mais não seja porque toda e qualquer relação social implica, inescapavelmente, relações de poder, tenham estas o sentido de dominação ou não.

Tornou-se habitual, ao longo do tempo, conceber a política como se ela se desenrolasse, essencialmente, na órbita estatal, da mesma forma como o teatro, numa óptica mais convencional, é percebido como aquilo que se encena e se encerra num lócus determinado. Nessa visão, ambos acabam confinados geograficamente a certos espaços, eleitos como seus lugares privilegiados de expressão. Neste texto, minha preocupação, estimulada pela guinada crítica verificada no modo de perceber a política e o teatro na história, está em sintonia com a necessidade de ampliar a escala de observação desses fenômenos e incorporar à reflexão outras maneiras de ver o fazer político e o fazer teatral.

Cabem, aqui, algumas palavras iniciais, ainda que bastante genéricas. Se encarada de uma perspectiva histórica de largo alcance, a política foi ou é identificada com frequência ao que envolve o poder estatal, algo que se evidencia muitas vezes não apenas na produção intelectual de teóricos e analistas da vida política, como na forma como a maioria da população externa sua compreensão do que ela é. Estabelecida essa sinonímia entre política e Estado, tudo que se passa à margem da malha das instituições estatais recebe o selo de não político[1]. Por sinal, décadas atrás, o sociólogo argentino José Nun chamava a atenção para o fato de que, no pensamento ocidental, "a política continua sendo apresentada como o espaço público do grandioso em oposição à esfera privada, na qual quase todos nós vivemos nossa realidade diária dura e pouco apresentável"[2].

Recuando um pouco mais no tempo, os anos 1960 já haviam apontado a fermentação de novas ideias em torno da política. Seu grande centro de irradiação simbólica foi Maio de 1968, mesmo que, de modo algum, os protestos dessa década possam ser resumidos à revolta estudantil que contagiou a França. Seja como for, como lembra Eder Sader, "ao produzir a politização do social, os movimentos que emergem de 68 atacam o 'ponto fixo' da política" e, a partir daí, assistiu-se ao estilhaçamento do campo da política, que saltou do Estado para a vida cotidiana, sem que se deixasse de considerar a política estatal[3].

Nem de longe isso significa que os frementes anos 1960 devam ser tomados como marco zero de uma nova concepção de política, por

---

[1] Minhas primeiras reflexões mais sistemáticas sobre o assunto estão condensadas em Adalberto Paranhos, "Política e cotidiano: as mil e uma faces do poder", em Nelson C. Marcellino (org.), *Introdução às ciências sociais* (17. ed., Campinas, Papirus, 2010).

[2] José Nun, "A rebelião do coro", *Desvios*, n. 2, ago. 1983, p. 105. Nesse artigo, Nun assinala a emergência de novos tempos, salientando que "a vida cotidiana começa a se rebelar" e a política não se restringe a espaços como palácios e congressos.

[3] Eder Sader, "A explosão de uma nova realidade", em *Marxismo e teoria da revolução proletária* (São Paulo, Ática, 1986), p. 53-4.

mais decisivos que tenham sido com todas as suas irrupções. Antonio Gramsci, autor de filiação marxista que renovou sob vários prismas essa vertente da tradição filosófico-política, advertira, na década de 1930, da importância de repensar a abrangência do conceito de Estado. Ele o redefiniu a ponto de transcender os limites de um aparelho político *stricto sensu*. Para Gramsci, o Estado, mais do que se concentrar na sociedade política, compreende igualmente a sociedade civil, o que equivalia a ultrapassar a bitola estreita que balizava a política[4].

Indo além, no entanto, da maneira como tradicionalmente as esquerdas continuavam a pensar a política e a prática política, as revoltas que eclodiram em diferentes partes do planeta nos anos 1960 – e por motivações diversas – levaram à perda de âncoras seguras e provocaram desvios de rotas intelectuais trilhadas até então. Exemplo marcante deste último caso encontra-se nos novos itinerários percorridos pela obra de Michel Foucault. Qualquer que seja a avaliação que se faça dela, convém ressaltar que tais acontecimentos, como ele próprio admite, contribuíram para a mudança dos pontos de ancoragem de seu pensamento[5]. A capilaridade do poder, as relações micropolíticas, a crítica às análises descendentes (aquelas que fazem tudo ou quase tudo parecer provir do Estado, que, do alto, estenderia seus tentáculos por toda a sociedade) passaram a ganhar destaque. Mais: ao questionar a confusão entre Estado e poder, Foucault chegou a reconhecer, contra a própria letra de seus escritos, que, em termos rigorosos, o poder não existe, mas sim relações de poder[6]. E estas perpassam todos os poros da vida social, o que conduz à conclusão de que todos somos sujeitos e objeto do exercício de poder ao mesmo tempo, embora, evidentemente, não exista simetria de poder numa sociedade atravessada por gritantes desigualdades econômico-sociais.

---

4   Ver Antonio Gramsci, "El Estado", em *Notas sobre Maquiavelo, sobre la política y sobre el Estado moderno* (Buenos Aires, Nueva Visión, 1972), p. 151-60.

5   Ver Michel Foucault, "Verdade e poder", em *Microfísica do poder* (2. ed., Rio de Janeiro, Graal, 1981), p. 1-14.

6   Nas palavras de Foucault, o "poder não existe. [...] Na realidade, o poder é um feixe de relações mais ou menos organizado, mais ou menos piramidalizado, mais ou menos coordenado" (ibidem, p. 248). Como frisa Roberto Machado, em "Por uma genealogia do poder" (introdução de *Microfísica do poder*), para Foucault "não existe algo unitário e global chamado poder, mas unicamente formas díspares, heterogêneas, em constante transformação. O poder não é um objeto natural, uma coisa; é uma prática social e, como tal, constituída historicamente" (ibidem, p. xii).

38 História, teatro e política

Os ventos que sopraram nos domínios da política, oxigenando-os, atingiram também, de alguma forma, o âmbito da reflexão e da prática teatral. Se o teatro, numa concepção mais enraizada, foi e é, comumente, refém de uma lógica que o circunscreve a espaços bem delimitados[7], ele se exprime ao mesmo tempo, em muitos momentos históricos, como um teatro sem arquitetura, que transborda a figuração espacial costumeira para sorver outros ares. Esse fato, que não é novo, adquiriu visibilidade e ressonância, em épocas mais recentes, em manifestações artísticas como as do teatro de rua[8].

Os antecedentes históricos de um teatro que não se enclausura em seu lugar mais convencional de expressão podem ser buscados em múltiplas latitudes e longitudes. Atenho-me aqui, de passagem, a dois exemplos mais ou menos próximos dos nossos dias. Primeiro, o relativo deslocamento espacial do espetáculo teatral operado pelas iniciativas de trabalhadores estadunidenses nas primeiras décadas do século passado, que, em conexão com o ideário da esquerda, deram à luz, entre outros, os grupos Workers Drama League, Prolet Buehne e Workes Laboratory Theatre (com uma divisão especial voltada para o *agitprop*, a Shock Trupe ou, em português, Tropa de Choque)[9]. Segundo, a experiência artística empreendida por metalúrgicos do ABC paulista em conjunto com intelectuais, ponto de partida dos grupos Ferramenta e Forja, constituídos no fim da década de 1970, em pleno surto de movimentos grevistas de grande envergadura[10]. Tanto num caso como no outro, observadas suas especificidades, a prática teatral estendeu-se

---

[7] Ver Sábato Magaldi, "A arquitetura", em *Iniciação ao teatro* (7. ed., São Paulo, Ática, 2006).

[8] Radicalizando, um manifesto do Grupo Oficina Brasil, datado de 1972, pregava: "o único papel do teatro é levar as pessoas pra fora dos teatros. Destruir teatro onde houver teatro. Construir teatro onde não houver teatro" (citado por Torquato Neto, *Os últimos dias de paupéria: do lado de dentro*, 2. ed., São Paulo, Max Limonad, 1982, p. 284).

[9] Ver Iná Camargo Costa, "O outro lado da história", em *Panorama do Rio Vermelho: ensaios sobre o teatro americano moderno* (São Paulo, Nankin, 2001). Para detalhes sobre um extraordinário "acontecimento político-teatral" de massa, realizado em 1913 com um elenco de mais de mil grevistas e liderado por uma entidade nacional de trabalhadores, a Industrial Workers of the World (a anarcossindicalista IWW), ver Iná Camargo Costa, "O enjeitado de 1913", em *Panorama do Rio Vermelho*, cit.

[10] Ver Kátia Rodrigues Paranhos, "Teatro e trabalhadores: textos, cenas e formas de agitação no ABC", *ArtCultura*, v. 7, n. 11, jul.-dez. 2005.

História, política e teatro em três atos 39

a ginásio (Madison Square Garden), campo de futebol (Estádio da Vila Euclides, hoje repaginado e rebatizado Estádio Primeiro de Maio), sedes de sindicatos, assembleias, praças, bairros, portas de fábrica, comícios e atos públicos em geral.

Um denominador comum irmanou essas vivências artísticas diferenciadas: outros sujeitos, que não aqueles tradicionalmente identificados como autores e atores, ocuparam a boca da cena. É como se os trabalhadores, com a cabeça erguida, pudessem proclamar *à la* Gramsci: também somos artistas, também somos intelectuais[11]! O fazer teatral perdia, assim, sua aura elitista e tornava-se acessível às pessoas comuns. Posteriormente, em outras experiências, ele se afirmaria, mais e mais, como um procedimento artístico que extrapolaria as dimensões das salas fechadas para instalar-se nos espaços abertos, como se vê, em meio a todas as suas dificuldades e dilemas, com o teatro de rua, que, como é sabido, remonta à Antiguidade clássica e passa pela ação dos artistas ambulantes da Idade Média e pela Commedia dell'Arte, entre os séculos XV e XVII[12].

Mas, para finalizar esta parte introdutória, o que me interessa realçar é que, se pensarmos no teatro associado à representação de um papel, ele não se reduz obrigatoriamente à noção de espetáculo, entendida numa acepção mais restrita. Em outras palavras, do mesmo modo como todos somos sujeitos políticos, independentemente de nossa vontade e consciência, é possível sustentar que somos todos atores sociais, representando, de maneira consciente ou inconsciente, papéis sociais no nosso dia a dia. E isso não depende necessariamente de *scripts* ou roteiros preestabelecidos, até porque, na maioria das situações, encarnamos textos não escritos. Na esteira desse pensamento, o teatro, a exemplo da política, integra-se à vida como a unha adere à carne, tal como sugere, por vias oblíquas, a prostituta Mimi Bibelô

---

[11] Ao negar a possibilidade da existência de qualquer espécie de trabalho físico que dispense o uso de um mínimo de energia intelectual – e, por consequência, ao se insurgir contra a ideia taylorista do trabalhador como um "gorila amestrado" –, Gramsci sublinha que "todos os homens são intelectuais [...], mas nem todos os homens desempenham na sociedade a função de intelectuais". E completa: "é impossível falar de não intelectuais, porque não existem não intelectuais" (Antonio Gramsci, *Os intelectuais e a organização da cultura*, 3. ed., trad. Carlos Nelson Coutinho, Rio de Janeiro, Civilização Brasileira, 1979, p. 7).

[12] Para uma história sumária do teatro de rua no Ocidente, que avança do Império romano até a atualidade, ver André Carreira, *Teatro de rua (Brasil e Argentina nos anos 1980): uma paixão no asfalto* (São Paulo, Hucitec, 2007).

(personagem criada por Chico Buarque para a comédia musical *Ópera do malandro*), em "Folhetim"[13].

MAQUIAVEL: A POLÍTICA ABRAÇA O TEATRO

Já foi dito que, no século XVII, Luís XIV, o rei Sol, oferecia-se em espetáculo aos súditos. Ele era Sol porque se dava a ver, aspirando a brilhar tanto quanto o Palácio de Versalhes, com seus suntuosos jardins geométricos e suas fontes[14]. Esse fato remete, por outro lado, à constatação de Foucault segundo a qual, nos tempos modernos, o corpo do rei, mais do que uma metáfora, revestiu-se de importância política[15]. O efeito teatral desses acontecimentos é evidente por si só, jogando para a plateia.

No campo da reflexão histórico-política que contribuiria decisivamente para o que viria a ser denominado ciência política, Maquiavel já colocara de certa forma, em princípios do século XVI, a questão das relações entre política e teatro, ou política e imagem[16], no centro de seu pensamento. Ao trazer essa discussão para o terreno que mais me convém neste texto, eu diria que, na óptica maquiaveliana, é admissível afirmar que política e teatro estão inextricavelmente unidos, como se fossem irmãos xifópagos, condenados a viver juntos.

Filho de seu tempo – a Renascença italiana[17], que, *grosso modo*, abarcou os séculos XIV e XVII –, Maquiavel (1469-1527) foi marcado pela visão antropocêntrica característica dos filósofos políticos do huma-

---

[13] Chico Buarque, "Folhetim", *Ópera do malandro* (interp. Nara Leão, LP, PolyGram, 1979). Ver também Chico Buarque, *Ópera do malandro: comédia musical* (São Paulo, Cultura, 1978), p. 116-7.

[14] Cf. a apresentação de Renato Janine Ribeiro, "Um novo olhar", em Victor Hugo, *Os miseráveis* (São Paulo/Rio de Janeiro, Cosac Naify/Casa da Palavra, 2002), p. 15.

[15] Cf. Michel Foucault, "Poder-corpo", em *Microfísica do poder*, cit., p. 145. O autor retomava, aí, em linhas gerais, o que expusera em *Vigiar e punir: história da violência nas prisões* (trad. Ligia M. Pondé Vassallo, Petrópolis, Vozes, 1977).

[16] Especificamente sobre as imbricações entre política e imagem, ver Lidia Maria Rodrigo, *O imaginário do poder e o poder do imaginário em Maquiavel* (tese de doutorado em filosofia, Campinas, Instituto de Filosofia e Ciências Humanas-Unicamp, 1996), em especial capítulos 1, 6 e 7.

[17] Sobre esse assunto, ver a obra clássica de Quentin Skinner, *As fundações do pensamento político moderno* (trad. Renato Janine Ribeiro e Laura Teixeira Motta, São Paulo, Companhia das Letras, 1996), partes 2 e 3.

nismo renascentista. Nele, o papel crucial atribuído ao divino e ao extraterreno como fator explicativo das ações dos homens foi substituído pela valorização do humano, o que correspondia, em termos sintéticos, à glorificação da *virtù* (vinculada à eficácia política), em oposição à submissão às forças sobre-humanas do destino. Daí decorre a preocupação, claramente estampada em sua obra, de fornecer pistas seguras para que os governantes se habilitassem a levar a bom termo seus governos[18]. Afinal, os homens – sobretudo os príncipes – tinham o dom de interferir no curso da história. E, nesse sentido, cultivar o jogo das aparências e, acima de tudo, investir no "parecer ser" era parte imprescindível do teatro político maquiaveliano.

Para tanto, ao perseguir a pretensa *verità effetuale*, isto é, a verdade efetiva das coisas, Maquiavel desfiava, em dois livros matriciais – *O príncipe* (escrito entre 1512 e 1513) e *Comentários sobre a primeira década de Tito Lívio* (escrito entre 1513 e 1519)[19] –, exemplos históricos sobre ações bem ou malsucedidas de governantes e procurava extrair deles uma *ratio* política que servisse para balizar o comportamento adequado a quem quisesse tomar, manter e ampliar o raio do poder estatal. Ele partia da constatação de que o principal fundamento dos Estados consistia na existência de boas armas, porém ressalvava que, ao lado do manejo da força, o príncipe tinha de se valer igualmente da astúcia. De maneira alegórica, recorria, então, à figura do centauro (meio animal, meio homem) para argumentar que era dever do príncipe agir como raposa e como leão:

> Sendo, pois, necessário a um príncipe saber utilizar-se da natureza do animal, tomará por modelos a raposa e o leão: porque este não tem defesa contra os laços [armadilhas] nem a raposa contra os lobos. Será, portanto, raposa para conhecer os laços e leão para amedrontar os lobos. Os que se fizerem simplesmente leões não entendem de seu mister. [...] É, contudo, necessário saber disfarçar, e bem, a natureza da raposa, ser grande simulador e dissimulador [...].[20]

---

[18] Numa Itália convulsionada por múltiplas divisões, Maquiavel dirigia-se, em particular, ao príncipe que pudesse tomar em mãos a tarefa inadiável de promover a unificação e o fortalecimento de um Estado nacional italiano.

[19] Maquiavel, *O príncipe* (Rio de Janeiro, Letras e Artes, 1965) e *Comentários sobre a primeira década de Tito Lívio* (3. ed., Brasília, UnB, 1994), mais conhecido como *Discorsi*.

[20] Idem, *O príncipe*, cit., p. 76-7.

Dois aspectos merecem ser destacados. Em primeiro lugar, a defesa da "utilização *virtuosa* da força"[21], concebida como uma medida a um só tempo astuta e eficaz, dissociada de qualquer conotação de virtude à moda cristã. Em segundo lugar, e isso é mais relevante para os fins que me proponho, Maquiavel advertia da necessidade imperiosa de disfarçar a astúcia ou, numa palavra, dissimular a própria dissimulação. Nada de anormal para o pensador florentino se considerarmos que, para ele, a vida tal como ela é mostra que os homens são por natureza, entre outros atributos negativos, ambiciosos, ávidos de lucros, "invejosos"[22], "pérfidos", "ingratos, volúveis, dissimulados"[23].

Neste ponto, é conveniente me deter um pouco – até pelas relações que se podem estabelecer entre dissimulação e teatro – em algumas particularidades da análise de Maquiavel sobre as qualidades requeridas para o exercício de um bom governo, tema abordado em especial nos capítulos 15 a 19 de *O príncipe*. Ele enumerava cinco requisitos que um governante deveria, frise-se, aparentar, lançando as bases de uma verdadeira estratégia das aparências:

> Deverá, pois, [o príncipe] cuidar atentamente de não proferir palavra que não seja plena daquelas cinco qualidades referidas, dando a impressão, quando visto e ouvido, de que é todo clemência, todo boa-fé, todo integridade, todo humanidade, todo religião. Quanto a esta última qualidade, é a que mais importa aparentar. Os homens julgam principalmente pelos olhos, mais que pelas mãos; porque todos podem ver; poucos sabem tocar. Todos veem o que aparentas, poucos sentem o que és [...].[24]

Na sequência, Maquiavel, identificando-se com uma espécie de política de resultados, acentua que "o que importa são os resultados" e, nesse caso, para uma ação ser coroada de êxito, deve-se partir do pressuposto de que "o vulgo é levado pelas aparências e pelo fato consumado"[25]. Por essa razão, de acordo com ele, mais significativo que possuir as quali-

---

[21] Maria Tereza Sadek, "Nicolau Maquiavel: o cidadão sem *fortuna*, o intelectual de *virtù*", em Francisco C. Weffort (org.), *Os clássicos da política* (13. ed., São Paulo, Ática, 2000), v. I, p. 22.

[22] Essa afirmação – que diz muito da concepção da natureza humana sobre a qual se apoia seu pensamento – aparece logo de saída, na primeira frase do livro primeiro dos *Discorsi* (Maquiavel, *Comentários sobre a primeira década de Tito Lívio*, cit., p. 17).

[23] Maquiavel, *O príncipe*, cit., p. 73.

[24] Ibidem, p. 78.

[25] Idem.

História, política e teatro em três atos   43

dades enumeradas é, sem dúvida, "aparentar possuí-las"[26], variando de conduta conforme as circunstâncias recomendem. Nisso se constitui-ria a autêntica *virtù*, típica daqueles que, sem deixar de atuar como sujeito, harmonizam seus atos com a *fortuna*, levando na devida conta a conjuntura social e política[27].

> Ousarei mesmo dizer que, possuindo-as e sempre delas se servindo, [o príncipe] prejudicar-se-á; aparentando possuí-las, lucrará; de um lado, parecer clemente, leal, humano, íntegro, religioso, e sê-lo; mas, por outro lado, estar de tal forma preparado de ânimo que, precisando deixar de sê-lo, possa e saiba tornar-se o contrário.[28]

Tais considerações introduzem uma questão da maior relevância, que envolve o cerne da ação política. Conforme Maquiavel, sua essência se concentra no nível das aparências. Nessas condições, a realidade política – para não entrar aqui em outros setores da atividade humana – pertence, no fundo, ao domínio do parecer ser, da aparência. Daí ser cabível afirmar, com todas as letras, que o parecer ser é o ser da política. Não seria por outro motivo que Lefort salienta que Maquiavel "interroga o parecer na certeza de que o príncipe não existe senão para os outros, que seu ser está do lado de fora [*est au-dehors*]" e suas reflexões se inscrevem "na ordem das aparências"[29].

Nesse contexto é que se compreende a importância atribuída à aparência ou à representação teatral de religiosidade, uma qualidade cardeal do príncipe na visão maquiaveliana. Nos *Discorsi*, essa é uma temática à qual Maquiavel dedicou vários capítulos[30]. O que o movia era o objetivo de enfatizar a utilidade política da religião e seus usos pagãos e seculares, pois, para ele, "o índice mais seguro da ruína de um país é o desprezo pelo culto dos deuses"[31].

---

[26]   Ibidem, p. 77.

[27]   Algumas das mais notáveis páginas escritas por Maquiavel estão no penúltimo capítulo de *O príncipe*, quando ele se põe a falar da relação entre a *fortuna* e a ação humana, abrindo espaço para a atenuação do peso das "circunstâncias", ao mesmo tempo que insiste na necessidade de o governante não negligenciar as "peculiaridades dos tempos" e "harmonizar com os tempos seu procedimento" (ibidem, p. 106).

[28]   Ibidem, p. 77.

[29]   Claude Lefort, *Le travail de l'oeuvre: Machiavel* (Paris, Gallimard, 1972), p. 408.

[30]   Ver Maquiavel, *Comentários sobre a primeira década de Tito Lívio*, cit., livro 1, cap. 11-15.

[31]   Ibidem, p. 61. Sobre por que Maquiavel não era indiferente à problemática da moral e da religião e suas implicações políticas, ver George H. Sabine, "Maquiavel", em

De tudo que foi exposto sobre o poder da imagem e sua associação com a imagem do poder decorre logicamente que o reino da política – que se confunde com o reino do parecer ser – está situado de maneira irremediável e irreversível sob o signo do engodo, do falseamento, da mistificação e da manipulação? Seria uma simplificação extrema responder positivamente, sem mais, a essa pergunta, procedimento que nos conduziria ao plano inclinado das inúmeras representações empobrecedoras forjadas ao longo dos séculos em torno da noção vulgar de maquiavelismo[32]. É preciso dar um passo além, para não dizer muitos passos, a fim de não sucumbir a esses clichês. Afinal, o pensamento de Maquiavel comporta uma imensa gama de complexidades e não merece ser tratado com tamanho/tacanho reducionismo.

Aparentar, no universo maquiaveliano, não se reduz necessariamente à prática da falsidade e do escamoteação, ainda que possa, aqui e ali, levar a isso. De igual modo, parecer ser não implica obrigatoriamente fingir, mesmo que possa induzir a fingimento. Ora, assim como se diz que não basta à mulher de César ser honesta porque ela tem de parecer honesta, quando um governante é instado a aparentar/revelar o que faz de bom, trata-se, no fim das contas, de não perder de vista que ele é julgado (bem ou mal) pelo que é possível ver dele no plano externo. Nisso se resume o componente teatral da política *à la* Maquiavel. Não admiti-lo acarreta, por vezes, erosões no prestígio de um governante, que será um mau príncipe se, sendo bom, não souber aparentar o bem que faz.

E. P. Thompson: a valorização da noção de teatro político

Nas leituras mais cristalizadas sobre teatro, ele, em condições normais, é relegado quase exclusivamente ao campo das artes, como se pudéssemos apartá-lo da essência mesma da política. Entretanto, E. P. Thompson (1924-1993) alinha-se com aqueles que, ao acionar outras referências, vai na contramão dessa tendência mais tradicional e ilumina a cena com outras reflexões que nos ajudam a pensar mais a fundo sobre essa questão.

História das teorias políticas (trad. Ruy Jungmann, Rio de Janeiro/Lisboa, Fundo de Cultura, 1964), v. I, e Ernst Cassirer, *O mito do Estado* (trad. Álvaro Cabral, Rio de Janeiro, Zahar, 1976), cap. 10-12.

[32] Sobre as lendas nas quais a obra de Maquiavel esteve envolta, ver Ernst Cassirer, *O mito do Estado*, cit., cap. X.

Thompson, integrante importantíssimo de uma geração de marxistas ingleses (ao lado de Eric Hobsbawm e Raymond Williams, entre outros)[33] que ganhou musculatura sobretudo a partir dos anos 1950 e 1960, insuflou novos ares na tradição marxista. Vivia-se um período de revisão crítica da ortodoxia stalinista que engessara o pensamento comunista mundo afora. Ao procurar livrá-lo de certas amarras, ele questionou cânones da esquerda, notadamente o determinismo econômico e, como uma rosa dos ventos que gira em diversas direções, buscou articular contribuições provenientes da área da cultura para repensar temas reduzidos com frequência a um tratamento esquemático e/ou economicista[34].

A incorporação da noção de teatro à política e à luta de classes provém exatamente desse tipo de preocupação. Em suas pesquisas sobre as relações mútuas de poder entre a *gentry* (os patrícios) e os plebeus na Inglaterra do século XVIII, Thompson as associa aos vaivéns da dominação política e da resistência. Baseado em uma compreensão mais elástica do sentido teatral da prática política e social, ele examina os vínculos viscerais que englobam o teatro e a hegemonia de classe. Sua posição é categórica: "o aparato pomposo, as perucas empoadas e o vestuário dos poderosos também devem ser vistos – como era sua intenção – a partir de baixo, no auditório do teatro da hegemonia e do controle de classe"[35]. E, de maneira ainda mais explícita, Thompson reforça:

> Nessas condições, a dominação da *gentry* repousa em parte na encenação da hegemonia cultural. Ela é sublinhada pelo estilo teatral que seus membros dão ao exercício de suas funções oficiais: perucas, bengalas, vestidos, postura, gestualidade e movimentos. Há um estilo

---

[33] Sobre o legado de historiadores marxistas ingleses, de Maurice Dobb a E. P. Thompson, passando por Rodney Hilton, Christopher Hill e Eric Hobsbawm, ver Harvey J. Kaye, *The British Marxist Historians: An Introductory Analysis* (Cambridge/Oxford, Polity/Basil Blackwell, 1986).

[34] Para avaliar o peso da presença intelectual de Thompson, destaco dossiês surgidos no Brasil nas duas últimas décadas: "Diálogos com E. P. Thompson", *Projeto História*, n. 12, out. 1995, e "Cultura e resistência: dez anos sem E. P. Thompson", *Esboços*, v. 12, 2004, em especial Ciro Flamarion Cardoso, "The Group e os estudos culturais britânicos: Edward P. Thompson em contexto".

[35] E. P. Thompson, "Patrícios e plebeus", em *Costumes em comum: estudos sobre a cultura popular tradicional* (trad. Rosaura Eichemberg, São Paulo, Companhia das Letras, 1998), p. 68.

retórico muito estudado, particularmente afirmado no ritual da justiça e das cortes de justiça.[36]

Nessa linha de abordagem, ao desdobrar seu raciocínio, o autor escapa de determinados simplismos analíticos que, em outros contextos, contaminam, por exemplo, uns tantos estudos sobre o populismo, tomado às vezes como sinônimo de demagogia política[37]. Na óptica thompsoniana, a hegemonia – conceito que, na tradição marxista, deve sua melhor formulação a Antonio Gramsci – não se sustenta no vácuo nem seria meramente induzida por mecanismos de inculcação ideológica. Pelo contrário, ela se insere num processo de alimentação e retroalimentação permanente. E para tanto exige-se dos governantes, nas palavras de Thompson, o "exercício constante da habilidade, do teatro e da concessão"[38].

Não é à toa que, ao inovar nas discussões referentes ao paternalismo no século XVIII inglês, Thompson rompe com análises que concebem a *gentry* e a plebe como dois elementos polares – à semelhança de extremos que não se tocam – e dá ênfase às relações de reciprocidade (apesar de ostensivamente assimétricas) nas quais elas estão mergulhadas. A tal ponto que, partindo da constatação de que "os dois lados da equação eram, em certa medida, prisioneiros um do outro"[39], ele conclui que a manutenção da deferência para com os ricos implicava inevitavelmente a adoção de uma política de concessões efetivas (e não apenas imaginárias) ante os reclamos dos trabalhadores pobres. Estes, enfim, "impuseram caridades"[40] à *gentry*, ou, em outros termos, como que con-

---

[36] Idem, "Modos de dominação e revoluções na Inglaterra", em *As peculiaridades dos ingleses e outros artigos* (Campinas, Unicamp, 2001), p. 224.

[37] Sobre simplificações relativas ao populismo, ver Adalberto Paranhos, "Os sons dessemelhantes", em *O roubo da fala: origens da ideologia do trabalhismo no Brasil* (2. ed., São Paulo, Boitempo, 2007), p. 24-5.

[38] E. P. Thompson, "Patrícios e plebeus", cit., p. 79, na qual ele também desfere um petardo crítico contra visões em voga na época entre as hostes estruturalistas e marxistas da Europa Ocidental.

[39] Ibidem, p. 68.

[40] Ibidem, p. 85. Em outra passagem, Thompson ressalta que, diante de um "equilíbrio social delicado", em certas situações "os governantes eram forçados a fazer concessões" (ibidem, p. 70). E acrescenta: as "formas tradicionais de protesto [...] em geral tinham a intenção de lembrar à *gentry* seus deveres paternalistas" (ibidem, p. 78). Observação paralela: a respeito de como Thompson foi apropriado criativamente por historiadores que lançaram outras luzes sobre a temática do paternalismo e os estudos sobre o Brasil escravista, ver Sílvia Hunold Lara, "*Blowin' in the*

História, política e teatro em três atos   47

tribuíram de forma decisiva para impor a prática do paternalismo aos paternalistas, já que as classes dominantes não poderiam equacionar seus problemas de sustentação político-social apelando tão somente ou predominantemente para a repressão.

Embora as concessões cumprissem sua função quanto à preservação da ordem social vigente, nem elas eram suficientes por si sós. Era preciso fazer uso, com habilidade, do teatro político, até – eu complementaria – para tirar proveito, teatralmente, do efeito político que elas poderiam provocar, desde que bem exploradas. Ora, se "toda sociedade tem seu próprio tipo de teatro"[41], sociedade alguma pode prescindir das práticas políticas teatrais, sejam quais forem, pois, para Thompson, "grande parte da política e da lei é sempre teatro"[42]. E, nessa perspectiva, ao discorrer sobre a Inglaterra do século XVIII, ele identifica dois tipos de teatro político postos em prática socialmente: o teatro dos poderosos e o contrateatro dos pobres.

Um deles, o teatro dos poderosos, já foi mencionado em passagens anteriores. A *gentry*, que, *grosso modo*, mantinha o governo sob seu controle, pautava-se por apelos marcadamente visuais:

> Suas aparições em público tinham muito da estudada representação teatral. [...] tudo se destinava a exibir a autoridade aos plebeus e a extrair deles a deferência. E isso se fazia acompanhar de certas características rituais significativas: o ritual da caçada, a pompa das cortes (e de todo o estilo teatral das cortes de Justiça), os bancos apartados na igreja (onde entravam mais tarde e de onde saíam mais cedo que o resto dos mortais). [...] Temos aqui um estilo hegemônico estudado e elaborado, um papel teatral que os poderosos aprendiam na infância e desempenhavam até a morte.[43]

Uma expressão estratégica do teatro dos poderosos evidenciava-se, naqueles tempos, nos espetáculos proporcionados pelo teatro do terror. Este se ligava intimamente ao papel que os patrícios avocavam para si, no cumprimento das atribuições de administrar a justiça e conservar a ordem pública a salvo de ameaças desestabilizadoras.

Wind: E. P. Thompson e a experiência negra no Brasil", *Projeto História*, n. 12, out. 1995.

[41] E. P. Thompson, "Patrícios e plebeus", cit., p. 70.

[42] Ibidem, p. 48. Com uma ligeira, porém fundamental diferença, como espero que tenha ficado claro neste texto, considero que a política, toda ela, é sempre teatro.

[43] Idem.

Na esteira do "teatro pleno e terrível da lei"[44], tratava-se, por meio da encenação do efeito-demonstração, de punir de modo exemplar, aos olhos dos plebeus, quem tentasse solapar as bases sobre as quais se assentava a convivência entre os diferentes na sociedade inglesa. Com essa finalidade, o calendário londrino assinalava os dias de enforcamento, e cadáveres eram deixados à mostra, a apodrecer nos patíbulos. Compunha-se, assim, um ritual macabro, que incluía o cortejo dos condenados até a forca, sem contar que determinada categoria de delitos previa, como num fim apoteótico, a mutilação *post-mortem*. Dente dessa engrenagem, "o ritual da execução pública era um acessório necessário a um sistema de disciplina social dependente, em grande parte, do teatro"[45].

Mas Thompson, ao se voltar para a Inglaterra setecentista, não a olha simplesmente do alto, ao contrário daqueles que, inebriados pelos atos dos poderosos, colocam-nos diante de cenas que flagram apenas o teatro das cortes e dos palácios por onde circulam as classes dominantes. Tampouco reduz as massas populares à condição de seres amorfos, moldados pelas elites que, a seu bel-prazer, esculpiriam nelas a forma e o conteúdo que corresponderia plenamente a suas vontades e interesses. Ao valorizar, metodologicamente, a *history from below* (a história a partir de baixo)[46], esse historiador traz à tona um conjunto de figuras submersas, personagens-satélite escanteados por uma concepção elitista da história. Daí resulta o destaque atribuído à ação popular e, ao lado de outras formas de protesto, ao contrateatro dos pobres:

> Assim como os governantes afirmavam a sua hegemonia por um estudado estilo teatral, os plebeus afirmavam a sua presença por um teatro de ameaça e sedição. Da época de Wilkes em diante, a linguagem do simbolismo da multidão é relativamente "moderna" e de fácil leitura: a queima de efígies, o enforcamento de uma bota no patíbulo, a iluminação de janelas (ou a quebra daquelas sem iluminação), o destelha-

---

[44] Ibidem, p. 77.

[45] Ibidem, p. 49. Para um relato mais detalhado sobre as atrocidades praticadas em Tyburn e em outros lugares públicos durante a montagem desses circos de horrores, ver E. P. Thompson, "Folclore, antropologia e história social", em *As peculiaridades dos ingleses e outros artigos*, cit., p. 240-2.

[46] Sobre esse outro olhar, que faz emergir múltiplos sujeitos sociais sem excluir as classes populares, ver ainda Eric Hobsbawm, "A história de baixo para cima", em *Sobre história* (trad. Cid Knipel Moreira, São Paulo, Companhia das Letras, 1998).

História, política e teatro em três atos   49

mento de uma casa, que, como observa Rudé, tinha um significado quase ritualístico.[47]

Quantas vezes o comportamento teatral da multidão – que, segundo Thompson, era cega unicamente para historiadores míopes – não exibia, com a fúria que a possuía, uma teatralidade extremada, quando ela investia contra os bancos dos juízes, destruía os livros dos escrivães e os retratos das autoridades ou marchava, num festival de zombarias, até as residências dos magistrados, expondo à vista de todos as fraturas da sociedade inglesa? E as manifestações anônimas, elos de uma cadeia que conectava as ações populares à "tradição anônima"[48]? Elas também integravam o repertório do contrateatro dos pobres.

Cientes de que a resistência identificada, aberta, ostensiva, feita às claras, poderia suscitar, para os que se envolvessem nela, uma retaliação sem dó nem piedade, muitos trabalhadores percorriam o caminho das sombras. Por isso mesmo, tornaram-se comuns cartas anônimas portadoras de ameaças, lado a lado com incêndios criminosos, animais decepados, derrubada de árvores frutíferas e outras coisas mais. Dessa maneira, desmanchando ilusões sobre esse período histórico, Thompson sugere que "o mesmo homem que faz uma reverência ao fidalgo de dia – e que entra para a história como exemplo de deferência –, pode à noite matar as suas ovelhas, roubar os seus faisões ou envenenar os seus cães"[49] Afinal, nem a política nem o teatro são monopolizados pelas classes dominantes, e as contradições e os conflitos sociais explodem de mil e uma formas, sem que seja viável calar por inteiro as dissidências. Enfim, patrícios e plebeus estavam enredados numa complexa teia. Conforme Thompson, "num certo sentido, os governantes e a multidão precisavam um do outro, vigiavam-se mutuamente, representavam o teatro e o contrateatro um no auditório do outro, moderavam o comportamento político mútuo"[50].

---

[47]   E. P. Thompson, "Patrícios e plebeus", cit., p. 65.

[48]   Ibidem, p. 64.

[49]   Idem. Ao se reportar ao significado das cartas anônimas, Thompson lembra que "o que essas cartas mostram é que os trabalhadores do século XVIII, na segurança do anonimato, eram bem capazes de acabar com qualquer ilusão de deferência e de considerar seus governantes de um modo bem pouco sentimental ou filial" (idem).

[50]   Ibidem, p. 57.

A teatralização da política à brasileira

Se, na prática, política e teatro são como duas "almas gêmeas", o Brasil das décadas de 1930 e 1940, sob o primeiro governo Vargas, apresenta um cardápio variado, com espetáculos políticos de diferentes sabores e para públicos distintos. Um sem-número de autores já se propôs tentar decifrar os enigmas políticos daquela época e as circunstâncias que conduziram o país do golpe armado de 1930 ao autoproclamado "Estado Novo" e seu ocaso. Sem a intenção de repisar aqui as múltiplas leituras que buscaram compreender esse acidentado período da história brasileira[51], concentro genericamente minha atenção, uma vez mais, em algumas relações que se teceram entre teatro e política.

Estrela principal da companhia governamental, Getulio Vargas, o presidente-ditador, foi então elevado ao *status* mítico de homem providencial. Convertido numa espécie de santo secular, ele foi dimensionado como uma figura meio divina, meio humana, numa palavra, "supernormal", como se constata tanto em livros escritos por ideólogos do autoritarismo[52] quanto em peças da propaganda oficial, especialmente durante o funcionamento do Departamento de Imprensa e Propaganda (DIP), entre fins de 1939 e início de 1945. Se com frequência Maquiavel comparava o príncipe ao escultor encarregado de modelar o Estado e o povo, Vargas seria a encarnação heroica, em outro contexto, do artista incumbido de plasmar novas realidades. Naqueles anos, ele se transformaria no primeiro ídolo político da "era do rádio" no Brasil, valendo-se do uso que, em seu governo, passou ser feito do rádio, à semelhança do que acontecia na Alemanha nazista.

Insistentemente concebido, numa chave elitista, como um demiurgo que atuaria como o sujeito por excelência de nossa história, Vargas como que roubaria a cena da vida política nacional. Graças à sua suposta generosidade e à sua pretensa capacidade de antevisão, ele teria sido o fator decisivo para a superação da crise com que se defrontava

---

[51] Minha leitura particular, permeada de concordâncias e discordâncias com outras propostas interpretativas daquele momento histórico, encontra-se sobretudo em Adalberto Paranhos, *O roubo da fala*, cit.. Aí também se acha a fundamentação empírica para muitas das afirmações, de caráter mais genérico, que compõem este tópico.

[52] Como apenas um dos inúmeros exemplos disponíveis, registre-se que a apologia de Vargas como supranormal ou "supernormal" desponta em alto relevo na obra de Azevedo Amaral, *Getulio Vargas, estadista* (Rio de Janeiro, Irmãos Pongetti, 1941), p. 85, que produz uma variante de sociologia dos homens/estadistas providenciais.

o país. Enaltecido por ser dotado de um instinto divinatório, esse artista da política – por sua "capacidade congênita de antecipação"[53] – era apontado como o responsável por impedir a disseminação das odiosas lutas de classe. E mereceria ser exaltado pelo clima de ordem e progresso que imperaria no Brasil, em particular após a implantação do "Estado Novo".

Com a instalação oficial da ditadura, o Serviço de Divulgação do governo, dirigido com mão de ferro pelo germanófilo Filinto Müller, assumiu a missão de organizar a glorificação do ditador. Seu diretor se gabava de haver distribuído, entre 10 de novembro de 1937 e 15 de abril de 1939 – período em que o órgão funcionou – cerca de 90 mil retratos de Getulio Vargas[54]. Contudo, o DIP, criado em 27 de dezembro de 1939, suplantaria essa marca. Ele incentivou ou promoveu o culto à personalidade de Vargas por todos os meios possíveis e imagináveis: música popular, livros, folhetos e todo tipo de apelo imagético, como monumentos, bustos, meios-bustos, selos e moedas. Esse plano, urdido para polir a imagem de Vargas, justificava-se plenamente, segundo o ministro da Justiça Francisco Campos, pois "o Estado popular é o Estado que se torna visível e sensível no seu chefe"[55]. Pudera: em sua óptica, a integração política numa sociedade de massa não poderia, em nenhuma hipótese, dispensar o mito da personalidade. E este atendia à necessidade de imediatidade requerida para a maior eficácia da imagem mítica por ser provido de dimensão corpórea e, portanto, falar imediatamente aos sentidos, em especial à visão[56].

Nesse contexto é que se compreende toda a extensão do significado do qual se revestiu a celebração do Primeiro de Maio. Ele, que na Primeira República serviu de mote para jornadas de luta dos trabalhadores, sofreu uma metamorfose, a ponto de passar a integrar, com

---

[53] Marcondes Filho, *Boletim do Ministério do Trabalho, Indústria e Comércio (BMTIC)*, Rio de Janeiro, Imprensa Nacional, n. 105, maio 1943, p. 379. Na verdade, o ministro do Trabalho Marcondes Filho, propagador da ideologia do trabalhismo, ia ao encontro de formulações como as de outro ministro, Francisco Campos, para quem Vargas "surpreende na fase nascente as aspirações e tendências populares". Francisco Campos, "O Estado Novo", em *O Estado nacional: sua estrutura, seu conteúdo ideológico* (Rio de Janeiro, José Olympio, 1940), p. 223.

[54] Cf. Nelson Jahr Garcia, *Estado Novo: ideologia e propaganda política. A legitimação do Estado autoritário perante as classes subalternas* (São Paulo, Loyola, 1982), p. 99.

[55] Francisco Campos, "Estado nacional", em *O Estado nacional*, cit., p. 213.

[56] Cf. idem, "A política e o nosso tempo", em *O Estado nacional*, cit., p. 15-6.

toda pompa e circunstância, o calendário festivo da ditadura, principalmente a partir de 1940, tendo como palco o estádio de São Januário, do Clube de Regatas Vasco da Gama, no Rio de Janeiro (a exceção, em 1944, ficou por conta da transferência da festa para o Pacaembu, em São Paulo)[57]. Getulio Vargas ascendeu, então, à condição de centro simbólico das comemorações do Primeiro de Maio. Endeusado como "o maior trabalhador, o trabalhador-modelo, que dedica dezoito horas por dia ao serviço da coletividade"[58], reconhecido, segundo o presidente do Sindicato dos Estivadores do Rio de Janeiro, como o "trabalhador número um do Brasil"[59], seu brilho era tamanho que tudo ao seu redor parecia empalidecer. Nessa operação típica de roubo da cena, Vargas, o protagonista-mor, ia para o trono, enquanto os trabalhadores, razão de ser do Primeiro de Maio, eram rebaixados a reles figurantes, componentes de um coro carente de voz própria. Nada mais justo, na avaliação do ministro Marcondes Filho:

> Enquanto, para outros povos, a data de hoje recorda o término de lutas por um direito extraído das relutâncias do Estado, no Brasil ele [o Primeiro de Maio] comemora uma legislação social livremente outorgada pela clarividência de um gênio político. Não recordamos os nossos mártires. Consagramos um apóstolo. Por isso aqui estamos, os trabalhadores do Brasil, para fazer das festas do nosso trabalho a consagração de V. Ex.a, porque, no Brasil, Primeiro de Maio é um dia do povo, por ser um dia eminentemente presidencial.[60]

À maneira dos mitos modernos, a ditadura investia, com esmero, na preparação da "introdução de novos ritos"[61] destinados a desempenhar

---

[57] Entretanto, essa ressignificação do Primeiro de Maio, que se liga a processos de apropriação e dessignificação de símbolos, tradições, instituições e lutas dos trabalhadores, não ocorreu da noite para o dia, no imediato pós-30, contrariamente ao que por vezes se pensa. Sobre esse assunto, ver Adalberto Paranhos, *O roubo da fala*, cit., p. 96-9.

[58] Marcondes Filho, "Na 'Hora do Brasil'", em *Trabalhadores do Brasil!* (Rio de Janeiro, Revista Judiciária, 1943), p. 17.

[59] Manoel Antonio da Fonseca, *Boletim do Ministério do Trabalho, Indústria e Comércio (BMTIC)*, n. 108, ago. 1943, p. 322.

[60] Marcondes Filho, "Primeiro de Maio", em *Trabalhadores do Brasil!*, cit., p. 83-4 (discurso pronunciado em 1º de maio de 1942, como saudação a Getulio Vargas, no Estádio de São Januário).

[61] Ernst Cassirer, "A técnica dos mitos políticos modernos", em *O mito do Estado*, cit., p. 302.

a função de instâncias de consagração e legitimação. Mas a coreografia política desses *happenings* de agradecimento a Vargas e/ou ao regime estado-novista pelas graças alcançadas não parava por aí. Paradas trabalhistas à parte, as festividades cívico-artísticas de canto orfeônico, sob a batuta do maestro Heitor Villa-Lobos, adquiriram proporções gigantescas. Reunidos em torno do canto coral, seus participantes entoariam, irmanados, juras de amor à pátria e proclamariam as virtudes da disciplina e do civismo como pilares da ordem social indispensável para a decolagem do país rumo ao progresso[62].

De acordo com os arautos do "Estado Novo", o Brasil, enfim, reencontrara seu destino, numa atmosfera de paz e conciliação entre as classes sociais. Dos pronunciamentos do ministro do Trabalho brotava uma classe operária satisfeita com a institucionalização de seus direitos, sem resquícios de ressentimento por causa do reino da justiça que baixara à nossa terra pelas mãos de Vargas. Por isso, em fevereiro de 1942, Marcondes Filho anunciava, pelo microfone do programa *Hora do Brasil*, que soara a hora de elaborar uma "literatura proletária", "uma literatura que não existe no mundo"[63], para difundir aos quatro cantos do planeta o paraíso da concórdia que aqui se instalara.

No final daquele ano, cheio de alegria, ele comunicava o resultado de um concurso bancado pelo Ministério do Trabalho, Indústria e Comércio. Entre os laureados, o primeiro prêmio de teatro foi concedido a duas operárias pela autoria da peça *Julho, 10!*[64], uma alusão ao mês e dia da promulgação da Constituição de 1934. Nela, a bibliotecária Maria Teresa, que cuidava também do fichário do ambulatório da fábrica, funciona como traço de união entre operários e o patrão, a despeito dos percalços familiares e dos problemas enfrentados na empresa.

---

[62] Sobre as implicações do canto coral, ver Arnaldo D. Contier, *Passarinhada do Brasil: canto orfeônico, educação e getulismo* (Bauru, Edusc, 1998).

[63] Marcondes Filho, "Concurso de romance e comédia", em *Trabalhadores do Brasil!*, cit., p. 41.

[64] Com uma tiragem de 10 mil exemplares, distribuídos de preferência a entidades sindicais como presente de Natal, o governo federal publicou o livro *Pedro Maneta: romance – Julho, 10!: teatro* (Rio de Janeiro, Imprensa Nacional, 1942), com os trabalhos dos ganhadores do Concurso de Romance e Teatro, respectivamente de Paulo Lício Rizzo (Prêmio Getulio Vargas) e Leda Maria de Albuquerque e Maria Luisa Castelo Branco (Prêmio Darcy Vargas). Sobre essas obras, ver Kátia Rodrigues Paranhos, "Por uma literatura sem rancor: a 'literatura proletária' estado-novista", em Geraldo Pontes Jr. e Victor Hugo Adler Pereira (orgs.), *O velho, o novo, o reciclável Estado Novo* (Rio de Janeiro, De Letras, 2008).

Como se fosse uma caixa de ressonância dos discursos oficiais trabalhistas, ela condenava as greves, "essa ideia absurda de conseguir as coisas pela violência" ou por intermédio da agitação operária. Ainda mais depois de 10 de julho de 1934, "data feliz", que, para Maria Teresa, assegurava a incorporação à Constituição das leis trabalhistas, incensadas como "as mais adiantadas de toda a América do Sul". E rejubilava-se: "Agora, nós é que estamos 'do lado da lei'. Nada de greves, de lutas ou mortes. [...] Nós conseguimos pela paz o que os outros só conseguem com sangue e luta"[65]. De fato, Marcondes Filho parecia falar por sua boca. Tudo jogava a favor da confirmação da avaliação de Azevedo Amaral, que exultava com a "imunização do operariado brasileiro contra a infecção bolchevista"[66]...

Se, nesse exemplo, teatro, política e ideologia andavam de mãos dadas, encenando o "Brasil Novo" que se descortinava, em certas ocasiões as relações entre as práticas teatrais e as políticas eram menos ostensivas, porém não menos significativas pela carga simbólica que as caracterizava. Assim, dias após ser desfechado o golpe de Estado que impôs ao Brasil a ditadura estado-novista, teatralizava-se o artigo 2 da Constituição de 1937, que dispunha sobre a existência de uma só bandeira e de um só hino em todo o território nacional. Numa cerimônia solene, queimaram-se as bandeiras estaduais, bem como se aboliram os hinos dos estados, numa "reafirmação de unidade nacional"[67]. Em tempos de "Estado Nacional", era mais do que chegado o momento de desferir mais esse golpe contra as forças e os símbolos regionalistas, que, na visão do governo central, conspiravam contra a unidade do país. Por esse motivo, outro espetáculo cívico seria realizado, durante o qual, teatralmente, porções de terra de todos os estados, territórios e do Distrito Federal foram depositadas em uma urna de prata. A ideologia de Estado materializava-se nessas manifestações, atestando os usos (quando não os abusos) feitos pelo regime daquilo que Gramsci chamou de "material ideológico"[68].

---

[65] Leda Maria de Albuquerque e Maria Luisa Castelo Branco, "Julho, 10!", em *Pedro Maneta: romance – Julho, 10!: teatro,* cit., p. 232, 229 e 231.

[66] Azevedo Amaral, "O gênio político", em *Getulio Vargas, estadista,* cit., p. 117.

[67] Alzira Vargas do Amaral Peixoto, *Getulio Vargas, meu pai* (Porto Alegre, Globo, 1960), p. 226.

[68] Sobre essa noção, ver Antonio Gramsci, "Temas de cultura. Material ideológico", em *Cadernos do cárcere* (2. ed., Rio de Janeiro, Civilização Brasileira, 2001), v. II, p. 78-9. Uma análise mais ampla sobre o "material ideológico" do qual se valeu o Estado Novo acha-se em Adalberto Paranhos, "*Intermezzo*: ensaio de orquestra", em *O roubo da fala,* cit., 102-8.

No entanto, convém esclarecer – até para retomar uma questão que repassa os outros tópicos deste capítulo – que o teatro político do governo Vargas não se constituiu numa representação meramente ilusória. Se ele conviveu com a mistificação da história, nem tudo nele pode ser reduzido a essa concepção simplória. Seu prestígio popular se vinculou historicamente ao atendimento, embora de forma bastante parcial, de umas tantas reivindicações e/ou aspirações das classes trabalhadoras, pelas quais estas lutaram antes, durante e depois de 1930. A isso associou-se a orquestração ideológica das "dádivas outorgadas" por meio da veiculação do mito da doação da legislação social, elemento nuclear da ideologia do trabalhismo que se disseminou por todo o país, notadamente ao longo da ditadura estado-novista. Entendo, todavia, que as palavras dos ideólogos do "Brasil Novo" evaporariam e perderiam eficácia se o verbo não se fizesse acompanhar da linguagem concreta dos atos e das realizações, por mais que estes se limitassem a satisfazer determinados interesses mais imediatos dos trabalhadores.

Nisso o paternalismo *à la* Thompson e a estratégia das aparências, à moda de Maquiavel, são convergentes com as conclusões deste texto. De um lado, a máquina do paternalismo precisava ser azeitada, como vimos, à base de concessões, em meio a pressões e contrapressões que envolviam plebeus e patrícios. De outro, para Maquiavel, a relação entre o governante e a massa não deveria se resumir ao engodo, pois "a utilização de uma estratégia do imaginário centrada na astúcia comporta o engano, sem reduzir a relação política entre governante e governado à pura mistificação"[69]. Afinal, como já evidenciou Gramsci, a hegemonia, longe de consistir num fenômeno estático, é algo que varia conforme as flutuações das disputas político-ideológicas e, para ser preservada, requer a observância de "certo equilíbrio de compromissos"[70], em que os grupos e/ou classes dominantes não podem deixar de considerar, em alguma medida, os interesses e os valores das classes subalternas.

De volta ao tema específico da teatralização da política brasileira, não seria admissível fechar este capítulo se eu me detivesse apenas,

---

[69] Lidia Maria Rodrigo, *O imaginário do poder e o poder do imaginário em Maquiavel*, cit., p. 92.

[70] Antonio Gramsci, *Cadernos do cárcere*, cit., v. 3, p. 48. Sobre a temática da hegemonia, ver ainda Adalberto Paranhos, *Os desafinados: sambas e bambas no "Estado Novo"* (tese de doutorado em história, São Paulo, Pontifícia Universidade Católica, 2005), p. 34-9.

Història, teatro e política

como procedi até aqui, no teatro dos poderosos encenado pelo governo Vargas. Simultaneamente, emergiu um teatro alternativo ou, para usar a expressão de Thompson, o contrateatro, apesar de os governantes aspirarem, em termos ideais, à entronização de um coro da unanimidade nacional na sociedade brasileira. Em minhas pesquisas direcionadas à música popular na época do "Estado Novo", procurei captar vozes destoantes em relação à pregação da ideologia do trabalhismo[71]. Pondo de lado muitos outros sambas que traçam linhas de fuga ante a fala oficial, restrinjo-me a um exemplo por demais expressivo, a gravação de "Recenseamento"[72].

Cronista musical do cotidiano, Assis Valente aproveitou um assunto que figurava na ordem do dia, o censo de 1940. E narrou a subida ao morro do bisbilhoteiro agente recenseador, que quis tirar a limpo a vida de um casal não casado. Diante de sua interpelação, a mulher foi logo se apresentando como uma fiel cumpridora da lei:

> Em 1940
> Lá no morro
> Começaram o recenseamento
> E o agente recenseador
> Esmiuçou a minha vida
> Que foi um horror!
> E quando viu a minha mão sem aliança
> Encarou para a criança
> Que no chão dormia
> E perguntou se meu moreno era decente
> E se era do batente
> Ou era da folia
>
> Obediente eu sou a tudo que é da lei
> Fiquei logo sossegada
> E falei então:
> – O meu moreno é brasileiro
> É fuzileiro
> E é quem sai com a bandeira
> Do seu batalhão...

---

[71] Ibidem, em especial cap. "Sobre o fio da navalha: vozes dissonantes sob um regime de ordem-unida".

[72] Assis Valente, "Recenseamento" (interp. Carmen Miranda, 78 rpm, Odeon, 1940).

A nossa casa não tem nada de grandeza
Mas vivemos na pobreza
Sem dever tostão
Tem um pandeiro, tem cuíca e um tamborim
Um reco-reco, um cavaquinho
E um violão

Fiquei pensando
E comecei a descrever
Tudo, tudo de valor
Que meu Brasil me deu...
Um céu azul
Um Pão de Açúcar sem farelo
Um pano verde-amarelo
Tudo isso é meu!
Tem feriado que pra mim vale fortuna...
A Retirada de Laguna vale um cabedal!
Tem Pernambuco, tem São Paulo e tem Bahia
Um conjunto de harmonia que não tem rival!

Eis uma obra que, embora aparente reproduzir o discurso dominante do "Brasil grande", trabalhador e harmônico dos apologistas do "Estado Novo", desmonta com perspicácia os argumentos oficiais, salpicando de ironia a resposta da mulher ao funcionário que a entrevista. Seu "moreno", como a canção leva a crer, não poderia de maneira nenhuma ser catalogado no exército regular dos trabalhadores do Brasil, ele que talvez fosse porta-bandeira (ou melhor, mestre-sala) de escola de samba... No barraco em que moravam, onde dormiam no chão duro, faltava tudo – imagem que contrasta com a do "Brasil Novo" vomitada pela propaganda governamental. Tudo, em termos, só não faltavam os apetrechos reclamados pelo samba. No frigir dos ovos, o que o "Estado Novo" lhes deu? O azul do céu, um cartão postal (o Pão de Açúcar), uma bandeira (apequenada aqui na menção a um "pano verde-amarelo"). Além disso, a louvação aos feriados entra em flagrante contradição com a idealização do trabalho, típica da cartilha do trabalhismo. Detalhe que não é destituído de significação: "Recenseamento" é um samba-choro, e o acompanhamento – muito distante dos arranjos orquestrais grandiloquentes que emolduram os sambas-exaltação – é confiado a um conjunto regional que recria uma atmosfera musical comum às gafieiras.

Nessa representação, Assis Valente mostra, com habilidade, como discurso e contradiscurso podem se entrecruzar[73] e extrai dessa canção um resultado que se choca com a retórica do governo Vargas. Entretanto, a mulher que aparece na pele da personagem em questão era, à primeira vista, toda felicidade. Ora, esse é um comportamento essencialmente malandro, como sublinham Gilberto Vasconcellos e Matinas Suzuki Jr., ao abordar o tema da malandragem na música popular brasileira: nele há a aparente aceitação das regras estabelecidas como estratégia de sobrevivência. Nos códigos dos malandros, a arte da dissimulação – tanto quanto para Maquiavel – é ponto de honra[74], daí não ser sinal de inteligência oferecer-se como caça ao caçador. Noel Rosa e Ismael Silva, que entendiam da matéria, não tinham advertido, em "Escola de malandro", que "fingindo é que se leva vantagem/ isso sim é que é malandragem"[75]?

Mikhail Bakhtin já flagrara situações em que "a segunda voz, uma vez instalada no discurso do outro, entra em hostilidade com o seu agente primitivo e o obriga a servir a fins diametralmente opostos. O discurso se converte em palco de luta entre duas vozes"[76]. Como o teatro dos dominados também tem vez e voz, em "Recenseamento" quebrou-se o aparente monólogo instituído pelas falas provenientes do Estado, de seus ideólogos e das classes dominantes, para que uma segunda voz se instalasse no palco do "Estado Novo", abrindo passagem para outras representações da realidade social. Teatro e política, aqui, se unem e transitam pelas bordas, como quem come pelas beiradas.

---

[73] No fundo, duas falas justapõem-se e contrapõem-se em "Recenseamento". E o tom irônico da composição, examinado de uma perspectiva bakhtiniana, é um exemplo de discurso bivocal.

[74] Cf. Gilberto Vasconcellos e Matinas Suzuki Jr., "A malandragem e a formação da música popular brasileira", em Bóris Fausto (org.), *História geral da civilização brasileira: o Brasil republicano, 1930-1964* (3. ed., Rio de Janeiro, Bertrand Brasil, 1995), p. 520.

[75] Orlando Luiz Machado, "Escola de malandro" (interp. Noel Rosa e Ismael Silva, Odeon, 1932). Sabe-se que o "autor", no caso, de compositor levou a fama e contribuiu com o estribilho, porque o restante da canção é de autoria da dupla Noel e Ismael. Cf. João Máximo e Carlos Didier, *Noel Rosa: uma biografia* (Brasília, Linha Gráfica/UnB, 1990), p. 275-6.

[76] Mikhail Bakhtin, *Problemas da poética de Dostoiévski* (trad. Paulo Bezerra, Rio de Janeiro, Forense Universitária, 1981), p. 168.

Maria de Lourdes Rabetti e
Paulo M. C. Maciel

3. Itinerários da opereta: do mapeamento de acervos a uma antologia das fontes selecionadas

Apresentação

A pesquisa dos registros de fontes relativas à produção da opereta nos acervos públicos da cidade do Rio de Janeiro e de São João del-Rei[1] permitiu a identificação de cerca de 1.400 títulos, contemplando

---

[1] A pesquisa sobre a opereta concentra-se fundamentalmente na segunda metade do século XIX, seguindo até o início dos anos 1920. Em conformidade com informações colhidas em pesquisas anteriores e nos estudos de teatro e música no Brasil, foram selecionadas cidades e acervos de referência para o traçado do mapeamento. Na cidade do Rio de Janeiro, foram mapeados inúmeros acervos: na Fundação Biblioteca Nacional (BN), foram pesquisados os acervos da Divisão de Música (DM), da Divisão de Obras Raras (OR) e da Divisão de Referência (DR); na Fundação Nacional de Arte (Funarte), foram pesquisados os acervos pertencentes ao centro de documentação e à biblioteca; na Sociedade Brasileira de Autores Teatrais (SBAT/RJ) foi pesquisado, com intermediação do funcionário responsável, o acervo do Banco de Peças; na Fundação Casa de Rui Barbosa (FCRB), foram pesquisados os acervos setoriais e o geral da biblioteca; no Museu dos Teatros (MT) foram pesquisados os acervos de partituras e o da biblioteca; na Escola de Música da Universidade Federal do Rio de Janeiro (EM-UFRJ), foram pesquisados os acervos de partituras – reduções para piano ou canto-piano – e o da biblioteca em geral; na Escola de Música Villa-Lobos (EMVL), foram pesquisados os acervos de partituras e libretos e o da biblioteca em geral; na Universidade Federal do Estado do Rio de Janeiro (UniRio), foram pesquisados os acervos do Banco de Peças e Partituras e o da biblioteca; no Instituto Moreira Salles (IMS/RJ), foram pesquisados os acervos de partitura e o geral; no Museu da Imagem e do Som (MIS/RJ), foi pesquisado o acervo de partituras. Na cidade de São João del-Rei, além de partituras e documentação pertinente do importantíssimo acervo do Clube Teatral Artur Azevedo (CTAA), hoje alocado na Universidade Federal de São João del-Rei (UFSJ), houve busca também na biblioteca da universidade. Dada a particularidade do objeto, o projeto selecionou também o Centro de Documentação Musical da Universidade Federal de Pelotas (UFPel), para mapeamento a ser realizado ainda durante o ano de 2011. Estuda-se ainda a hipótese de inclusão no itinerário de mapeamento: a

em torno de 330 obras, distribuídas entre ópera bufa, ópera cômica e opereta. Não seria possível mapear a opereta sem incorporar suas variantes, na medida em que, desde o inicio, a coleta de dados revelou intensa circulação de obras e autores entre os três gêneros do teatro ligeiro. As buscas de registros em fichas datilografadas ou manuscritas e/ou em banco de dados indicavam um território marcado pela permeabilidade e pela permutabilidade, desafiando noções básicas de entendimento constante nas principais histórias do teatro e da música no Brasil, sobretudo no século XIX.

Nosso objetivo ao mapear sua presença nos acervos era contribuir com a literatura especializada em música e teatro no Brasil, que tratou direta ou indiretamente do tema em seus respectivos domínios, tendo em vista a ausência reconhecível de estudos mais pontuais do gênero, assim como de pesquisas mais consequentes ao seu conhecimento. Tínhamos, além disso, outro objetivo, não menos importante, de mapear suas fontes nos principais acervos nacionais de referência, em busca da reconstituição do gênero sem partir de antemão de uma galeria de autores e obras célebres, confirmadora das visões históricas ou historiográficas preponderantes[2].

Procuramos evitar assim uma série de dilemas característicos dos estudos históricos voltados para a formação do teatro brasileiro do século XIX, particularmente sobre o lugar e o papel desempenhado ao longo do processo pelos gêneros considerados ligeiros. Esses estudos refletem sobre o problema a partir de um horizonte conceitual e metodológico bastante aparentado em suas linhas gerais (dramático *versus*

Biblioteca Mário de Andrade e a Biblioteca Jenny Klabin Segall, do Museu Lasar Segall, na cidade de São Paulo. As siglas citadas serão as utilizadas no texto.

[2] Este texto apresenta os resultados obtidos até o momento da conclusão da etapa de levantamento documental e seleção das fontes relacionadas à produção da opereta (libretos e partituras), previstos pelo projeto de pesquisa "Mapa da opereta no Brasil na segunda metade do século XIX e primeiras décadas do século XX", vinculado à Linha de Pesquisa História e Historiografia do Teatro, do programa de pós-graduação em Artes Cênicas (PPGAC), e configura-se como a primeira parte do programa interdisciplinar de estudos sobre as relações música e teatro, em desenvolvimento no Laboratório Espaço de Estudos sobre o Cômico (Leec), da Universidade Federal do Estado do Rio de Janeiro (UniRio). Iniciado em setembro de 2009, é supervisionado pela professora Maria de Lourdes Rabetti, desenvolve-se sob responsabilidade do pós-doutorando Paulo Maciel e foi aprovado pelo programa de apoio ao pós-doutorado no Estado do Rio de Janeiro (edital Faperj n. 10/2009, convênio Capes/Faperj).

cômico, sério *versus* ligeiro, texto *versus* espetáculo, erudito *versus* popular), a fim de delimitar conceitos como criatividade e originalidade, segundo o ponto de vista do teatro ou da teatralidade. Em que pesem divergências de resultados e propósitos, os autores informam seus significados a partir de uma visão disjuntiva de seus elementos formadores e acabam contribuindo para a reafirmação de linhas determinantes, ou dominantes, de pensamento sobre a formação do teatro brasileiro, a nosso ver, embebido na música e no teatro, quando não em alguns preconceitos acerca da opereta.

Os dados coletados ao longo da pesquisa revelam, até este momento, uma produção intensa e diversificada de libretos e partituras que não parece dar pouca importância à escrita, seja musical, seja teatral, em prol de sua configuração espetacular. O que não nos impede de afirmar que devemos observar seu estatuto, a maneira como ela está inscrita num "modo de produção" particular, no qual a questão ganha inteligibilidade. Inventariar sua memória significou perceber a existência de um entrelaçamento entre os acervos e as possibilidades de entendimento e de escrita de sua história, na medida em que a diferença nem sempre pode ser reduzida pelo crivo do central e do periférico, sem levarmos em conta a natureza da documentação e sua importância diferenciada no conhecimento da história da opereta no Brasil. Para tanto, a noção de mapa foi fundamental na definição do levantamento e do estudo da opereta como gênero.

A ideia de mapa como categoria analítica no âmbito da história da literatura tem sido desenvolvida metodologicamente nos estudos de Franco Moretti[3]. Trata-se de explorar a importância heurística do entendimento da literatura voltada para o repetitivo, o rotineiro, o mesmo, em vez de privilegiar o excepcional e o singular de uma sequência de autores e obras considerados principais. É preciso ter em mente que a relevância quantitativa implica uma abordagem da história literária baseada nos gêneros como estruturas temporais de média duração, distintamente da leitura textual que se preocupa com o texto raro ou então, no extremo oposto, com as estruturas quase imutáveis: "o gênero é, portanto, o verdadeiro protagonista desse tempo de meio da

---

[3] Franco Moretti, *Atlas do romance europeu: 1800-1900* (trad. Sandra Guardini Vasconcelos, São Paulo, Boitempo, 2003); *A literatura vista de longe* (trad. Anselmo Pessoa Neto, Porto Alegre, Arquipélago, 2008); e *O romance 1: a cultura do romance* (trad. Denise Bottmann, São Paulo, Cosac Naify, 2009).

história literária, desse nível mais racional em que o fluxo encontra-se com a forma"[4].

Nesse sentido, o interesse estaria antes na compreensão do próprio ciclo, pois este permitiria perceber de um novo ângulo o entrelaçamento entre produção e recepção literárias, marcado pela disputa e pela competição, e no qual se decide a permanência ou a transitoriedade dos gêneros em consonância com sua força numérica, como diz Franco Moretti a respeito da ascensão do romance em meados do século XIX: "o número de novos romances salta de cinco, dez títulos por ano – o que quer dizer um romance a cada um ou dois meses – para cerca de um romance por semana. E, quando se chega a esse nível, o horizonte de expectativas dos leitores muda"[5]. O romance torna-se uma necessidade e, para atender a essa demanda, multiplicam-se os nichos de formas romanescas, juntamente com os de públicos leitores.

Quem sabe o gesto crítico de incorporar gêneros tidos como secundários na história da forma romanesca colocaria na ordem do dia a necessidade de "politicar" a história das artes e da literatura, de modo a alargar horizontes e deixar emergir outros componentes importantes?

Assim, buscamos resgatar a relevância de obras e autores secundários que, segundo observou Antonio Candido[6], ganhavam em senso prático e visada política o que perdiam em apuro estético, pensando que o mesmo vale talvez para os gêneros considerados menores. Mas tivemos sempre em mente que mesmo tais apreciações como "secundários" e ou "menores" dependem da concepção de literatura e de teatro implicada nos estudos históricos.

O MAPA DOS ACERVOS: A MEMÓRIA DOS DEPÓSITOS E SEUS DESAFIOS TEÓRICOS

A busca nos registros de fontes primárias, entendidas aqui como libretos e partituras, consistiu num exaustivo levantamento de dados, sem privilégio antecipado de um elenco de autores e ou obras, comum nos principais estudos históricos, assim como sem definição de um repertório de base, tal como o levado à cena ou o executado nos salões. Além disso, muitos acervos guardam em seus depósitos universos

---

[4] Idem, *A literatura vista de longe*, cit., p. 31.

[5] Ibidem, p. 16.

[6] Antonio Candido, "A formação da rotina", em *Formação da literatura brasileira: momentos decisivos* (Belo Horizonte, Itatiaia, 1981), v. I, p. 191-224.

próprios da opereta, desde os mais canônicos (isto é, quase o mesmo repertório dado na literatura especializada) até um bom número de novos títulos, contemplados às vezes nas bibliotecas mais setoriais. De maneira geral, a busca revelou que o tamanho dos acervos interferia em seu repertório, na natureza dos testemunhos e, portanto, no conhecimento possível do gênero.

Nos registros coletados de partituras e libretos, a passagem de um acervo menor ou médio para um de dimensões maiores, de uma guarda mais especializada para um espólio mais vasto, implica uma mudança na presença de fontes manuscritas, de originais nacionais, em detrimento do predomínio de fontes impressas, de títulos franceses, italianos e alemães, com alterações até mesmo nesses repertórios, e abarca, em menor medida, dados relativos às primeiras décadas do século XX. É o que revelam os catálogos da Biblioteca Nacional e da Escola de Música da UFRJ, em relação à coleção de fontes do Museu dos Teatros e do Clube Teatral Artur Azevedo, da Universidade Federal de São João del-Rei.

No acervo da Escola de Música Villa-Lobos, entre os registros de fontes documentais impressas, encontra-se guardado um grande número de fontes do repertório vienense e alemão e, entre seus manuscritos, títulos importantes da opereta brasileira do século XX. No caso da Sociedade Brasileira de Autores Teatrais/RJ, estávamos atentos justamente às possíveis indicações de fontes autógrafas; mapeamos um diminuto repertório, mas de natureza diferenciada, tal como encontrado no Clube Teatral Artur Azevedo e no Museu dos Teatros.

Essas características ditadas pelos perfis da documentação e dos acervos consultados revelam uma distribuição desigual dos dados a respeito das três variantes ligeiras, indicada pelo predomínio de registros da opereta em acervos com maior presença da produção brasileira e portuguesa, assim como de libretos e de material manuscrito. É esse o caso do Clube Teatral Artur Azevedo, do Museu dos Teatros, do Museu da Imagem e do Som/RJ, da Sociedade Brasileira de Autores Teatrais/RJ, da Fundação Nacional de Arte, ao contrário do banco de peças e partituras da biblioteca da Universidade Federal do Estado do Rio de Janeiro e dos grandes acervos, da Divisão de Música da Fundação Biblioteca Nacional, da biblioteca da Escola de Música da Universidade Federal do Rio de Janeiro e da Escola de Música Villa-Lobos cujos dados nos informam de registros de obras completas impressas, denominadas em sua maioria como óperas cômicas. Por último, em menor escala na soma final, surgem entradas designadas como óperas bufas.

Não podemos ainda afirmar ou salientar distinções formais, apenas notificar que a coleta de registros apontou dificuldades para estabelecer o pertencimento de determinada obra, quando não se leva em conta a flexibilidade, o movimento de títulos e autores entre as casas editoriais, os teatros e as séries publicadas. Mas, aos poucos, foi possível observar que os dados traçam estratégias de divulgação e circulação que não podem ser desligadas de suas formas de produção e que a pesquisa tornou perceptível – sobretudo pela dificuldade em distinguir de modo mais claro a fronteira que separa o repertório levado à cena de sua repercussão, informada pelos títulos de peças avulsas escritas sobre motivos de determinada obra ou pelos indicadores das reduções para piano ou canto-piano. Entretanto, a abrangência maior do levantamento torna possível avaliar melhor o repertório teatral no interior de um quadro geral de formas, temas e procedimentos, disponíveis naquele contexto.

A ampliação de seu universo, segundo a força de sua presença mapeada na pesquisa, encerraria, para além de sua dimensão numérica e técnica, uma cultura ou uma sensibilidade musical e teatral que permeia suas relações com a sociedade em geral, conforme sua dispersão territorial, seus usos variados, sua permeabilidade, sua capacidade de atualização e variação em abrigar temas, espaços e formas novas, como revelam os indicadores coletados.

Observamos, no mapeamento dos gêneros nos acervos, o que já se apontou como deslizamento de gêneros e da noção de autoria na comediografia carioca, inserida num modo "de produzir teatro que solicita uma escrita cênica destinada a gerar módulos dramatúrgicos, de atores e cênicos intercambiáveis e disponíveis para a circulação entre empresários e elencos de companhias em profusão"[7].

O universo da produção e da repercussão da opereta no Brasil, do Segundo Reinado (1840-1889) às primeiras décadas da República, revelou-se aos poucos, simultaneamente, pela pesquisa de fontes e pela contribuição da bibliografia, que indicava autores, obras, teatros e elenco, a exemplo de *Música popular: teatro & cinema*, de José Ramos

---

[7] Maria de Lourdes Rabetti, *Teatro e comicidades 2: modos de produção do teatro ligeiro carioca* (Rio de Janeiro, 7Letras, 2007), p. 45.

Tinhorão[8]. Além da dimensão reflexiva em torno dessa forte presença musical no teatro brasileiro desde meados do século XIX, o trabalho de Tinhorão cita operetas que ainda não haviam sido contempladas pelos dados da pesquisa: *A canção brasileira*, de 1933 (música de Henrique Vogeler e letra de Luiz Iglezias e Miguel Santos), *Sinhá*, de 1919 (música de Domingos Roque, com participação de Henrique Vogeler e letra de Rafael Gaspar da Silva e J. Praxedes), *Cibele*, de 1920 (música de Lamartine Babo), *Viva o amor*, de 1940 (música de Lamartine Babo), *Lola* (música de Lamartine Babo) e *A serrana*, de 1910 (música de Baiano). Ele ainda revela a presença de um gênero cinematográfico que chama de "filme-opereta".

A presença da música na produção cultural brasileira do século XIX, em particular na literatura, pode ser observada também em *A música popular no romance brasileiro*[9] e, no caso do século XX, em *Metrópole em sinfonia: história, cultura e música popular na São Paulo dos anos 1930*[10]. Os estudos apontam uma intensa influência musical na produção artística e cultural em geral nos dois períodos e também a transição do espaço reservado à sua audição, execução e socialização, passando do palco para o rádio como principal meio ou veículo de apreciação. No caso das interfaces entre música, teatro e literatura, podemos dizer que a interessante análise de Tinhorão[11] aborda sobretudo a dimensão temática – e menos a dimensão formal propriamente dita – na prosa literária, no ritmo e no andamento da narrativa, na elaboração de personagens e situações etc.

Entretanto, a bibliografia sobre a história da música no Brasil e, em menor escala, da ópera e seu diálogo com a literatura e o teatro costuma passar ao largo das variantes ligeiras, corroborando até certo ponto sua marginalização na crítica, especializada ou não, desde o século XIX. Da mesma forma, a historiografia musical tende a negligenciar, em suas respectivas abordagens, a maneira como tais interfaces artísticas interferiram na formação e no desenvolvimento, nos padrões de gosto e na constituição dos repertórios da opereta. Já a historiografia do teatro brasileiro, sobretudo do século XIX, tende a desconsiderar a música

---

[8] José Ramos Tinhorão, *Música popular: teatro & cinema* (Petrópolis, Vozes, 1972).

[9] Idem, *A música popular no romance brasileiro* (São Paulo, Editora 34, 2000), v. 1.

[10] José Geraldo Vinci de Moraes, *Metrópole em sinfonia: história, cultura e música popular em São Paulo nos anos 30* (São Paulo, Estação Liberdade, 2000).

[11] José Ramos Tinhorão, *A música popular no romance brasileiro*, cit.

em suas análises da formação e do desenvolvimento do teatro. E, por último, podemos apontar talvez uma relativa surdez dos historiadores culturais em geral em relação à exigência de interseções mais demoradas e profundas nos referidos campos de estudos.

Em geral, a literatura especializada costuma trabalhar partitura e libreto como fontes históricas isoladas, conforme se interesse pelo teatro ou pela música. Entretanto, a pesquisa confirmou a interdependência de ambos como constitutiva do gênero e a necessidade de identificar as formas desse diálogo, sobretudo nos casos de "abrasileiramento" de títulos de libretos com relação às partituras de sua composição "original".

Em razão de sua apropriação intensa e diversificada, da variedade de formas de escrita adotadas pelos autores, conforme nos informam os registros, libretos e partituras trabalham na tensão entre nacional e estrangeiro, original e cópia. Eles são atravessados pela disputa em torno dos termos básicos que alicerçam em geral o raciocínio do processo de formação do teatro brasileiro e servem de contrapeso à figuração das questões e dos temas no âmbito da produção literária e dramática mais canônica, baseada sobretudo nas premissas lançadas pela teoria romântica, como observou Meyer Howard Abrams: "a ideia de que o estilo, a estrutura e o assunto da literatura incorporam os elementos mais persistentes e dinâmicos de uma mente particular; as disposições básicas, os interesses, os desejos, as preferências e aversões que dão continuidade a uma personalidade"[12]. Essa personalidade se revela "se não naquilo que é dito, então, no mínimo, em como é dito – na forma adverbial, se não no substantivo – a linguagem pessoal de um autor tem permissão de se revelar com toda a legitimidade"[13].

A partir das características de produção indicadas pelos registros levantados e das dificuldades de circunscrevê-las por meio de categorias analíticas mais tradicionais, como as noções de gênero, autoria e obra, os procedimentos de escrita dos libretos e das partituras tocariam num conflito nem sempre explícito na história da formação do teatro brasileiro, relativo a seus usos e limites, a seu estatuto e significado, enquanto móveis distintivos de sua história no século XIX.

---

[12] Meyer Howard Abrams, *O espelho e a lâmpada: teoria romântica e tradição crítica* (trad. Alzira Vieira Allegro, São Paulo, Unesp, 2010), p. 302.

[13] Ibidem, p. 306-30.

A intensidade da presença da opereta nos espólios públicos contrastava cada vez mais com seu significado e seu lugar nos estudos históricos do teatro e da música. E problematizava os critérios adotados para ajuizar seu papel no processo de formação do teatro e da música no Brasil, despertando-nos para o descompasso entre as informações coletadas e as ideias concebidas pela literatura especializada, conforme descreve sinteticamente Décio de Almeida Prado:

> O teatro musicado, em suas várias encarnações, significou um aumento ponderável do público, com benefícios econômicos para intérpretes e autores, e o decréscimo de aspirações literárias. Após os sonhos despertados pelo romantismo, quando os escritores acharam que poderiam dizer alguma coisa de importante sobre a liberdade e a nacionalidade, e após o realismo, que examinou moralmente os fundamentos da família burguesa, a opereta, a revista e a mágica surgiam como nítido anticlímax. Até o amor descera a níveis mais corpóreos e menos idílicos.[14]

Do lado da historiografia musical, o diapasão não se mostrou diverso, como mostra o comentário de Vincenzo Cernicchiaro:

> A música que serviu como ponto de partida para os espetáculos-concertos do Alcazar era aquela barafunda de cançonetas insípidas, cenas cômicas, pantomimas, árias, seguidas pelas primeiras tentativas de operetas em um ato, ouvidas entre vívidos aplausos, inclusive à beleza das executantes, motejos intermitentes do público, que, não poucas vezes, davam lugar a distúrbios e agitações que colocavam em alerta a autoridade, que não hesitava em suspender os espetáculos. Não é tudo. As brigas, as cenas de pugilato, não eram raras: uma por semana ou uma por noite![15]

O desencontro entre sucesso de público e reserva crítica e historiográfica pode ser visto no reduzido universo de peças e autores citados na maioria dos estudos, assim como na ausência de uma discussão mais sistemática do gênero e do papel que a opereta teria ocupado no processo de formação do teatro no Brasil. Mas essa questão não se esgota no olhar desconfiado do analista sobre o cômico e/ou a música ligeira, dizendo respeito ainda às formas de contar o passado a partir de uma concepção de "teatro" "nacional" que, muitas vezes,

---

[14] Décio de Almeida Prado, *História concisa do teatro brasileiro* (São Paulo, Edusp, 1999), p. 113.

[15] Vincenzo Cernicchiaro, *Storia della musica nel Brasile: dai tempi coloniali sino ai nostri giorni (1549-1925)* (Milão, Fratelli Riccioni, 1926), p. 295. Aqui em tradução livre.

implica uma coesão e uma unidade de sentido conferidas aos termos e à relação entre eles.

O que esse cenário propicia é a percepção do tema de maneira bem mais complexa e cuja presença questionaria as principais premissas mediadoras da reconstrução de seu passado. Tendo em mente os argumentos críticos de Décio de Almeida Prado acerca da opereta e do teatro ligeiro em geral, podemos compreender melhor, em termos de exploração analítica, como a reação de autores e intelectuais no século XIX era parte de um conflito maior em torno do estatuto e do significado da escrita teatral e musical, da autoridade e da propriedade intelectual e artística, de sua inserção na cultura e na sociedade durante o processo de modernização e aburguesamento do Segundo Reinado.

Dessa maneira, o trânsito de autores e títulos pode ser visto como um móvel implicado na comercialização da arte, segundo seu papel na constituição de um mercado editorial, teatral, musical, ou então como um traço persistente de uma cultura em que eram pouco respeitadas as operetas, ou nem sequer eram consideradas estáveis e permanentes, sobretudo perante o pressuposto da continuidade entre autor e obra numa perspectiva romântica e liberal. Sendo assim, suas práticas e procedimentos expressariam antes de tudo a dificuldade de demarcação de fronteiras mais rígidas, questionando as formas de tratamento da literatura, da música e do teatro brasileiro em torno de gêneros mais tradicionais. Será?

Isso nos leva a outro tópico da opereta comentado por Décio de Almeida Prado: a ausência de temas relevantes, como os identificados pelo autor com relação ao romantismo, tais como a liberdade e a nacionalidade. A relação do teatro ligeiro, especialmente da opereta, com a nacionalidade passa antes pela problemática da triangulação entre autor, obra e nação, que os registros coletados divisam sem a continuidade e a relativa estabilidade dos termos, garantidores de sua interlocução mais ampla com as sociedades modernas.

Conforme assinalam os dados informados pelos registros dos acervos, a opereta ganharia em inteligibilidade no desafio lançado pelo gênero aos princípios de unidade, indivisibilidade e originalidade. Esses dados expõem as fissuras e as ambiguidades desse raciocínio preponderante nos estudos. Suas características mais relevantes situam assim a questão em território mais irregular e tortuoso do que o informado em geral pela bibliografia. A permeabilidade e a permutabilidade que caracterizariam a produção do gênero codificavam questões de fronteira mais amplas, relativas ao importado e ao nacional, ao estrangeiro e ao local, ao original e à cópia, à leitura e à escrita, que merecem discussão à parte.

A complexidade da produção da opereta aparece ligada ao crescimento da produção artística e cultural de meados para o fim do século XIX, sobretudo do teatro, da música e da literatura. Isso levou ao acirramento da competição entre gêneros, autores e obras, uma disputa que compreende também as formas e os procedimentos de estudo da opereta, os modos de imprimir autoridade e definir a propriedade de ideias e textos, problemática perceptível pela abordagem quantitativa adotada.

O mapeamento mostrou como, entre os acervos e a bibliografia, transformam-se as informações e os informantes, que, reunidos, contam melhor o modo de produção envolvendo autores, compositores, editores, públicos e espaços distintos, dos teatros aos salões, das praças aos circos. Por meio do itinerário por ele ditado, chegamos aos repertórios e às matrizes dos gêneros e suas variantes, e, segundo os perfis dos acervos e de suas fontes, os denominadores de sua presença nos depósitos públicos nos questionam acerca de noções mais tradicionais, assim como dos estudos que costumam derivar delas e pensar a respeito da opereta.

Aos poucos, a reconstituição histórica da opereta vai sendo estabelecida, sem que partíssemos de antemão de uma distinção ou de um lugar e destino particulares, como o que foi levado à cena, por exemplo, pois assim, como dissemos anteriormente, perderíamos de vista as razões que levaram a tal repertório e não a outro no interior de um grande quantitativo de registros musicais mais gerais voltados provavelmente para outros espaços e atores. Nesse sentido, a noção de gênero seria pensada mais uma vez segundo a inteligibilidade de seus principais representantes e não seria possível perceber de que maneira eles se transformaram historicamente em cânone. Por outro lado, nosso objetivo, ao processar uma seleção de operetas numericamente significativa no quadro geral dos acervos, seja pela consistência da "completude" decorrente da presença de partitura e libreto, seja pela recorrência de fragmentos e variantes dessas obras abertas, não foi partir do singular e generalizar, mas reconstituir, a partir de dados gerais, o que seria o gênero.

A SELEÇÃO DAS FONTES E USOS POLÍTICOS DA OPERETA NO BRASIL

Dado o amplo universo de títulos nos registros encontrados foi importante estabelecer um cotejo "por obras", isto é, discriminar e identificar seus pertencimentos em comum, apesar da variedade de seus usos, adotando para tanto o intercurso de libretos e partituras e deixando evidente, em cada caso, a força de seu modo de produção. O objetivo era reunir o material e avaliar, dentre o total de indicações, quais eram as fontes mais pertinentes para o tratamento das questões suscitadas, de modo geral, pelas direções estabelecidas para o mapeamento, pelo andamento do percurso traçado e, de modo particular, por critérios mais pontuais, afinados pela caminhada, como sua completude, sua recorrência, sua confirmação, ou não, na literatura.

A reflexão acerca da natureza da documentação musical identificada dizia respeito também ao próprio conceito de partitura e desta como testemunha da história. Assim, a seleção compreende os títulos contemplados com libretos e partituras, ambos com elementos ou conteúdos compositivos completos, a fim de nos informarmos de sua estrutura passada, de suas permanências e transformações, sem perdermos de vista o gênero. Nessa direção, nosso itinerário e nossa antologia de fontes parecem caminhar um pouco na contramão da literatura especializada, contemporaneamente mais interessada em tecnologia musical, como também, na óptica da expressividade, de sua execução e interpretação, e tendente a considerar a escrita musical um constrangimento, na medida em que não podemos saber com certeza da audição, do instante em que a música é presença, ato, e não ensino e memória.

Se a história da música se encaminha para uma preocupação mais qualitativa e centrada na investigação das transformações de dada peça ou obra, a partir das informações prestadas por sua variação e multiplicação ao longo do tempo e do espaço, e na qual a partitura surge antes como um roteiro aberto aos investimentos de maestros, músicos e intérpretes, para nós sua noção cambiante não se esgota aqui. Um envolvimento múltiplo na leitura e na interpretação de sua escrita não nos parece razão suficiente para descartar ou menosprezar as fontes impressas, mesmo arranjos e obras reduzidas, desde que tragam os principais elementos compositivos da música na e da opereta.

Essa perspectiva permite perceber a interdependência entre partitura e libreto no âmbito dos gêneros ligeiros, especialmente na produção da opereta, pois a música, segundo Vanda Bellard Freire:

> participa como agente primordial na construção do drama e do espetáculo, dando caráter à cena e ritmo à ação, bem como contribuindo para carac-

terizar o personagem. Funciona ora como comentário da cena, ora como elemento de ironia, assumindo papel essencial para o espetáculo.[16]

Do mesmo modo, acreditamos que deva ser notada a dança, elemento contundente na composição das operetas, segundo apontam os indicadores iniciais da forte presença de polcas, valsas etc.

Além dos impressos, completam o conjunto selecionado fontes manuscritas e datilografadas, em especial de operetas brasileiras. As partituras manuscritas são em geral de dois tipos e contemplam as "partes cavadas". Destinadas aos músicos separadamente, de acordo com sua distribuição por instrumento, ou então ao maestro, com a grade da orquestração completa, elas trazem anotações valiosas sobre elenco, instrumentação, músicos e datas, pequenos croquis, desenhos de cena e tudo o que toca à presença no palco. Já as indicações de fontes impressas parecem iluminar o circuito editorial e de leitura, destinadas provavelmente a outros públicos e espaços.

A antologia pequena (diante do quadro total dos títulos alcançados) e densa (pela completude das obras e pela recorrência de variantes) constituída até o momento foi formada aos poucos, pois o critério de documentação completa eliminava um conjunto significativo de títulos, mas mantinha um quadro de 52 obras completas, que se multiplicou em 700 registros de títulos variados dos três gêneros, o que inviabilizava a operação subsequente de análise e punha em crise a própria noção de seleção. Persistindo no princípio orientador quantitativo, realizamos um segundo cotejo, cujo princípio era a recorrência numérica no levantamento. Isso nos permitiu eliminar as obras com poucas entradas e também aquelas contempladas apenas com registros originais ou de parca presença. Observe-se que também esse segundo cotejo, para peneirar de forma calculada e baseada num conjunto razoavelmente qualificado de critérios estabelecidos ao longo do itinerário e no *corpus* especializado e em discussão, ainda levava em conta arranjos e demais variantes multiplicadoras. Observe-se também que esse último cotejo seletivo pontuava as referências informadas pela bibliografia, pois o contraste mostrava que poucos títulos indicados pela literatura não apareciam no mapeamento dos acervos, mas evidenciava, ao contrário, que grande parte dos títulos identificados pela pesquisa nem sequer é mencionada nas principais histórias da música, do teatro e da ópera no Brasil.

---

[16] Vanda Bellard Freire, *O mundo maravilhoso das mágicas* (Rio de Janeiro, Contracapa, 2011), p. 57.

História, teatro e política

Em detrimento da originalidade, vale lembrar que estávamos preocupados com o rotineiro, as repetições, as variações, conforme dados coletados – inclusive na literatura especializada em história da música e do teatro no Brasil – que revelavam a força do gênero (mais bem percebida no conjunto do que isoladamente). Em síntese, obediente a tais propósitos metodológicos, a seleção tinha como território as obras que apareciam no levantamento com libretos e partituras completos, entre manuscritos datilografados e impressos, e também as de maior flexibilidade em suas práticas compositivas, que afinal se constituiu com critério de incidência na bibliografia consultada[17]. Em última análise, como foi dito, estávamos preocupados em delimitar um *corpus* de obras nem sempre obediente às de maior presença na bibliografia, como mostram os títulos elencados, pertencentes às primeiras décadas do século XX e que, até onde pudemos observar, nem sequer são mencionados pela historiografia do teatro e da música. Isso põe em destaque as contradições, as ausências ou omissões entre o legado dos acervos e os estudos especializados consultados e revela o descompasso e a descontinuidade da memória em contraponto com a história.

Após exaustiva verificação dos cotejos e de seus resultados, chegamos finalmente a um conjunto de títulos compreendidos em dez obras, seus originais e suas variantes. Uma vez definido nosso repertorio de trabalho, eliminamos os fragmentos a fim de manter a atenção antes no gênero do que em seus desdobramentos e priorizar, desse modo e nesse momento, a produção, em vez da recepção.

---

[17] Ayres de Andrade, *Francisco Manuel da Silva e seu tempo (1808-1865): uma fase do passado musical do Rio de Janeiro à luz de novos documentos* (Rio de Janeiro, Tempo Brasileiro, 1967), v. I e II; Edwaldo Cafezeiro, *História do teatro brasileiro: de Anchieta a Nelson Rodrigues* (Rio de Janeiro, UFRJ/Funarte, 1996); Vincenzo Cernicchiaro, *Storia della musica nel Brasile*, cit.; João Roberto Faria, *Ideias teatrais: o século XIX no Brasil* (São Paulo, Perspectiva/Fapesp, 2001); Luís Antônio Giron, *Minoridade crítica: a ópera e o teatro nos folhetins da corte (1826-1861)* (São Paulo/ Rio de Janeiro, Edusp/Ediouro, 2004); Lothar Hessel e Georges Raeders, *O teatro no Brasil sob Dom Pedro II* (Porto Alegre, UFRGS/IEL, 1979), v. II; Sábato Magaldi, *Panorama do teatro brasileiro* (São Paulo, Difusão Europeia do Livro, 1962); José Geraldo Vinci de Moraes, *Metrópole em sinfonia*, cit.; Décio de Almeida Prado, *Seres, coisas e lugares: do teatro ao futebol* (São Paulo, Companhia das Letras, 1997), e *História concisa do teatro brasileiro*, cit.; Lafayete Silva, *Figuras de teatro* (Rio de Janeiro, Leite Ribeiro, 1928); José Ramos Tinhorão, *Música popular: teatro & cinema*, cit., e *Os sons que vêm da rua* (São Paulo, Editora 34, 2005); Ary Vasconcelos, *Raízes da música popular brasileira* (Rio de Janeiro, Rio Fundo, 1991); Cristiano Carlos João Whers, *O Rio antigo, pitoresco e musical: memórias e diário* (Rio de Janeiro, C. Wehrs, 1980).

PEQUENA ANTOLOGIA MAPEADA EM ACERVOS PÚBLICOS DAS CIDADES DO RIO DE JANEIRO E DE SÃO JOÃO DEL-REI: LIBRETOS E PARTITURAS (FONTES PRIMÁRIAS)[18]

I) *Amor de gaúcho*
1) H. de Moraes. *Amor de gaúcho*. Opereta regional em três atos. 1924. [Partitura, manuscrita.]
2) Z. Tamberlick. *Amor gaúcho*. Peça de costumes cariocas e rio-grandenses. s.d. [Libreto, manuscrito.]

II) *Barbe-bleue*
3) L. Roques. *Barbe-bleue*. Opéra bouffe en trois actes et quatre tableaux. s.d. (arr). [Partitura, impressa.]
4) H. Meilhac e L. Halévy. *Barbe-bleue*. Opéra bouffe en trois actes et quatre tableux. 1867. [Libreto, impresso.]
5) H. Meilhac e L. Halévy. *Barba azul*. Ópera burlesca em três atos e quatro quadros. 1868. [Libreto, impresso.]
6) A. de Castro. *Barba de milho*. Paródia fantástica de *Barbe-Bleue*. 1869. [Libreto impresso.]
7) A. Azevedo. *Traga-moças*. Ópera cômica em quatro atos por imitação do *Barbe-Bleue*, de Jacques Offenbach (1819-1880). 1908. [Libreto, impresso.]

III) *La belle Hélène*
8) J. Offenbach. *La belle Hélène*. Opéra bouffe en trois actes. s.d. [Partitura, impressa.]
9) H. Meilhac e L. Halévy. *Belle Hélène*. Opéra bouffe en trois actes. 1866. [Libreto, impresso.]
10) H. Meilhac e L. Halévy. *A bela Helena*. Ópera-paródia em três atos. 1869, s.d. [Libreto, impresso.]
11) A. Azevedo. *Abel, Helena*. Peça cômica e lírica em três atos. 1872. [Libreto, impresso.]

---

[18] Essa pequena antologia ou seleta lista as fontes primárias (exclusivamente ligadas à produção da opereta) que serão analisadas no projeto destinado ao mapeamento da opereta no Brasil. A listagem, preparada antes da entrada nos documentos, respeita, até este momento, a grafia dos nomes próprios e dos títulos das obras, tal como se encontram *nos registros* dos acervos. Apenas alguns vocábulos, fora dos nomes próprios e dos títulos, foram atualizados.

IV) *A capital federal*

12) N. Milano, A. Pacheco e L. Moreira. *A capital federal*. Comédia-opereta de costumes brasileiros. 1897. [Partitura, manuscrita.]

13) A. Azevedo. *A capital federal*. Comédia-opereta de costumes brasileiros em três atos e doze quadros. 1897. [Libreto, impresso.]

V) *La fille de Madame Angot*

14) C. Lecocq. *La fille de Madame Angot*. Opéra-comique en trois actes. s.d. [Partitura, impressa.]

15) M. Clairville, M. Siraudin e V. Koning. *La fille de Madame Angot*. Opéra-comique en trois actes. s.d. [Libreto, impresso.]

16) A. Azevedo. *A filha de Maria Angu*. Peça cômica e lírica em três atos escrita a propósito da ópera cômica *La fille de Madame Angot* de Clairville, Siraudin e Koning, por Arthur Azevedo, música de Lecocq. 1908. [Libreto, impresso.]

VI) *Juriti*

17) F. Gonzaga. *Jurity*. Opereta em três atos. 1919. [Partitura, manuscrita.]

18) V. Correa. *Juriti*. Peça de costumes sertanejos em três atos. 1919. [Libreto, impresso.]

VII) *Die lustige Witwe*

19) F. Lehar. *Die lustige Witwe*. Operette in drei Akten. 1906. [Partitura, impressa.]

20) F. Fontana, *La vedova allegra*. Operetta in tre atti. 1909. [Libreto, impresso.]

21) A. Azevedo. *A viúva alegre*. Ópera cômica em três atos. Coplas. s.d. [Libreto, impresso.][19]

VIII) *O mano de Minas*

22) V. de Carvalho. *O mano de Minas*. Opereta em três atos. s.d. [Partitura, manuscrita.[20]]

23) B. Sobrinho e C. Silva. *O mano de Minas*. Opereta em três atos. 1924. [Libreto, manuscrito.]

---

[19] A inclusão das coplas partiu da importância decisiva de Arthur Azevedo para a história do gênero.

[20] Documento, já observado, tem a mesma data do libreto (1924).

IX) *O número 13*
24) L. Filgueiras. *O n. 13*. Opereta em três atos. s.d. [Partitura, manuscrita.]
25) D. Vampré e E. Carvalho. *O número 13*. Opereta em três atos. s.d. [Libreto, datilografado.[21]]

X) *Orphée aux enfers*
26) J. Offenbach. *Orphée aux enfers*. Opéra bouffe en quatre actes. 1900. [Partitura, impressa.]
27) H. J. Crémieux. *Orphée aux enfers*. Opéra bouffe en deux actes et quatre tableaux. s.d. [Libreto, impresso.]
28) H. J. Crémieux. *Orpheo nos infernos*. Ópera bufa em dois atos e quatro quadros. 1865. [Libreto, impresso.]
29) F. C. Vasques. *Orpheo na roça*. Paródia em quatro atos da ópera. 1868. [Libreto, impresso.]
30) F. C. Vasques. *O Orpheo na cidade*. Paródia fantástica em quatro atos do *Orpheo nos infernos* em seguimento ao *Orpheo na roça*. 1870. [Libreto, impresso.]

Sim, uma seleção recheada de títulos já conhecidos, conforme nos informam estudos históricos do teatro brasileiro, mas com ao menos três ilustres desconhecidos: *O mano de Minas, Amor de gaúcho* e *O número 13*. Os três títulos, além de *Juriti*, são fundamentais para estudar a opereta nas primeiras décadas do século XX, assim como *A viúva alegre*, distintamente dos demais, que pertencem originalmente ao período entre meados e fim do século XIX. Mesmo não tendo sido pensada como critério de seleção para o processo de definição de um *corpus* de análise, sua distribuição temporal nos ajuda a perceber, dentre suas formas comuns, as possíveis alterações sofridas pelo gênero no tempo.

Orphée aux enfers, Barbe-bleue, La belle Hélène e *La fille de Madame Angot* alcançam a década de 1880, quando encontram *A capital federal*. Dessa maneira, começando pelo predomínio de originais e traduções, seguidos de paródias adaptações, imitações e acomodações, chegamos, nessa época, a um dos títulos centrais para a história do gênero no Brasil, a "comédia opereta de costumes" *A capital federal*. Esse processo foi marcado pela mudança de autores e obras principais,

---

[21] Ambos os documentos (*O n. 13* e *O número* 13) foram incluídos por fortes indícios de pertencimento aos anos 1920.

como mostra Cernicchiaro[22], e de conjugação evidenciada ou institucionalizada da hibridação permanente entre o teatro e a música na história do teatro brasileiro do século XIX, da passagem do acento francês para o vienense, com *Die lustige Witwe*. O percurso conclui-se pela estação da década de 1920, com *Juriti*, *O mano de Minas* e *Amor de gaúcho*: longo processo histórico que, no entanto, manteve vinculados os veios musicais de natureza e origens diversas e a comédia de costumes no Brasil durante todo o século XIX[23].

Vale lembrar que, paralelamente ao percurso do gênero, a opereta parece reivindicar temas menos afinados com a corte e a cidade, e mais com sua margem regional, conforme revelam os subtítulos, *peça de costumes regionais* e *peça de costumes cariocas e rio-grandenses*, signo de seu deslocamento, mas dessa vez como esforço de erguer barreiras e criar um lugar sem volta. O elemento a ser salientado diz respeito ao processo de incorporação dos "costumes" aos subtítulos, desde *A capital federal*, situação que revela como a opereta no Brasil desenvolveu-se, em estreita relação com a comédia de costumes, como um dos filões principais da dramaturgia[24]. Uma exploração dos títulos passa de início pela percepção de um domínio maior de indicação de sua paródia mitológica ou de apoio na lenda e, em seguida, liga-se à caricatura de cenas e figuras, tipos e situações, em que se vê a nobreza recém-inaugurada do Segundo Império em apuros burgueses. E poderia ser suspeito expô-la ao ridículo sem ambiguidade, como mostra a criação de títulos em torno do nome do herói ou da heroína. Aliás, isso era prática comum, usada pelos clássicos e pelos românticos, depois pelos realistas; nesse caso, porém, a sátira parece indicar um desejo de desmonte de sua filiação.

No caso brasileiro, como observamos, os caminhos de nomeação ampliam-se e comportam como protagonista a própria capital, para posteriormente buscar refúgio no regional, sem perder com isso seu forte vínculo com a comédia de costumes. Enquanto a maioria dos títulos estrangeiros diz respeito ao(s) protagonista(s) na forma de persona-

---

[22] Vincenzo Cernicchiaro, *Storia della musica nel Brasile*, cit., p. 295.

[23] Maria de Lourdes Rabetti, "Presença musical italiana na formação do teatro brasileiro", *ArtCultura*, n. 15, 2007, p. 79-81.

[24] Sobre o lugar da comédia de costumes como filão de tradição possível no teatro brasileiro, ver sobretudo Décio de Almeida Prado, *Seres, coisas e lugares*, cit., e Flávio Aguiar, "A máscara da melancolia", em *Antologia de comédia de costumes* (São Paulo, Martins Fontes, 2003), p. ix-xxiv.

gens, nas obras nacionais esse lugar é reservado ao espaço territorial e cívico, um espaço mental que, encarnado em aclimatações de personagens e situações, talvez traga em seu deslocamento novos ingredientes musicais. Percebemos, enfim, que os títulos trazem em si tradições e formas diversas de nomeação, em função das quais se estabelece em seguida o jogo com o texto – cuja importância está naquilo que os teóricos da recepção costumam chamar de "horizontes de expectativas"[25].

Outro fator, entretanto, nessa nossa reconstituição como antologia seleta (pequena, como dissemos, diante do enorme quadro de registros localizados nos acervos públicos, mas, do mesmo modo, densa e não generalizante) é o decorrente de sua variação entre os gêneros do cânone no esforço classificatório diante das operações cambiantes: opereta, peça lírica e cômica, ópera bufa e ópera cômica, além das designações mistas ou casadas. Sabemos que a responsabilidade tanto do título quanto do subtítulo, e mais ainda da designação de gênero do texto, envolvia outros personagens, além dos autores das obras. No caso do material impresso, dizia respeito também às normas e às regras das casas editoriais para "dar reclame" diverso dos concorrentes. No caso dos teatros, era muitas vezes uma prática que visava o cartaz, e em alguns casos havia mudança de empresa, de companhia e também de autoria.

A seleção mostra a necessidade de ampliação do termo e da noção de "arranjo", pois nela verifica-se como este predomina não só nas "reduções" das partituras, que geralmente são informadas nos registros pela autoria original, mas também em adaptações, traduções e acomodações dos libretos. A começar por sua implicação na permanência ou na modificação dos títulos e das autorias, por meio da interferência de suas variantes de gênero e local, mudam a geografia, os trajetos, os personagens, os enredos e os ritmos, provavelmente com a introdução de novos temas, ideias e outros elementos formais.

Tais escolhas continuam mergulhadas em dúvidas e incertezas fecundas, à espera de que a análise do corpo das fontes que agora iniciamos possa esclarecê-las ou aprofundá-las. Por ora, devemos atentar para a seleção como operação de constituição de uma série de estudo que, pela abstração das particularidades e das excepcionalidades,

---

[25] Hans Robert Jauss, *A história da literatura como provocação à teoria literária* (São Paulo, Ática, 1994, série Temas, v. 36); Luiz Costa Lima, "O leitor demanda (d)a literatura", em Hans Robert Jauss et al., *A literatura e o leitor: textos de estética da recepção* (2. ed., São Paulo, Paz e Terra, 2002), p. 37-63.

teve, entre outros objetivos já mencionados e discutidos, o objetivo fundamental de reconhecer suas recorrências estruturais em meio à multiplicidade. Trata-se de mapear o largo território abarcado pelo objeto-território marcado por práticas de deslizamento, deslocamento e empréstimo – os denominadores mais estáveis de formas e matrizes na elaboração de um tipo ideal, capaz de controlar as particularidades de gênero, autor, tempo e lugar, e, num segundo momento, comparar essas particularidades.

O levantamento quantitativo do gênero acabou por se mostrar fundamental na revisão da literatura porque sem o percurso das descobertas e dos reconhecimentos não saberíamos explicar as razões que nos levaram à seleção, além de possivelmente reiterarmos o que já é afirmado pela história do gênero no Brasil. Se, por fim, parte das obras era contemplada pela historiografia, tanto melhor. Temos assim como contrabalançar os motivos do juízo crítico tanto do ponto de vista dos dados e dos títulos coletados nos mais importantes acervos públicos de referência para os estudos históricos do teatro no Brasil quanto da perspectiva quantitativa, de modo a lançarmos hipóteses de uma política historiográfica determinante nos estudos do teatro brasileiro. Nesse sentido, tomando de empréstimo a expressão paradigmática de Maria Sylvia de Carvalho Franco, e fazendo deslizar seu sentido para o tema abordado, ousamos dizer que será útil observar que a produção da opereta compartilha a sorte reservada aos "homens livres na ordem escravocrata"[26], sua pendura entre dois universos: o da ordem, por sua autoridade e sua propriedade postas num circuito de compra e venda, de circulação e distribuição, é determinado por empresas, teatros, casas editoriais, e envolve autores, compositores, músicos, intérpretes etc. Contudo, sua inserção não lhe garante reconhecimento, de modo que ele permanece à margem, e na desordem desarticula as exigências feitas pela crítica e pela intelectualidade contemporânea e posterior.

Considerações finais

Um passeio minucioso e atento pelos acervos da opereta nos conduz ao passado cultural brasileiro, embalados por uma musicalidade

---

[26] Maria Sylvia de Carvalho Franco, *Homens livres na ordem escravocrata* (São Paulo, IEB/USP, 1969). Valemo-nos aqui das discussões estabelecidas pela autora, que consideramos fundamentais a qualquer estudo voltado para o campo da história das ideias, das mentalidades e da cultural do Brasil.

Itinerários da opereta 79

disseminada e dispersa em depósitos, uma memória que reclama seu pertencimento à história e que, aos poucos, ao sabor do avanço da busca, deixa sentir e ouvir um antigo repertório de ritmos e títulos, temas e formas nos modos de escrita e nas práticas de leitura. Conforme somávamos velhos e novos dados à pesquisa, observávamos sua permeabilidade e permutabilidade, desdobradas no deslizamento de autorias e seus títulos, aprendíamos a considerar como nossas bibliotecas também desfizeram aos poucos o vínculo com a música e o teatro em termos de sociabilidade mais ampla, assim como reformularam as fronteiras dos assuntos e das obras.

Uma pequena antologia, coletânea de obras completas de partituras e libretos, serve como ponto de partida para uma revisão mais detida dos resultados analíticos da bibliografia especializada sobre a opereta no Brasil de meados do século XIX às primeiras décadas do século XX. Tendo em mente abordagens determinantes e preconceitos acumulados ao longo do tempo em torno do gênero, podemos confrontá-los com os indicadores levantados sobre a produção de operetas, informados pelos títulos e por sua posição e localização na série. Percebemos, de início, que no entrecruzamento de fontes e histórias a reação crítica aos estudos mais tradicionais vem assinalando mais um conflito de interesses e ideias na recuperação empreendida dos gêneros ligeiros, segundo termos de criatividade e originalidade, e, em chave diversa, voltada para o cômico restrito às práticas atoriais, em detrimento da dramaturgia e do autor.

Essa forma de revisão bibliográfica vale-se das dicotomias determinadas na historiografia (alvo de sua crítica) entre espetáculo *versus* dramaturgia, interpretação *versus* escrita, densidade estética *versus* sucesso de público, bilheteria *versus* arte, popular *versus* erudito, sem perceber como a visão disjuntiva contribui para a manutenção de uma recuperação com reservas, tal como feita por Décio de Almeida Prado no caso do teatro musicado[27], e justifica a marginalização mais ampla de largos lastros de experiências teatrais musicadas no Brasil ao longo de grande parte do século XIX.

Acreditamos que ambas as orientações, tanto a da historiografia mais tradicional quanto a dos estudos destinados a sua revisão crítica com foco no passado musicado ou ligeiro, apresentem tendência predominante para a redução do conflito travado entre os gêneros em

---

[27] Ver Décio de Almeida Prado, *História concisa do teatro brasileiro*, cit., p. 113.

torno de tais fronteiras conceituais no âmbito do divertimento e da frivolidade, da crítica social e da sátira política. Entretanto, a dimensão política mais forte está na tensão que a produção da opereta provocou no contexto intelectual da formação do teatro brasileiro. Diante da diferenciação das artes, dos conhecimentos e das práticas de escrita e leitura, que se equilibram entre o instante e o passageiro, a duração e a repetição, novas técnicas e tecnologias e a persistência de costumes, o teatro musicado brasileiro, que percorre todo o século XIX, a opereta desfaz o consenso, e sua ambiguidade formal e nacional ameaça fronteiras mais rígidas dos gêneros literários, musicais e teatrais.

Nesse sentido, em vez de fazer a história de seu "resgate", fundamentalmente por meio de sua dimensão espetacular, de sua capacidade criativa, buscamos saber se e como os fragmentos de sua memória desafiam noções básicas que informam o debate sobre a formação do teatro no Brasil, acreditando que em lugar de seus temas, ou de seus propósitos de diversão, sua força política está em jogo sobretudo nos usos de autoria, obra e gênero e na composição da escrita, o que pode ser revelado pelo itinerário do mapeamento realizado nos acervos de várias instituições, pelo sistema de busca em fichas datilografadas ou manuscritas e/ou em bases de dados.

Luciana Montemezzo

4. Combatendo em todas as frentes: a trajetória de Miguel Hernández[1]

Introdução

Uma das peculiaridades da Guerra Civil Espanhola (1936-1939) foi o fato de que à batalha propriamente dita agregaram-se também as artes em geral, em favor dos dois lados da contenda. Do lado republicano, reivindicavam-se mudanças sociais, reforma agrária e instrução para uma população fundamentalmente analfabeta. Do lado nacionalista, a luta era pela manutenção de um conservadorismo que se baseava nas tradições e na imobilidade social e favorecia os latifundiários, o Exército e a Igreja. Expressas nas mais variadas linguagens, as ideologias republicana e fascista eram vinculadas no que pode ser caracterizado como uma guerra artística: literatura, artes plásticas, teatro, cinema e música, entre outros, tornaram-se aliados que não só conclamavam os espanhóis a se unir em favor de um lado ou de outro, mas também reforçavam as teses oponentes.

Vale destacar, além da obra literária de Miguel Hernández estudada aqui de maneira mais detalhada, o cartazismo republicano, um movimento artístico que tinha por objetivo conclamar a população a lutar contra o nazifascismo europeu. Naquela época, os cartazes colados nas paredes tinham uma função análoga à exercida hoje pelos comerciais de TV. Com linguagem direta, enfática e muitas vezes agressiva, além de imagens coloridas e chamativas, eles apelavam para a consciência da população e alertavam para questões relacio-

---

[1] Com especial agradecimento ao catedrático Antonio Fernández Insuela, da Universidad de Oviedo, pelo envio dos textos aqui estudados, ainda inéditos no Brasil, e a Cristiane Maria Alves e Jónnathan Leonardo González Valderrama, jovens interlocutores e futuros pesquisadores.

História, teatro e política

nadas à saúde pública, à higiene e à educação em sentido amplo. Os republicanos utilizaram-se largamente desse recurso, ilustrando as paredes das grandes cidades e, ao mesmo tempo, chamando a atenção da população para a necessidade de enfrentar os inimigos, fossem estrangeiros ou não.

Um desses cartazes faz um resumo do ideário republicano, explicando didaticamente os três eixos que o norteiam: frente de guerra, desenvolvida no campo de batalha propriamente dito; frente de trabalho, relacionada ao trabalho no campo e à consequente produção de alimentos que sustentava o país; e, por último, frente de cultura, que visava dar acesso à cultura e ao ensino formal à grande massa de espanhóis analfabetos ainda à margem das conquistas sociais. De acordo com os preceitos republicanos, o funcionamento adequado desses três eixos garantiriam o sucesso do movimento.

Como se tivesse servido de modelo para esse *grito na parede*, como eram chamados os cartazes, ou como se tivesse se inspirado nele, o homem de espírito livre, poeta, dramaturgo e correspondente de guerra Miguel Hernández (1910-1942) atuou efetivamente nas três frentes aqui indicadas: foi para os campos de batalha e participou da luta armada contra a Espanha retrógrada, socialmente estratificada e imobilizada, apesar do progresso que o restante da Europa experimentava na época. Esse homem simples, que exibia na pele as marcas do trabalho sob o sol nos campos de Orihuela, sua terra natal, também sentiu as dificuldades próprias daqueles que trabalhavam para o lucro alheio. Seu talento para as letras fez com que registrasse aquele momento histórico em poemas, peças de teatro e narrativas (correspondências de guerra publicadas em revistas republicanas, como *Milicia Popular*, *Al Ataque* e *Frente Sur*).

Ao participar efetivamente das três frentes de luta definidas pelos republicanos, Miguel Hernández tornou sua voz ainda mais legítima, uma vez que testemunhou e registrou um momento que depois os vencedores tiveram de apagar. Por isso mesmo, quando os fascistas venceram a guerra e o capturaram, ele recebeu a mais dura das penas: morrer devagar. Embora tenha sido condenado em 1940 à pena de morte, esta foi comutada por uma condenação de trinta anos[2], cumprida primeiro em Palência e depois em Alicante. Nessa última prisão, foi colocado em

---

[2] Por interferência de amigos como Pablo Neruda, que na época exercia a função de cônsul especial para a Imigração Espanhola, em Paris.

um porão putrefato, em companhia de Antonio Buero Vallejo (1916--2000), colega de ofício e de luta. Devido às péssimas condições da cela, teve bronquite, tifo e tuberculose. Mas sua morte precoce, aos 31 anos, não silenciou sua obra.

MIGUEL HERNÁNDEZ, DRAMATURGO

Miguel Hernández é conhecido mundialmente como autor de poemas como "Nanas de la cebolla", em que lamenta a pobreza em que viviam sua esposa e seu filho. As condições em que ele produziu esse longo poema merecem destaque especial: Hernández o escreveu quando já estava preso, depois de receber uma carta em que sua esposa relatava as privações pelas quais ela e o filho passavam (estavam reduzidos a pão e cebola); ele se isolou durante dois dias e, ao fim deles, saiu para o pátio e leu o poema em voz alta. Posteriormente, o poema foi publicado em *Cancionero y romancero de ausencias* (1938-1941). Mas Hernández também produziu uma obra teatral digna de estudo e discussão.

Sua produção dramática começou antes da guerra. Em 1934, publicou um auto sacramental intitulado *Quién te ha visto y quién te ve y sombra de lo que eras*. Segundo Pérez Rosado, "a obra encontra-se em uma linha *tradicional* e apresenta versos gongóricos, junto de outros não menos inspirados"[3]. Entretanto, ainda de acordo com o crítico espanhol, sua segunda obra teatral, *El torero más valiente*, deixa para trás as características clássicas e já apresenta traços de modernidade. Entre 1935 e 1937, em consonância com o período histórico, sua dramaturgia começa a trazer à tona questões sociais:

> Uma mudança em direção ao *teatro social* ocorre em *Los hijos de la piedra* (1935). Ele apresenta o confronto dos habitantes de Montecabras com seu senhor e capataz. No mesmo ano aparece *El labrador de más aire*, publicado em 1937. É sua obra mais famosa. Trata da rebelião de Juan contra Augusto, proprietário das terras que ele cultiva. O senhor aproveita a inveja do ressentido Alonso para que este mate Juan, enquanto ele declara seu amor a Encarnación.[4]

Em 1937, enquanto lutava nas trincheiras, Hernández escreveu um poema em versos, "Pastor de la muerte" [Pastor da morte], além de

---

[3] Miguel Pérez Rosado, *El teatro de Federico García Lorca y Miguel Hernández*, disponível em: <http://www.spanisharts.com/books/literature/tlorca.htm>. Aqui em tradução livre.

[4] Idem.

quatro peças breves: *La cola* [*A fita*], *El hombrecito* [*O homenzinho*], *El refugiado* [*O refugiado*] e *Los sentados* [*Os sentados*] (reunidas em 1937 em uma coletânea intitulada *Teatro de guerra*). Todas as obras produzidas nesse momento são de cunho propagandístico e têm um caráter ideológico acentuado, que visa conclamar a população espanhola a participar da contenda que dividia o país entre nacionalistas e republicanos. Sua atitude corroborava os preceitos republicanos, que buscavam instruir a grande massa de espanhóis analfabetos e viam no teatro um dos mais vigorosos instrumentos de ação. No prefácio de *Teatro de guerra*, Hernández afirma:

> Acredito que o teatro seja uma magnífica arma de guerra contra o inimigo que mora em frente e contra o inimigo de casa. Entendo que todo teatro, toda poesia, toda arte deve ser hoje, mais do que nunca, uma arma de guerra. [...] Digo a mim mesmo: se o mundo é teatro, se a revolução é carne de teatro, procuremos fazer com que o teatro e a revolução sejam exemplares.[5]

Portanto, segundo a concepção hernandiana, as peças que integram o livro *Teatro de guerra* – todas elas composta em um só ato – podem ser consideradas armas. Nesse sentido, tratam do confronto e de seus desdobramentos sociais: a fome, a luta pela sobrevivência fora dos campos de batalha, a solidão causada pela distância e pelo esfacelamento das famílias, a esperança de vencer e o medo da derrota, entre outros. Sua ligação com as demais artes propagandísticas e didáticas do período, especialmente as artes plásticas, não desmerece nem diminui seu valor do ponto de vista dos estudos literários. Ao contrário, demonstra que as artes não se produzem de modo isolado e são, sem dúvida, fruto de uma sociedade que as relaciona intimamente com as experiências vividas por essa mesma sociedade.

TEATRO DE GUERRA

Publicado em 1937 pela editora Nuestro Pueblo, de Valência, *Teatro de guerra* foi incluído posteriormente em *Teatro completo*, lançado em 1978. Na vasta e variada produção literária de Miguel Hernández, *Teatro de guerra* é considerado uma produção de menor importância, segundo críticos como Ruiz Ramón. Para ele, as peças "não têm essência dramática

---

[5] Miguel Hernández, *Teatro completo* (Madri, Ayuso, 1978), p. 808. Esta e as demais traduções de peças e textos de Miguel Hernández têm por base traduções feitas no âmbito de pesquisa sob minha responsabilidade.

e são, no máximo, pretextos para discursos de propaganda elementares"[6]. Contudo, neste estudo, é justamente sua relação com a propaganda de guerra que parece importante. Ao que tudo indica, o trabalho de Hernández estava sintonizado com aquele produzido por artistas plásticos e, portanto, muito de acordo com as metas culturais da Espanha republicana.

O poeta, assim como os demais republicanos, acreditava no teatro de orientação social como aliado na luta contra as desigualdades, que eram alimentadas pelo analfabetismo da grande maioria da população espanhola. A função didática do teatro em sociedades carentes de educação também era seriamente considerada pelo governo republicano. Vale lembrar, nesse mesmo sentido, os esforços empreendidos pela companhia teatral universitária La Barraca, que, sob a direção de Federico García Lorca (1898-1936), percorreu as cidades mais isoladas da Espanha, onde não havia salas de espetáculo, tal qual um carro de Téspis. Graças à subvenção estatal, os *barracos* procuravam difundir o teatro clássico espanhol entre a parcela da população que não tinha acesso gratuito à cultura formal. Sem dúvida, o trabalho de Miguel Hernández segue na esteira desse projeto, que teve de ser abortado quando a República chamou setores de direita para participar do governo.

Amigo e admirador de García Lorca – este o incentivou por carta a continuar escrevendo –, Miguel Hernández declara que apostou no teatro como uma maneira de lutar efetivamente pela causa republicana. As peças que serão abordadas aqui eram, segundo ele, o início de uma produção que visava atacar de modo incisivo o grupo oponente: "Uma das minhas maneiras de lutar foi ter começado a cultivar um teatro contundente e breve: um teatro de guerra. *A fila, O homenzinho, O refugiado, Os sentados* são uma manifestação do teatro que iniciei"[7].

Dessa maneira, o trabalhador rural, miliciano, poeta, cronista e correspondente de guerra passou a ocupar outro lugar nas frentes de batalha: o de dramaturgo *que cultivava a palavra*, assim como havia cultivado, desde muito cedo, as terras de seu amado país. As quatro peças – todas breves, compostas de um único ato – têm alguns pontos em comum, sobretudo em seus aspectos estruturais, e o claro intuito de facilitar as representações, lançando mão de poucas personagens e não fazendo exigências em relação aos cenários.

---

[6] Francisco Ruiz Ramón, *Historia del teatro español, siglo XX* (Madri, Cátedra, 1984), p. 281. Aqui em tradução livre.

[7] Miguel Hernández, *Teatro completo*, cit., p. 450.

A fila

A primeira peça que compõe a obra de Miguel Hernández conta a história de seis mulheres (a Mãe, a Alarmista, a Desbocada I, a Desbocada II, a Desbocada III, a Desbocada IV) que se encontram em uma fila, em uma rua de Madri, à espera da distribuição de carvão. É importante ressaltar que o recurso de nomear as personagens com substantivos comuns é usado para destacar os elementos populares da obra e provocar empatia no público. Com exceção da Desbocada I, as demais fazem da espera um momento de disputas agressivas e violentas, de provocações que têm o intuito de desorganizar a fila e tomar os espaços vagos para passar assim umas na frente das outras.

Diferentemente das Desbocadas – que ocupam seu tempo disputando lugar na fila – e da Alarmista – que se preocupa em provocar pânico, com falsos alarmes de bombardeio –, a Mãe demonstra ideais nobres e procura conciliar as demais mulheres. Imediatamente após uma acirrada discussão entre as Desbocadas, a Mãe entra em cena pela primeira vez e intervém na disputa:

> Mãe: O que é isso, mulheres? Gastar a alma, rebaixando-se com brigas? Que vergonha pensar no sangue derramado nas trincheiras e ver essa sujeira pelas ruas de Madri! Por um punhado de carvão, vocês são capazes de se arrancar os cabelos, a pele e, se possível, até a vida. Bonito quadro de mulheres![8]

O motivo da fila, aparentemente irrelevante nas sociedades pacíficas, torna-se questão de vida ou morte para aquelas mulheres, chefes de família – uma vez que seus maridos estão nos campos de batalha – que precisam manter seus lares aquecidos, apesar de tanta privação. O mesmo drama que as vitima torna-as inimigas: lutam por um lugar na fila, tentam passar uma na frente da outra e travam luta física, reproduzindo em microescala o conflito que abarca todo o país. As falas agressivas demonstram como as individualidades se apagam diante de situações de exceção, tais como uma guerra. A penúria provocada pelo desabastecimento faz com que essas mulheres lutem entre si, sem se preocupar com o bem comum. Na fala da Mãe, contudo, aparece a preocupação com a coletividade e com o futuro do país, ameaçado pelo fascismo, sobretudo da Itália e da Alemanha, os maiores apoiadores da direita espanhola. A alusão direta aos apoiadores do fascismo espa-

---

[8] Miguel Hernández, *Teatro completo*, cit., p. 411-2.

nhol está de acordo com as premissas que norteavam o teatro didático: educar por meio dos dados da realidade, pondo em discussão temas que, até pouco tempo antes, estavam reservados àqueles que possuíam instrução formal.

Nesse texto, a Mãe funciona como uma espécie de *deus ex machina*: ela alerta às demais mulheres do perigo que sua desunião pode representar e enuncia o discurso republicano, conclamando-as à luta no fim da peça. Segundo Pavis, "o *deus ex machina* é usado muitas vezes quando o dramaturgo encontra dificuldade para achar uma conclusão lógica e procura um meio eficaz para resolver de uma só vez todos os conflitos e contradições"[9]. Essa parece ter sido a intenção de Hernández. Além de resolver o funcionamento interno do texto, a fala da Mãe resume a opinião do próprio autor, que acreditava que a cidade de Madri era o maior foco de resistência republicana.

O homenzinho

Nessa peça há apenas duas personagens: a Mãe e o Filho. Sozinhos e isolados em casa por causa da guerra – o pai estava na frente de batalha –, eles conversam sobre seus medos e desejos. O rapaz, de quinze anos, almeja ir para a guerra e lutar por seu país. A mãe responde a esse desejo com preocupação, tentando convencer o filho de que ele é ainda muito jovem. As aspirações e preocupações opostas e aparentemente irreconciliáveis, enunciadas por cada uma das personagens, permitem observar outras facetas impostas às famílias espanholas pela situação de guerra:

> Filho: Estou farto, mãe, de estar preso às suas saias. Não sou mais um menininho.
> Mãe: Onde irá com seus quinze anos e com tantos perigos da guerra?
> Filho: Tenho vergonha de encontrar meus amigos, todos trabalham como podem no Exército Popular. Tenho vergonha de estar entre as mulheres, de fila em fila: trazer leite, pão, lentilhas e não levar um fuzil, ou um tambor ao menos, às trincheiras.
> Mãe: Seu pai não quer que você aprenda a manejar o fuzil: em cada carta me escreve isso.[10]

---

9 Patrice Pavis, *Dicionário de teatro* (São Paulo, Perspectiva, 2005), p. 92.

10 Miguel Hernández, *Teatro completo*, cit., p. 478.

Essa mãe, ao contrário da personagem de *A fila*, teme por seu filho. Há nela marcas evidentes de preocupação com aspectos individuais, de preservação da vida e de medo dos efeitos da guerra. Essas preocupações são compartilhadas por seu marido.

Embora designadas pelo mesmo nome comum, não há indicação alguma que possa relacioná-la com a mãe de *A fila*. São duas mães com percepções absolutamente distintas do conflito. Uma é temerosa, a outra não. Contudo, uma voz vinda da coxia encoraja a Mãe a deixar o filho partir, ainda que precocemente. Trata-se da Voz do Poeta, agindo uma vez mais como *deus ex machina* e resolvendo os conflitos e as contradições:

> Voz do Poeta
> Mães, dai às trincheiras
> os filhos de vosso ventre,
> para que a marca das feras
> em nossa terra não entre.
> [...]
> Não morrerão, eu vos digo.
> Cairão, sim, mas não mortos.
> Mães, eles ficarão comigo
> de relâmpagos cobertos![11]

A Mãe, ao ouvir tal apelo ("essa voz que ouço não sei de onde e que parece brotar de mim mesmo")[12], convence-se de que seu filho está apto a unir-se a seus compatriotas em nome da coletividade. É preciso ressaltar que a Voz do Poeta apela para a consciência coletiva que existe em cada ser individualmente, ao interpelar a Mãe por meio do uso do plural do substantivo comum. Assim, esta passa a perceber que seu drama é o de muitas outras mães, e acaba por aceitar o pedido da Voz do Poeta, mesmo que, para isso, precise ver seu filho "tornar-se semente" – o que, segundo as concepções hernandianas, era a forma mais nobre de morrer pela pátria. O eufemismo, muitas vezes empregado pelo dramaturgo, era uma clara referência à esperança depositada no futuro de uma Espanha republicana:

> Quando descansarmos da guerra, e a paz afastar os canhões das praças e dos currais das aldeias espanholas, vocês me verão por eles celebrando re-

---

[11] Ibidem, p. 421.

[12] Idem.

presentações de um teatro que será a própria vida espanhola, tirada claramente de suas trincheiras, de suas ruas, de seus campos e de suas paredes.[13]

Assim, convencida da importância de dar seu filho à guerra, a Mãe
se une às demais mães espanholas, incluindo-se na causa coletiva que
acredita na futura existência de um país mais justo. As contradições
apontadas inicialmente em relação à mãe de *Afila* parecem se resolver
por meio da intervenção da Voz do Poeta.

O refugiado

Nessa peça, conversam duas personagens: o Refugiado e o Combatente. Ambos estão perdidos em uma mata próxima a Jaén. O primeiro
perdeu-se enquanto colhia azeitonas, as quais desejava vender em troca de algum dinheiro para enfrentar a penúria da guerra. O segundo
afastou-se do seu grupo em busca de água para se banhar e não encontrou o caminho de volta. Quando se encontram, cumprimentam-se
dizendo: "¡Salud!"[14]. A conversa parte dos fatos da guerra, sempre enfa-
tizando a importância da mobilização diante dos inimigos.

> Refugiado: Em que frente você luta?
> Combatente: Na de Madri: nós a defendemos com firmeza. Como vão as
> frentes da Andaluzia?
> Refugiado: As pessoas se mexem pouco por aqui. O sol é muito forte, o fuzil
> dorme com aquele que o empunha. O inimigo também não ataca.
> Combatente: Lá, quando eles não atacam, atacamos nós. Não se pode fazer
> uma guerra com gente dormindo. Uma das principais coisas que o soldado
> deve esquecer é seu sono. As trincheiras devem ser tudo, menos cama.[15]

Nesse diálogo, unem-se a voz da experiência e o discurso destemido
próprio da juventude. Ambos estão de acordo em relação à justeza que
os leva a lutar contra o fascismo. O Refugiado lamenta sua condição,
porque Romera, o povoado em que vivia, fora invadido pelos fascistas.
Apesar do ressentimento pela perda de sua casa e de seus bens, ele procura amenizar os efeitos da guerra, colhendo azeitonas para vender e
laranjas para levar à filha, reclusa em um hospício:

---

[13] Ibidem, p. 408.

[14] Saudação típica entre os republicanos, por meio da qual se identificavam; é de difícil tradução para o português, em razão do contexto sócio-histórico e político a que
se refere, sem correspondente no Brasil.

[15] Miguel Hernández, *Teatro completo*, cit., p. 424.

Combatente: Está louca?

Refugiado: Não, é que lhe dá um ataque de quando em quando e, como tenho de ir de um lado para outro e a encontrava sangrando, nua, quando voltava para casa, tive de levá-la para o manicômio, porque no hospital não a quiseram. Como não está louca, sofre muito entre os loucos. Ela se dá conta de tudo e me pede para tirá-la dali. "Pai, estou morrendo, e vou ficar louca também". Aos domingos, enquanto come as laranjas, não faz mais do que repetir: "Quando você morrer, quem virá me ver?". E meu desejo é vê-la enterrada antes da minha própria carne.[16]

Tomadas ao pé da letra, as palavras do pai soam naturais e até plausíveis. Contudo, a última frase parece destoar do restante do discurso, pois é incompreensível que um pai deseje enterrar sua própria filha. A contradição irreal explica-se, porém, quando consideramos que o autor, nesse caso, lança mão de recursos ainda não explorados em *Teatro de guerra*: o Refugiado e o Combatente representam o ponto inicial e final do movimento republicano contra o fascismo. Tanto jovens quanto anciãos, todos desejavam lutar para manter a Espanha livre da influência dos regimes nazifascistas europeus. E a filha, que os dois desejam tirar do hospício, é a própria Espanha, mantida entre loucos, com medo de também enlouquecer. Assim, o desejo de morrer somente depois da morte da filha é uma maneira de expressar o desejo de lutar até o fim e só entregar as armas quando não existir um país pelo qual lutar:

Refugiado: Que alegria sinto fora e dentro de mim quando encontro uma pessoa de bom coração! Carrego muitos anos comigo. Quem é você?

Combatente: Um combatente do povo, um defensor do povo, uma semente da Espanha.

Refugiado: Boa semente da Espanha vive em ti. Espanha...! Me dá muita tristeza pensar que podemos perdê-la. Sou pobre: não tenho mais do que a noite e o dia, mas não quero que me tirem minha pátria. Sou espanhol, a Espanha não é mais do que uma e eu a amo como se a tivesse parido.

Combatente: Nós a salvaremos. Está disposto a vir comigo?

Refugiado: Irei aonde você disser. [...]

Combatente: [...] Vamos tirar sua filha do manicômio e colocá-la em um lugar claro e livre. Melhorará em pouco tempo. Faça de conta que sua filha é a Espanha: vamos lutar por sua filha, pela Espanha. Vamos tirá-la do manicômio, escuro e pobre, em que os opressores do povo a têm mantido.[17]

---

[16] Ibidem, p. 247.

[17] Ibidem, p. 428.

Assim, partem os dois *compañeros* esperançosos. Diferentemente das duas peças anteriores, em *O refugiado* não há o recurso do *deus ex machina* – provavelmente porque não há conflito ideológico, a ação se passa entre dois republicanos, com objetivos e ideais semelhantes. Além dessa inovação estrutural, é preciso considerar a inserção da filha, uma figura representativa, que amplia o universo significativo do texto. No entanto, mantendo o tom propagandístico que permeia suas peças, o autor esclarece a função dessa representação. Sua opção se justifica uma vez mais pela crença na arte dramática como expediente didático-pedagógico.

Os sentados

A última peça que compõe *Teatro de guerra* tem quatro personagens: Sentado I, Sentado II, Sentado III e Soldado. Todos estão na praça de uma cidadezinha no interior da Espanha. Os três primeiros, sentados ao sol, descansam e conversam sobre amenidades. O sol é agradável, o inverno até parece a primavera e a grande discussão gira em torno de uma revoada de pássaros e de quantos seriam eles no total. No meio da acalorada discussão, o Sentado II chama a atenção do Sentado I, que se considera o dono da verdade. Somente nesse ponto da discussão é que, entre tantas amenidades, aparece o tema da guerra: Sentado II afirma conhecer vários temas atuais, embora seu amigo-oponente esteja sempre na posição de mais bem-informado que os demais. E, para provar, acaba por mencionar a preparação de um ataque fascista a Madri, sobre o qual obtivera informações. A discussão é interrompida pela chegada do Soldado, que chama a atenção de todos para o absurdo de estarem sentados ali, enquanto o país está em guerra:

> Soldado: Que indignação me causam homens tão desesperadamente pacíficos, nestes dias em que cada trabalhador deve andar com um fuzil para se defender da tirania e da fome. Mas, pelo que vejo, vocês só sabem trabalhar com as nádegas, porque só aí têm calos.[18]

Contudo, seus argumentos não são aceitos de imediato pelo grupo. Apáticos diante da guerra, os sentados parecem se incomodar apenas com as privações que o povo vem experimentando:

---

[18] Ibidem, p. 433.

História, teatro e política

Sentado II: Imaginas que não sofremos com a guerra também, e não andamos comendo feijão, quando não lentilhas, todo meio-dia, com o pão escasso que o padeiro nos dá?[19]

Pela fala do três sentados e da acalorada discussão travada com o soldado, o autor consegue apresentar várias facetas e opiniões acerca da guerra. Com essa estratégia, acaba sempre por reverenciá-la, de acordo com seu projeto dramático de usar o teatro a favor das causas políticas. Demonstra, com tal artifício, que *Teatro de guerra* é, sim, uma arma a mais no combate contra o fascismo espanhol. No fim da última peça, os sentados acabam por concordar com o Soldado e unem-se à luta armada:

Sentado I: Que farei eu? Continuar ao sol como uma lagartixa fria? Mas posso morrer na frente de batalha... E se vier o fascismo, ainda que me deixasse vivo, eu não levaria uma vida mais triste do que a morte? Voltaria a ser o cachorro do *senhor*, que dava pontapés e pauladas se não lhe lambiam os pés? Não posso desejar para meus filhos a vida que me deram aqueles que tudo me tiravam. Hoje, dono da terra que eu trabalhava inutilmente, em vez de defendê-la, deixo crescer a grama e cair no barro o sangue de meus companheiros. Eu vou... mas me falta vontade para ir...[20]

Depois dessa fala, que mostra uma atitude vacilante, ouve-se novamente a voz do poeta encorajando o mais novo combatente a partir para a frente de batalha. Mais uma vez, aqueles que temiam de início a necessidade de tomar parte na guerra são convencidos a lutar pela causa republicana. Podemos notar na fala do Sentado I ecos da experiência do próprio dramaturgo, quando ele se refere ao fato de ter a posse de uma terra na qual antes apenas trabalhava, controlado por um senhor, e da importância de conservá-la em suas mãos. Nesse momento específico, Miguel Hernández refere-se à reforma agrária que foi iniciada pelo governo republicano mas nunca plenamente concretizada – e que, sem dúvida, foi um dos principais motivos que levaram os nacionalistas à guerra.

Considerações finais

Após a análise das peças que compõem a obra *Teatro de guerra*, torna-se evidente que Miguel Hernández havia estabelecido o teatro

---

[19] Ibidem, p. 434. É necessário destacar que feijões e lentilhas não são considerados alimentos nobres na Espanha, diferentemente de em países como o Brasil.

[20] Ibidem, p. 436.

como projeto literário em prol da causa republicana. Suas declarações, na nota prévia que acompanha a edição aqui estudada, afirmam o desejo de que sua obra seja uma arma para tirar o povo espanhol "dos dias confusos, turvos, desordenados, para a luz mais serena e humana"[21]. Contudo, seu projeto foi deliberadamente interrompido, devido à derrota republicana diante dos nacionalistas e à consequente ascensão do ditador Francisco Franco ao poder. Ainda que Miguel Hernández tenha continuado a escrever na prisão, sua obra foi silenciada aos poucos pelo regime autoritário que se impôs durante quase quatro décadas na Espanha e teve consequências funestas para a cultura do país.

As peças breves que compõem *Teatro de guerra* têm, sim, um claro intento propagandístico e, via de regra, são esquemáticas. Ainda assim, quando contextualizadas num período de conflito social polarizado, cumprem a função proposta por seu autor, homem comprometido com uma causa pela qual foi capaz de dar sua vida. Não fosse por seu marcado tom político e sua deliberada intenção de promover a consciência crítica dos espectadores, *A fila, O homenzinho, O refugiado, Os sentados* poderiam ser comparados aos entremezes que, entre os séculos XVI e XVIII, eram apresentados em peças mais longas, entre um e outro ato, a fim de entreter o público. No entanto, essas peças seriam absolutamente adequadas, caso acompanhassem uma peça de mesmo tom. Poderiam, assim, converter-se em um novo tipo de entremez, agora não mais de aspecto burlesco e satírico, mas crítico e social.

Nesse mesmo sentido, são peças que servem muito a trabalhos de pequenos grupos, tais como os universitários. Em particular em épocas como a atual – em que, devido à escassez de financiamentos das artes em geral, as companhias teatrais procuram cada vez mais textos com poucos atores, além de cenários e figurinos pouco exigentes –, *Teatro de guerra*, de Miguel Hernández, adquire especial valor. Embora aparentemente distante da realidade brasileira, o tema é a opressão e o desejo de vencê-la, situação que acompanha a condição humana desde o início dos tempos. Mudam os sujeitos, mas o tema, infelizmente, continua em vigor.

Em termos mais abrangentes, no que tange à produção literária espanhola no período da guerra, o emblemático assassinato de García Lorca em agosto de 1936 (que de certo modo representou a morte da literatura de protesto no país), a morte de Antonio Machado em 1939

---

[21] Ibidem, p. 407.

(após poucos meses de exílio na França) e a condenação que levou à morte de Miguel Hernández provocaram a opção – se é que se pode dizer assim – pelo exílio. Assim fizeram Rafael Alberti (1902-1999), que viveu praticamente toda a sua vida de exílio em exílio[22], Luis Cernuda (1902-1963) e outros.

Paralelamente a esse aniquilamento da produção literária crítica e, ao mesmo tempo, talentosa, a Espanha experimentou no pós-guerra um forte incentivo à produção cultural comprometida com o regime franquista, em geral de gosto duvidoso. Uma delas é *Raza* (1941), um filme quase desconhecido cujo roteiro foi escrito por Francisco Franco, sob o pseudônimo de Jaime de Andrade. Ele conta a história de dois irmãos gêmeos que vivem separados, porque um é republicano e o outro, nacionalista. No fim, o republicano se arrepende, volta a conviver com a família e assume o ideário fascista. Fora do país, no entanto, apareceram obras como o romance *Por quem os sinos dobram* (1940), fruto do trabalho de Ernest Hemingway como correspondente de guerra na Espanha, que apresenta a óptica estrangeira e comunista dos fatos. Felizmente, ele obteve muito mais sucesso que o malfadado *Raza*.

Após um longo período de silêncio imposto pelo regime franquista, os espanhóis começaram a escrever sobre o longo processo de fragmentação social e familiar daqueles anos a partir da década de 1990 – provavelmente por respeito à dor dos sobreviventes –, alcançando seu ápice nos anos 2000. É preciso ressalvar a produção cinematográfica de Carlos Saura, que se antecipou à literatura e discutiu os efeitos da ditadura, ainda que de forma alegórica, em *Cría cuervos, Elisa, vida mía, Mamá cumple cien años, Ana y los lobos, Bodas de sangre* e outros.

A obra de Miguel Hernández, ainda que abafada durante a ditadura franquista, mas nunca de todo esquecida, voltou à cena e hoje pode ser desfrutada novamente. Contudo, Miguel Hernández ainda é mais conhecido como poeta do que como dramaturgo ou cronista de guerra. Cumpre-nos, neste momento, usufruindo da liberdade de expressão do pensamento vigente, conhecer, destacar e estudar tão importante obra.

---

[22] Depois de longos anos de exílio na França, na Argentina, no Uruguai e na Itália, Alberti retornou finalmente à Espanha em 1977, depois da morte do ditador Franco.

Vera Collaço

5. Leituras de um viajante: o teatro revolucionário russo[1]

A Revolução de Outubro deveria virar a Rússia pelo avesso. Era preciso destruir tudo, não para fazer de novo, mas para fazer diferente.[2]

Em outubro de 1935, Joracy Schafflor Camargo (1898-1973) – ou simplesmente Joracy Camargo, como ficou conhecido na história do teatro brasileiro – foi à União das Repúblicas Socialistas Soviéticas (URSS) para acompanhar o III Festival Teatral de Moscou, que homenageava o 18º aniversário da Revolução Russa. No retorno, Joracy escreveu um ensaio, intitulado *O teatro soviético*, com o objetivo relatar o que vivenciou e o que pôde conhecer enquanto esteve na União Soviética.

O contato com essa obra me foi possível por intermédio de um de meus orientandos de então, Leon de Paula, que a havia adquirido num sebo durante uma viagem a São Paulo. Fiquei muito feliz ao conhecer o trabalho, que era uma excelente oportunidade para perceber como um dramaturgo brasileiro, de viés esquerdista, "lia" o que se passava na União Soviética em 1935, um momento crucial, quando as vanguardas russas começavam a ser silenciadas pelo regime de Joseph Stalin (1878--1953). Temos ali, pela perspectiva do teatro brasileiro, um raro relato do teatro revolucionário russo por um homem de teatro que não estava

---

[1] Este artigo foi apresentado, com algumas modificações, na II Jornada Latino--Americana de Estudos Teatrais, realizada em agosto de 2009, em Florianópolis. Foi publicado nos anais do evento, em CD de pequena e estrita circulação, por isso o interesse em atualizar o trabalho e colocá-lo numa obra de visibilidade nacional.

[2] Joracy Camargo, *O teatro soviético* (Rio de Janeiro, Leitura, 1945), p. 66.

envolvido diretamente nos acontecimentos, mas os via com muita curiosidade e simpatia. Eu diria mesmo que os via com uma mítica quase religiosa, com a percepção de quem estava participando de um importante momento da história da humanidade.

Neste artigo, pretendo ponderar sobre a participação de Joracy na delegação francesa que foi a Moscou, bem como analisar seus apoios teóricos para a escrita dessa obra. Por fim, procuro debater as aproximações que Joracy apontou entre o teatro brasileiro e o teatro soviético e relatar o diálogo travado diante do que lhe foi apresentado em Moscou, o que me permitirá adentrar diferentes matizes de leituras sobre a percepção de um receptor muito especial. Neste artigo, ficarei mais restrita à forma e à estrutura da obra, sem deixar, contudo, de apontar os referenciais a que ela nos remete.

O ENSAIO: ESTRUTURA E ESCRITA

Joracy inicia seu ensaio expondo o que se passou quando ele chegou a Paris, no retorno de sua viagem à URSS. Diz:

> Quando cheguei a Paris, de volta da Rússia, encontrei no Consulado do Brasil um pacote de cartas, algumas de minha família e outras de pessoas desconhecidas. Estas últimas referiam-se todas, com malícia ou agressão, ao fato de eu ter tido a "audácia" de visitar o país dos sovietes.[3]

Ele atribuiu essa animosidade a uma manchete de um jornal carioca que destacou: "Rumo a Meca... – O escritor Joracy Camargo viaja para Moscou". Sem questionar a intenção provocativa do periódico carioca, o fato é que o país passou por fortes turbulências justamente no período em que o escritor se dirigia à URSS. No momento de sua partida, as relações entre o Brasil e a URSS ainda eram "cordiais". Como observa Sodré:

> A primeira fase, de 1930 a 1945, fica marcada por grande efervescência política e por uma luta ideológica intensa. Começa em ambiente de relativa liberdade, para desembocar, em 1935, em medidas de exceção e culminar, em 1937, com o estabelecimento do Estado Novo; essa evolução assinala o clima de controvérsias. É reflexo também do que ocorre no mundo, com a ascensão fascista, já anterior, em Portugal e na Itália, e a nazista, de 1933, na Alemanha, para não falar no militarismo japonês.[4]

---

3 Ibidem, p. 9.
4 Nelson Werneck Sodré, *Síntese de história da cultura brasileira* (Rio de Janeiro, Civilização Brasileira, 1980), p. 69.

Devemos lembrar que, em novembro de 1935, tivemos o levante comunista e todas as suas consequências, tanto para o Partido Comunista Brasileiro (PCB), com a prisão de suas mais significativas lideranças, quanto para o país, que entrava em um estado de exceção, com perda de liberdades individuais e políticas. Antes mesmo de eclodir o levante, o governo Vargas havia conseguido, em 4 de abril de 1935, a aprovação no Congresso da Lei de Segurança Nacional. Três dias depois do levante comunista na cidade de Natal, em 23 de novembro de 1935, por onde teve início o levante propriamente dito, Vargas conseguiu decretar estado de sítio.

Assim, não é de estranhar as agressões a Joracy Camargo. Ele era uma figura pública, e o clima era de controvérsia: as pessoas tinham de assumir posições políticas, especialmente os intelectuais, e "levar para suas criações tudo o que essa participação revela ou impõe"[5]. De modo irreverente, e com risco de ser limitante, Darcy Ribeiro enfatiza e elucida melhor o pensamento de Sodré:

> Os *intelectuais se radicalizam*, engajam-se em grupos opostos: de um lado ficam os de postura antifascistas e antirracistas, como Mário de Andrade, Gilberto Freyre e Anísio Teixeira. Do mesmo lado, mas afastados deles, os socialistas como Hermes Lima, Sérgio Buarque de Holanda, Castro Rebelo, Arthur Ramos e Joaquim Pimenta. Entre eles acampam os comunistas [aqui se situa Joracy Camargo]. No campo oposto se acumpliciam os fascistas e a reação católica com Alceu Amoroso Lima, San Tiago Dantas, Vicente Rao, Chico Campos *et caterva*.[6]

Destacamos ainda que, dois anos antes, Joracy havia alcançado um prodigioso sucesso com a peça *Deus lhe pague!*. O texto foi estreado pela companhia de Procópio Ferreira, em 15 de julho de 1933, no Teatro Cassino Beira-Mar, no Rio de Janeiro. Esse trabalho pôs o dramaturgo entre os autores preocupados com uma nova escrita para a cena brasileira, e o espetáculo causou "furor e polêmica como teatro subversivo"[7]. Sábato Magaldi, nem tão elogioso ao texto, ressalta:

> Reconhecemos-lhe o mérito de haver trazido para o nosso palco, pela primeira vez, o nome de Marx. A crítica à ordem burguesa correspondia a um anseio que se polarizaria logo depois, nos movimentos de esquerda e

---

[5] Idem.

[6] Darcy Ribeiro, *Aos trancos e barrancos* (Rio de Janeiro, Guanabara Dois, 1985).

[7] Idem.

de direita. Joracy Camargo vinha satirizar a filantropia de porta de igreja. O impacto provocado pelo tema deve ter garantido o êxito inicial, que depressa se fez prestígio permanente.[8]

Esse prestígio é que deu abertura para que seus conhecidos, admiradores e outros nem tanto "cobrassem" sua ida a um país comunista num período bastante conflituoso para o Brasil.

Mas os acontecimentos de novembro de 1935, no Brasil, retardaram a publicação de seu ensaio. Pela leitura do texto, percebe-se que ele foi escrito em diferentes épocas. Certos trechos conservam o frescor da paixão do que o autor viu na União Soviética, o que indica, portanto, que ele os escreveu a partir de anotações feitas após a apreciação dos espetáculos ou do contato com as pessoas, como quando esteve com Natalia Satz e o Teatro da Criança. Há textos com referências a 1941 e 1942, ou seja, são enxertos realizados posteriormente, com vistas à publicação do ensaio.

Com relação a sua publicação, os estudiosos do teatro brasileiro apontam que *O teatro soviético* foi editado em 1937. Da leitura da obra, contudo, verifica-se essa impossibilidade, pois, como foi dito antes, ela faz referência a fatos da década de 1940. O que podemos afirmar é que a edição se deu em 1945 – o que é bastante pertinente, se pensarmos no Estado Novo e nas difíceis relações com o Partido Comunista durante o governo ditatorial de Vargas. Em dezembro de 1945, o país começou mais um breve período democrático, no qual caberiam publicações como a de Joracy Camargo. Mas se percebe que os enxertos da década de 1940 estão deslocados em relação ao que se passava na URSS. Basta lembrar que Constantin Stanislavski morreu em 1938 e que, em fevereiro de 1940, Vsevolod Meyerhold foi assassinado e seu nome foi apagado da história do teatro russo entre 1941 e 1955. E esses dois pontos significativos da história do teatro russo não aparecem no ensaio. Mas devemos levar em consideração as dificuldades de comunicação e os entraves impostos à abordagem de certos assuntos por um comunista nesse período histórico, especialmente a morte de Meyerhold.

A escrita do ensaio resultou de um desejo, como diz Camargo, de "escrever a história de um povo, e principalmente a história de um povo que realiza uma experiência cujos primeiros resultados começam

---

[8] Sábato Magaldi, *Panorama do teatro brasileiro* (Rio de Janeiro, Serviço Nacional de Teatro, s.d.), p. 187.

a aparecer"[9]. E essa seria sua contribuição para a história do teatro, ou seja, mostrar como um país "atrasado" desenvolveu um dos mais ricos modelos artísticos para o teatro. O ensaio é dividido em prólogo e dezoito capítulos, num total de 279 páginas. No primeiro capítulo, intitulado "A tragédia do povo russo", ele faz uma retrospectiva da história russa e aponta os governos de Pedro, o Grande, e Catarina II como "os criadores da autocracia, a aristocracia e a escravatura, e por isso mesmo os primeiros responsáveis pela revolução de 1917"[10]. A partir daí, o ensaio concentra-se no teatro russo e, embora não siga uma ordem cronológica, procura estabelecer o que aconteceu na Rússia pré--revolucionária até a URSS de 1935. É perceptível muitas vezes a dificuldade em discutir assuntos encobertos pelo regime comunista de Josef Stalin, como o realismo socialista imposto aos artistas russos a partir de 1934 e a consequente negação de toda a arte experimental e de vanguarda. Ou ainda a importância de Maiakovski para o movimento revolucionário russo. Sobre esse dramaturgo e poeta, comenta Joracy:

> Vladimir Vladimirovitch Maiakovski (1893-1930) – foi o iniciador do futurismo no teatro, mas apenas conseguiu escandalizar o público, apresentando-se no palco para recitar seus poemas, metido numa blusa amarela de mulher, com riscos verdes na cara. Maiakovski só conseguiu algum sucesso com a peça *Mistério bufo*.[11]

É possível detectar, na citação anterior, a negação de um dos primeiros e mais significativos poetas da vanguarda russa e militante partidário desde 1906. Maiakovski foi um dos primeiros artistas, junto com Meyerhold, a atender o chamado, em 1918, de Anatoli Lunatcharski (1875-1933), então comissário da Educação Popular, para discutir a arte revolucionária. Lunatcharski pôs os artistas para auxiliar na Revolução:

> A Revolução disse para o Teatro: "Teatro, eu preciso de você. Eu preciso de você, mas não só isso; eu, a Revolução, preciso relaxar em confortáveis poltronas, nos belos *halls* e apreciar o *show* depois do trabalho duro. Eu preciso de você como trabalhador. Eu quero ver meus amigos e inimigos no seu lugar. Eu preciso vê-los com meus próprios olhos.[12]

---

[9]   Joracy Camargo, *O teatro soviético*, cit., p. 12.

[10]   Idem.

[11]   Ibidem, p. 51.

[12]   Konstantin Rudnitsky, *Russian and Soviet Theater, 1905-1932* (Great Britain, Lesley Milne, 1988), p. 41.

No entanto, poucos artistas colaboraram de imediato com o novo governo. Apenas cinco aceitaram o convite, entre eles o poeta futurista Maiakovski e o encenador Meyerhold, que fizeram um credo da arte a serviço da Revolução.

Maiakovski foi o poeta que mais completamente expressou, nas décadas antes e depois da Revolução de Outubro, os novos e contraditórios conteúdos da época e as novas formas que eles demandavam. Atuou de forma intensa no período do *agitprop*, pôs sua arte a serviço da Revolução. Mas também foi Maiakovski que afrontou o sistema – com *O percevejo*, encenada em 1929, e *Os banhos*, encenada em 1930, ambas dirigidas por Meyerhold –, fazendo críticas à burocracia estatal que estava se tornando a União Soviética. A estrutura ameaçava qualquer iniciativa artística que apresentasse uma reflexão crítica e combativa. Essas montagens, apesar da aceitação do público, foram consideradas antissoviéticas pela Associação Russa dos Escritores Proletários (em russo, Rapp), que era vinculada ao Partido Comunista.

Assim, após o suicídio de Maiakovski, em 1930, começou o desmonte de sua imagem e o apagamento de sua contribuição para a arte soviética. Tanto que, em 1935, quando Joracy Camargo teve contato com o que sobrou dele na URSS, encontrou e relatou apenas seus aspectos folclóricos e negativos.

Em seu ensaio, Joracy não se preocupou em datar os assuntos que abordava, por isso é preciso fazer sempre uma garimpagem temporal para poder acompanhá-lo. Acredito que esse problema se deve a um excesso de informações que recebeu durante sua viagem à URSS e à ausência de obras sobre a história do teatro russo, nas quais ele poderia encontrar referenciais para apoiar sua escrita. Mas isso também pode ser entendido como o estilo de Joracy. Mesmo para saber quando ele esteve na URSS, temos de procurar na obra, porque essa informação aparece na página 121, quando ele diz: "eu estive lá em outubro", referindo-se ao fato de que não pôde assistir à encenação de *Ricardo III*, que ocorreu em fevereiro, em Leningrado, ou ainda na página 190: "Quando visitei a Rússia, em 1935 [...]".

Outro aspecto que chama a atenção na organização desse ensaio é a ausência de referências bibliográficas. Em alguns momentos, temos a impressão de ler um "diário", pois Joracy se baseia no que viu e ouviu. Ao longo do texto, ele cita algumas de suas fontes, mas sempre de forma incompleta, ou seja, cita apenas um dos nomes do autor e não faz referência à obra consultada. Ele menciona com frequência um certo Moskvin, que teria escrito um artigo sobre a transformação do teatro russo, desde as origens até o período revolucionário. Creio que aí está sua base para as descrições das diferentes fases do teatro russo. Ele cita também um artigo de A. Fedorovitch e M. Reznik, também sobre as transformações do teatro russo. Outros nomes aparecem em sua obra: Paul Gsell, Neckrassov e Aníbal Ponce[13]. Ele teve acesso também ao relatório de Meyerhold e Aleksei Tolstói sobre o primeiro concurso dramatúrgico realizado na URSS, em 1933, do qual eles formavam a comissão selecionadora. Convém ressaltar que esses textos deviam ser traduções para o francês ou o inglês, pois Joracy afirma, na página 249, que não entendia russo.

Esboços de vida e obra

Joracy Camargo nasceu e morreu na cidade do Rio de Janeiro. Foi jornalista, cronista, professor e teatrólogo. No teatro, a força de sua atuação está vinculada à dramaturgia, mas ele atuou também como dono de companhia, ensaiador, conferencista e professor de teatro.

A primeira obra dramatúrgica de Joracy se destinou ao teatro de revista. A pedido da empresa Pinto & Neves, do Teatro Recreio Dramático, ele escreveu, em coautoria com Pacheco Filho, a revista *Me leva, meu bem*, que foi levada à cena em 1925, pela companhia de Margarida Max, com grande sucesso. No ano seguinte, ele escreveu outra revista de êxito: *Calma, Brasil*.

A partir de 1927, dedicou-se mais intensamente às comédias do gênero trianon, ou seja, comédias leves, cujo intuito era entreter e provocar risadas. Essas comédias de costumes passaram a ser encenadas por grandes companhias da época. Uma forte relação se estabeleceu, a partir de 1931, entre o dramaturgo e Procópio Ferreira (1898-1979), quando aquele escreveu a primeira comédia para este, com o título *O bobo do rei*, considerada pela crítica o início do teatro social no Brasil. Em 1932, escreveu seu maior sucesso, a peça *Deus lhe pague*. Esse texto foi o carro-chefe de Procópio Ferreira por muitos anos. Com ele, Joracy iniciou o que Décio de Almeida Prado denominou tentativas de renovação do teatro brasileiro através da dramaturgia.

No teatro brasileiro, as primeiras tentativas de renovação partiram dos dramaturgos que, "embora integrados econômica e artisticamente

---

[13] Aníbal Ponce (1898-1938), ensaísta, psicólogo, professor e político argentino; na década de 1930, vinculou-se ao Partido Comunista da Argentina e visitou a União Soviética.

no teatro comercial, dele vivendo e nele tendo realizado seu aprendizado profissional, sentiam-se tolhidos pelas limitações da comédia de costumes"[14]. Outros importantes dramaturgos também seguiram essa linha inovadora, como foi o caso de Oduvaldo Viana (1892-1972) com o texto *Amor*, de 1933, no qual defendia o divórcio, "libertando o amor"; ou ainda Renato Viana (1894-1953), que com o texto *Sexo*, de 1934, trouxe as teorias de Freud para o palco brasileiro. Esses e outros dramaturgos buscavam expor nos nossos palcos as grandes ideias que estavam circulando e transformando o mundo. Todos tiveram a possibilidade de passar pela prova dos palcos com seus textos, que podemos pensar como inovadores mais por sua temática do que por seus aspectos formais.

O Ministério da Educação e Saúde, na gestão de Gustavo Capanema (1900-1985), atendendo desejos de segmentos da classe teatral, formou em 1936 uma Comissão de Teatro Nacional que se incumbiu de organizar palestras para debater a situação do teatro nacional. Entre os palestrantes estava Joracy Camargo, com dois temas: o teatro brasileiro e o teatro infantil. Essas palestras foram publicadas em 1937; nelas, Joracy fez uma defesa primorosa do teatro brasileiro e apontou o analfabetismo e as condições econômicas da população brasileira como os responsáveis por afastar o público potencial de nossos teatros. Ele mostrava que apenas 2% da população do Rio de Janeiro tinha condições de frequentar as casas de espetáculos. E, para resolver essas dificuldades, a solução passava pelo Estado. O desejo da interferência do Estado nas questões sociais, ou de um dirigismo estatal, unia as diferentes facções ideológicas que queriam transformar a realidade brasileira, fossem de esquerda ou de direita. A modernização do país passava, para grande parte da intelectualidade brasileira, pela via autoritária.

Para os fins deste artigo interessa ainda apontar que, em 1941, Joracy montou uma companhia de comédias e passou a percorrer as principais cidades brasileiras. E, sempre que podia, fazia palestras, conferências e cursos breves sobre teatro brasileiro e técnicas teatrais. Sua obra como agente teatral, dramaturgo e ensaiador estendeu-se por muitos anos. Mas, para os objetivos a que nos propomos, encerramos essa pequena pincelada biográfica na década de 1940, década da edição do ensaio aqui analisado.

---

[14] Décio de Almeida Prado, *Teatro: 1930-1980 (ensaio de interpretação)* (São Paulo, Difel, 1984), p. 532.

O convite e a viagem a Moscou

Joracy Camargo juntou-se à delegação francesa de "pessoas envolvidas com o teatro" para acompanhar, durante dez dias, o III Festival de Teatro, realizado em Moscou, em outubro de 1935. Nas palavras de Joracy:

> Fui à Rússia atraído pelo Festival Teatral de Moscou. Quando surgiu, em Paris, o programa anunciando o III Festival, e prometendo aos turistas dez dias maravilhosos, com a apresentação das maiores realizações de todos os gêneros de teatro levadas a efeito durante o ano de 1935, não resisti à tentação e logo me incorporei à caravana de homens de teatro da França que partiria por aqueles dias para a capital artística do mundo.[15]

Pode-se perceber por suas palavras finais a grande empolgação que o movia. Tanto que, na época, Paris era considerada a "capital artística do mundo", mas o olhar de Joracy se dirigia para o outro lado: Moscou era o centro de seus interesses ideológicos e artísticos, e o mesmo acontecia com vários artistas franceses.

Para dar visibilidade a suas conquistas revolucionárias, o governo de Stalin fez uma grande festa para comemorar o 18º aniversário da Revolução de 1917. Foram convidados, e estiveram presentes, para o III Festival de Teatro de Moscou, em outubro de 1935, delegações de 35 países. O festival foi planejado para ocorrer durante dez dias, numa clara referência aos "dez dias que abalaram o mundo". Foi, portanto, um momento claramente programado para divulgar no Ocidente a arte russa e as conquistas do povo russo após a Revolução de 1917. Pelos depoimentos de Joracy, pode-se afirmar que o governo russo atingiu seu objetivo, deixando as diferentes delegações entusiasmadas com o que viram. Transcrevo algumas frases de Joracy que atestam seu deslumbramento, e ele faz questão de afirmar que esse era um sentimento coletivo, era o que sentia a delegação francesa. Gaston Baty "disse que o teatro francês lucraria muito encontrando-se constantemente com o teatro soviético"[16]. E Charles Vidrac: "Bem sei que entre os que se apaixonaram pela arte dramática seria banal dizer que a expressão cênica na Rússia soviética é a primeira do mundo, mas eu não resisto ao prazer de repetir essa banalidade"[17]. E Joracy conclui:

---

[15] Joracy Camargo, *O teatro soviético*, cit., p. 54.

[16] Ibidem, p. 56.

[17] Idem.

Essas opiniões, como todas as outras e a minha, referiam-se aos resultados maravilhosos a que chegaram os artistas soviéticos em todas as artes, graças às facilidades de expansão das suas faculdades e sobretudo aos elementos de que podiam dispor, com plena liberdade de ação.[18]

É evidente que as delegações não foram apresentadas à censura – o comitê Gkaurepertkov –, em ação desde 1923. A partir daí, vários artistas, entre eles Meyerhold, tiveram seus projetos barrados.

Na delegação francesa, da qual fazia parte Joracy Camargo, estavam Gaston Baty, diretor do Teatro Montparnasse, Charles Dullin, Léon Moussinac e muitos outros. Na chegada ao hotel, cada um recebia a programação completa dos espetáculos que seriam apresentados nos dez dias de atividades[19]. Foram levadas à cena catorze peças, entre adultas e infantis. O que chama a atenção é a ausência de Meyerhold e Stanislavski na programação. Contudo, dentro do contexto histórico, essa ausência é bastante pertinente, se levarmos em conta as novas propostas estéticas esboçadas em 1930, quando o realismo socialista começou a ser gestado por Andrej Jdanov e Maksim Gorki. Em 1934, o realismo socialista tornou-se a forma estética oficial da URSS; com isso, pretendia-se combater "a arte burguesa" decadente e associada ao Ocidente, bem como toda estética vinculada ao formalismo, também tachado de decadente. Todo o teatro de vanguarda russa, especialmente o trabalho desenvolvido por Meyerhold, entrou nessa lista de

---

[18] Idem.

[19] Programação do III Festival de Teatro de Moscou, tal como exposta por Joracy Camargo (idem, p. 57-8): "Estavam previstos catorze espetáculos: Grande Teatro: *Sadko*, de Rimski-Korsakov; Teatro dos Jovens Espectadores: (*matinée*) *Till Eulenspiegel*, de Coster; Teatro Judeu: (*soirée*) *O rei Lear*, de Shakespeare; Teatro Nemirovitch-Dantchenko: *Katerina Izmailova*, ópera de Chostakovitch; Teatro da Criança: (*matinée*) *A lenda do pescador e do peixe*, de Polivinkine, e (*soirée*) *O cura espanhol*, de Fletcher; Teatro Cigano: (*matinée*) *Carmen*, de Bizet; Teatro dos Artistas Profissionais de Moscou: *A cidade dos ventos*, de Kirchon; Grande Teatro: *Os três obesos*, bailado de Oranskov; Teatro Realista: *Os aristocratas*, de Pogodine; Pequeno Teatro Acadêmico: *Os combatentes*, de Romachov; Teatro de Marionetes, ou Teatro do Livro Infantil: (*matinée*); Primeiro Teatro Acadêmico (Teatro Gorki): *O furacão* (p. 55), de Ostrovski; Teatro Tairov: *As noites egípcianas*, de Shakespeare-Shaw-Púchkin; Teatro Vakhtangov: *O ponto distante* (*Dalagoye*), de A. Afinoguenov. Além desse programa, durante o curso da década de arte, várias projeções dos melhores filmes nos foram oferecidas gratuitamente e, dentre eles, os seguintes: *Tchapáev*, dos irmãos Vassilev; *As jornadas culminantes*, de Zarkin e Heifetz; *O novo Gulliver*, de P. Houchko; *Os camponeses*, de Ermler; *Os aviadores*, de Raisman; e *Pope*, de Bek-Nazarov".

Leituras de um viajante **105**

espetáculos "formalistas decadentes". E os espetáculos resultantes do realismo socialista, como bem coloca Anna Dias:

> pretendiam retratar a realidade e faziam do espectador um indivíduo novamente passivo, eram contrapostos aos espetáculos inventivos de Meyerhold e outros encenadores de vanguarda, que admitiam uma maior participação do público, mas eram tachados de formalistas e, é claro, decadentes [...]. O realismo socialista no teatro carrega, pois, uma grande contradição: voz oficial do socialismo, baseia-se, no entanto, como todo bom teatro burguês, na passividade do espectador.[20]

O cerceamento do trabalho de pesquisa teatral, como o desenvolvido por Meyerhold e mesmo por Stanislavski, completa-se em 17 de janeiro de 1936, quando "foi constituído o odioso 'Comitê para os Assuntos das Artes' [...] [que deu] início à campanha de extermínio da vanguarda e da criação artística em geral" na União Soviética[21]. Ainda nas palavras de Ripellino: "A diversidade e a audácia das correntes deviam ceder à uniformidade niveladora do social-realismo. [...] Bastava uma bizarra bagatela, um expediente insólito, uma incauta palavra flagrada nos arquivos para que um artista fosse tachado de traidor pelas centrais políticas"[22].

Quanto a Stanislavski, entre 1934 e 1938, ano de sua morte, ele se encontrava mais recolhido em seu trabalho de pesquisa, evitando dirigir espetáculos no Teatro de Arte de Moscou e fazendo experiências que resultaram no que se tornou conhecido como *método das ações físicas*.

Dos grandes inovadores russos do século XX apenas Tairov esteve presente nas festividades de 1935, com o espetáculo *As noites egipcianas*, que reunia textos de Shakespeare, Shaw e Púchkin. Mas Joracy acabou assistindo, fora da programação do festival, ao espetáculo *A dama das camélias*, dirigido por Meyerhold. Esse espetáculo estreou em 19 de março de 1934, e "o personagem de Margarida Gautier foi interpretado por Zinaida Raich [esposa de Meyerhold], foi sua última grande criação"[23].

---

[20] Anna Dias, "Meyerhold e a revolução no teatro, ou quando a revolução política exclui a revolução artística", *ArtCultura*, v. 1, n. 1, jan.-dez., 1999, p. 43-4.

[21] Angelo Maria Ripellino, *O truque e a alma* (São Paulo, Perspectiva, 1996), p. 394.

[22] Idem.

[23] Juan Antonio Hormingon (org.), *Meyerhold: textos teóricos* (Madri, Publicaciones de la Asociación de Directores de Escena de España, 1999), p. 565.

COMO DEIXAR DE PONDERAR SOBRE A PRÁTICA TEATRAL NO BRASIL?

Durante sua estadia na União Soviética, e por seu envolvimento total com uma prática teatral que o abismava e deixava exultante, Joracy não pôde deixar de traçar alguns breves, ou mesmo brevíssimos, pontos de contato ou afastamento entre o teatro russo e a prática teatral brasileira.

Ao abordar as mudanças realizadas por Meyerhold na questão do "respeito" à obra do dramaturgo, Joracy observa:

> Os próprios autores, "donos" exclusivos de suas produções, tiveram de sujeitar-se às mutilações e transformações do preparador do espetáculo, em harmonia geral com o seu sistema. Só assim Meyerhold pode impor a biomecânica, e só assim a biomecânica seria possível, pois exige a subordinação de todos os elementos à forma de apresentação.[24]

Para ele, Meyerhold "declarou guerra aos preconceitos dos autores, que, como os nossos [brasileiros], só permitem o corte de uma fala ou a colaboração do artista diante do fracasso da peça, para salvar a situação"[25]. Era o princípio de um embate que se estenderia por toda a primeira metade do século XX e que partia da pergunta básica: quem é o autor da obra, o dramaturgo ou o encenador? Como o século XX pode ser considerado o século dos encenadores, especialmente no período citado, o que temos é que esse embate foi se diluindo e pendendo para o artista-encenador.

Da citação anterior, convém ressaltar uma percepção equivocada sobre o trabalho de Meyerhold e os procedimentos cênicos. A arte do encenador, tal como concebida na Europa do início do século XX, ainda era uma arte ausente da cena brasileira na década de 1930. Assim, para Joracy, foi "a biomecânica" que estabeleceu a unicidade do trabalho cênico, e mesmo a impôs. Parece-lhe escapar que essa organicidade é resultante do trabalho desenvolvido pela perspectiva do encenador.

Ainda em relação ao trabalho de Meyerhold, Joracy faz outra comparação entre o teatro que era realizado na Rússia e o teatro brasileiro. Ao abordar o cenário construtivista e a biomecânica, em referência ao espetáculo dirigido por Meyerhold, *O homem e as massas*, de Ernest Toller, Joracy questiona se o leitor seria capaz de aceitar esse teatro. E responde: "Também sei que não aceitou a inovação, por achar, natural-

---

[24] Joracy Camargo, *O teatro soviético*, cit., p. 76.
[25] Idem.

Leituras de um viajante   107

mente, que um 'cenário' de andaimes e escadas não dará a ninguém a impressão exata da representação de uma história, de um conflito ou de uma ideia"[26]. E, instigando ainda mais o leitor, sugere que ele deve preferir um cenário mais realista, mesmo que com elementos teatrais.

> É que nós da chamada classe média estamos habituado a esse teatrinho inocente, que eu mesmo faço, por necessidade. Mas o povo, a massa popular, aceitaria e compreenderia a inovação, porque não pode habituar-se ao teatrinho burguês, feito para inteligências preguiçosas e tão inimigas do verdadeiro teatro [...].[27]

Temos aqui um Joracy impregnado do pensamento marxista, que idealiza o que chama de "povo" e abomina o que denomina "pequena burguesia". Essa visão dual estabelece que a "pequena burguesia" é incapaz de entender a importância histórica das transformações, sejam elas sociais ou estéticas, e "as massas", em sua "rude ignorância", têm uma clara percepção do percurso histórico, uma diferenciação bastante reprisada no pensamento marxista da época. Ao mesmo tempo, porém, ele exalta uma estética cênica que o Partido Comunista soviético já havia considerado "formalista decadente". Além disso, elogia uma proposição cênica que estava sendo proibida pela estética do realismo socialista. Meyerhold aparece nas palavras de Joracy, escritas ainda sob o impacto russo, como um inovador, que podia ser apreciado pelas "massas" e combatia o pensamento "pequeno-burguês". Escapam ao pensamento de Joracy, ou aos olhos dos visitantes de 1935, as inúmeras dificuldades que a arte de vanguarda russa estava vivendo naquele período.

O último paralelo feito por Joracy Camargo refere-se às leis de proteção aos artistas, quando comenta que a situação dos artistas russos antes da Revolução era de extrema penúria.

> Os salários eram muito baixos e dependiam exclusivamente da vontade arbitrária dos empresários. Não havia uma lei que lhes desse personalidade jurídica, ou regulasse as relações entre os artistas e seus exploradores. Em suma, eles estavam na mesma situação em que a "Lei Getulio Vargas" [de 1928] encontrou os nossos artistas.[28]

Mas, observa Joracy, se para os artistas russos a situação mudou para melhor, a situação do artista brasileiro permaneceu estagnada, pois "os

---

[26] Ibidem, p. 80-1.

[27] Idem.

[28] Ibidem, p. 102.

auxiliares do presidente da República" não deram continuidade à sua obra. Portanto, segundo ele, o problema no Brasil era de gestão e não de amparo presidencial. Era preciso muito jogo de cintura para viver esse momento do Brasil e do embate entre o bloco comunista e o bloco capitalista, do qual o país fazia parte.

Essas foram as poucas linhas que o autor dedicou à comparação dos dois processos de organização e administração teatral no Brasil e na URSS. Mas ele vai além da simples comparação e propõe, nas páginas 190 e 191 de seu ensaio, que o trabalho desenvolvido por Natalia Satz com o Teatro da Criança seja adaptado para a nossa realidade. Ele fez essa proposta numa conferência que realizou em 1936, a pedido da Comissão Nacional de Teatro, e que foi publicada em 1937 pelo Ministério da Educação e Saúde, então ocupado por Gustavo Capanema. Evidentemente, suas propostas ficaram apenas no papel.

Os espetáculos dos inovadores russos

Joracy observa que, na década de 1930, muitas das obras encenadas na URSS tinham como temática a guerra civil e a defesa soviética. E, nesse sentido, o espetáculo que mais o impressionou foi *A tragédia otimista*, de Vichnevski, representado no Teatro Kamerny, com direção de Tairov. Infelizmente, ele não se estende acerca desse espetáculo; faz apenas uma longa síntese, deixando exposta toda a sua melodramaticidade. De Tairov, viu também *As noites egipcianas*. Sobre esse espetáculo, Joracy apresenta um longo resumo do enredo, mas não discorre sobre seus aspectos cênicos. Comenta:

> o espetáculo de Tairov, que ampliou o direito de "destruir" as peças clássicas, no sentido de "construir" uma obra, como se tivesse sido possível reunir Shakespeare, Shaw e Púchkin numa parceria genial. O que é preciso é servir os interesses da política socialista, pelo método da assimilação crítica.[29]

Para ele, o teatro russo da década de 1930 também foi dominado pela tendência de remontar os grandes clássicos da dramaturgia universal. E observa que "a estação teatral de 1933-1934 foi a que maior número de clássicos incluiu nos repertórios"[30]. E Meyerhold também se dedicou aos clássicos, seja para se livrar da censura, seja para buscar uma renovação temática; mas o fato é que ele encenou

---

[29] Ibidem, p. 127.

[30] Idem.

alguns nesse período, entre eles *A dama das camélias*, de Alexandre Dumas Filho.

Com uma visão um pouco limitada do trabalho de pesquisa desenvolvido por Meyerhold, ele observa que, em sua fase construtivista e biomecânica, esse diretor russo "chegou a abolir o guarda-roupa", e julgava-se privilegiado por ter assistido, no Teatro Meyerhold, a encenação de *A dama das camélias*, "já com as roupas que os franceses vestiam na época da peça. Outros protestaram contra a ausência do pano de boca, do velário"[31].

Sobre *A dama das camélias*, ele aponta alguns procedimentos cênicos de Meyerhold:

> o famoso "general" do Exército Teatral [Meyerhold, é assim que Joracy o denomina na maioria das vezes] transportou a história de Margarida Gautier do ano de 1850 para o ano de 1870, e utilizou-se dos quadros de Manet e Renoir, como dos desenhos de Roops, para os cenários, e ainda entremeou a ação da peça com as mais velhas canções francesas, o que tornou o drama muito mais emocionante, a ponto de fazer chorar as mocinhas soviéticas.[32]

Joracy acrescenta outros detalhes cenográficos e sua percepção acerca da recepção do espetáculo e do aspecto visual dos espectadores russos. Sobre a parte estética, diz:

> O palco estava vazio, os cenários encostados nas paredes, como se se tratasse de mero ensaio. Quando soou o terceiro sinal, entraram tranquilamente os contrarregras e os maquinistas, colocaram os cenários e os móveis nos respectivos lugares e saíram. Logo entraram os artistas que abrem a representação, tomaram as posições previamente marcadas, e escureceu. Todo o teatro ficou às escuras. Um segundo depois iluminou-se o palco, já com os efeitos de luz apropriados, e começou o espetáculo.[33]

Temos aqui uma das poucas discrições do visual do espetáculo, o que é muito significativo, pois na maior parte de seu ensaio Joracy fala de peças a que não assistiu, portanto dá voz a outras pessoas. Ele diz aqui como enxergou a obra e aponta um dos elementos vitais da modernidade cênica: a iluminação. Meyerhold, nessa peça, provoca uma quebra sensorial no espectador para introduzi-lo no mundo do espetáculo.

---

[31] Ibidem, p. 80.

[32] Ibidem, p. 129.

[33] Ibidem, p. 252.

Sobre a recepção da plateia, Joracy fala de seu espanto quando percebeu os soluços e os olhos marejados dos espectadores diante do drama de Margarida. "O fato é que o público chorava francamente."[34] No intervalo, a plateia se diverte no *foyer*, discute o espetáculo, lembrando pouco a dramática audiência que chorava na peça.

Quanto aos espectadores, diz que, de maneira geral, estão vestidos com simplicidade.

> [Mas] assinalei alguns vestidos elegantes, de seda, algumas joias, unhas esmaltadas, bonitos penteados, sobretudo grossas tranças em volta da cabeça. [...] Havia gente de todas as classes sociais, ou que antes da Revolução pertencia a classes sociais diferentes, e que ainda se podiam distinguir por um ou outro hábito, pelas atitudes ou maneira de reagir.[35]

Talvez essa percepção sobre o público que frequentava o teatro revolucionário tenha espantado um pouco alguém que estava à espera de "uma nova sociedade". Mas o certo é que as transformações foram lentas, e as regalias de determinada elite, pertencente ao mundo burocrático russo, já eram bastante visíveis na década de 1930.

PONTOS PARA COSTURAR

Muitos outros aspectos podem ser levantados no ensaio de Joracy Camargo. Trata-se realmente de uma obra bastante preciosa para estudar as percepções de um intelectual e dramaturgo brasileiro acerca do revolucionário teatro russo, como seu pensamento sobre o teatro russo pré-revolucionário e as diferentes fases do teatro revolucionário é formulado e, o que é mais significativo, como ele narra a história que lhe foi repassada e que ele pôde verificar *in loco*. É visível na leitura de Joracy Camargo como ele estava imbuído das diretrizes estabelecidas pelo Partido Comunista russo e das orientações do governo de Stalin. Mas, ainda assim, estamos diante de uma obra rara de estudo do teatro russo a partir da análise de um pensador brasileiro.

---

[34] Idem.

[35] Ibidem, p. 253.

Evelyn Furquim Werneck Lima

6. Arquitetura, teatro e política: Lina Bo Bardi e os espaços teatrais

Para entender quão políticas foram as intervenções em espaços teatrais realizadas pela arquiteta Lina Bo Bardi, bem como seu papel político na sociedade, faz-se necessário compreender o que é "política". Para Aristóteles, a política é a ciência que tem por objeto a felicidade humana e divide-se em ética (que se preocupa com a felicidade individual do homem na *pólis*) e em política propriamente dita (que se preocupa com a felicidade coletiva da *pólis*). Em sua obra *Política*, ele investiga as formas de governo e as instituições capazes de assegurar uma vida feliz ao cidadão[1]. Como este artigo trata também de teatros, vale lembrar que, na Antiguidade clássica, o teatro era inicialmente uma atividade realizada em espaços públicos e semipúblicos pertencentes à população e a ela destinada. Ao longo dos séculos, com o advento de uma classe aristocrática e divisões mais nítidas entre as camadas sociais e econômicas, o teatro deixou de ser uma atividade da comunidade para tornar-se uma atividade da economia privada, na qual apenas alguns atores se mantinham em destaque e a população ficava passiva, como espectadora. O mesmo fenômeno de passividade e omissão ocorre ainda hoje nas ações políticas, que são exercidas por bem poucos.

No campo da arquitetura, essa posição política significa a utilização de um vocabulário tridimensional que se preocupa, obrigatoriamente, com o homem que usará o espaço concebido[2]. Lina Bo Bardi, que imigrou para o Brasil em 1946, já apresentava um posicionamento político em seus escritos e em seus relatos de que se engajara na Resistência italiana e fora membro do Partido Comunista italiano para lutar contra

---

[1]   Aristóteles, *Política* (3. ed., Brasília, Editora UnB, 1997).

[2]   Bruno Zevi, *Saber ver a arquitetura* (6. ed., São Paulo, Martins Fontes, 2011), p. 17.

o fascismo e reconstruir uma Itália melhor. Ainda que os escritos aqui utilizados como fontes primárias não contenham referência bibliográficas em conformidade com as normas acadêmicas atuais, existem indícios de que Lina estudou principalmente conceitos formulados por dois pensadores italianos e deles tirou as diretrizes políticas que adotaria em suas obras: Benedetto Croce e Antonio Gramsci.

Torna-se necessário, portanto, aprofundar alguns desses conceitos que identificamos na obra de Lina no que tange aos espaços teatrais. Em primeiro lugar, as noções sobre o materialismo histórico de Croce e, em segundo lugar, a noção de hegemonia, subalternidade e cultura em Gramsci. Além disso, a arquiteta apropria-se, nas teses sobre o conceito de história de Walter Benjamin, da noção de experiência e reprodudibilidade da obra de arte. Embora esses pensadores da história tenham trabalhado a partir de certos textos de Marx, cada qual se expressa diferentemente em dado momento histórico. Todos, porém, têm uma característica em comum, que foi adotada por Lina: pensam a partir das classes populares.

Dissertando sobre a questão da sociabilidade e da formação das ciências sociais, Croce afirmou no fim do século XIX que havia certa tendência a se dilatarem excessivamente os limites dos estudos sociais. Cita Stammler, que reivindica razoavelmente para a ciência que deve ter o título de ciência social "um objeto determinado e próprio que é o fato social. Tudo aquilo que não tiver como princípio determinante a sociabilidade não pode fazer parte da ciência social. Como pode ser ciência social a moral que tem por fundamento casos de consciência que escapam às regras sociais?"[3]. A questão do fato social foi enfatizada nos projetos e nos escritos de Lina Bo Bardi, provavelmente pelo conhecimento que tinha dos conceitos crocianos. Também lhe era familiar a produção fragmentária e circunstanciada de Gramsci, fundamentada na história italiana e na organização política dos trabalhadores, que buscava estabelecer as bases de um movimento revolucionário capaz de construir uma nova sociedade. Como Lina dedicou sua intensa produção em especial a edifícios culturais como museus, teatros e locais de exposição, transparecem em seus escritos e obras os conceitos de Gramsci, para o qual a cultura é "organização, disciplina do próprio eu interior, é conquista de consciência superior pela qual

---

[3] Benedetto Croce, *Materialismo histórico e economia marxista* (trad. Luis Washington, São Paulo, Centauro, 2007), p. 97.

se consegue compreender o próprio valor histórico, a própria função da vida, os próprios direitos e os próprios deveres"[4]. A formação dessa consciência ocorreria pelas lutas da classe operária e por sua organização política, juntamente com a crítica ao capitalismo, ou seja, com o resgate e o conhecimento da história, das lutas e dos esforços para transformar a sociedade.

Entendemos o conceito de "presente histórico" nos restauros de Lina como inspirado em Walter Benjamin[5], autor que compara o materialismo histórico dos anos 1930 a um fantoche vestido à turca e movido por um anão corcunda e critica maneiras de contar a história que, na verdade, produzem histórias e não a História. Ele critica tanto a história que acredita no progresso linear quanto a historiografia burguesa produzida pelo historicismo. Nesses dois casos, a história estaria apoiada no tempo "homogêneo e vazio" que tanto ele quanto Lina criticam. A proposta benjaminiana aponta um novo conceito de tempo, "um tempo de agoras", que nem está eternamente ligado ao passado nem contém a ideia de progresso a qualquer custo[6]. Outro conceito de Benjamin utilizado neste artigo foi o da reprodutibilidade da obra de arte, no qual se percebe a questão da crescente indústria cultural tão intensamente desenvolvida na primeira metade do século XX. Benjamin deixa claro, contudo, que existe nesse processo uma cópia feita a partir de um original e existe uma obra (como a cinematográfica) que já é concebida para ser copiada e reproduzida para o maior número possível de fruidores. Entretanto, o filósofo alemão enfatiza a "aura da obra teatral" em relação ao cinema, quando afirma que "a obra teatral é caracterizada pela atuação sempre nova e originária do ator"[7]. Apesar de ter feito cenários para cinema, Lina dedicou-se arduamente à idealização de arquiteturas para teatro e concebeu inúmeros cenários para montagens teatrais de autores que apreciava, como Brecht, Camus, Artaud e Jarry[8].

---

[4]   Ver Antonio Gramsci, "Socialismo e cultura", em *L'alternativa pedagogica* (Florença, La Nuova Italia, 1975), p. 85.

[5]   Não localizei referências diretas a Benjamin, mas os conceitos desse autor estão implícitos nas definições de Lina do "presente histórico".

[6]   Walter Benjamin, "Sobre o conceito de história", em *Magia, técnica, arte e política* (10. ed., São Paulo, Brasiliense, 1996), p. 229.

[7]   Idem, "A obra de arte na era de sua reprodutibilidade técnica", em *Magia, técnica, arte e política*, cit., p. 181.

[8]   Evelyn F. W. Lima, "Espaços cênicos de Lina Bo Bardi: uma abordagem antropológica e surrealista", *ArtCultura*, v. 9, n. 15, jul.-dez. 2007, p. 31-42.

Ainda na Itália, Lina escrevia para alguns periódicos, exercitando-se na crítica da arquitetura tanto na revista *Domus* quanto no *Quaderni di Domus*[9]. Pouco antes de mudar-se para o Brasil, ao lado de Bruno Zevi e Carlo Pagani, criou a revista *A* (de arquitetura, habitação e meio ambiente), posteriormente denominada *Cultura della Vita*[10]. Pela carta que escreveu a Zevi propondo o novo periódico, Lina pretendia elaborar uma publicação politizada, que apontasse os erros típicos dos italianos, já que enfatizava a exigência da politização da arte e de seus produtores, com críticas ao fascismo e todas as suas formas de manifestação estética. Tal como Walter Benjamin, lutou contra a estetização da política adotada pelo fascismo[11].

Outra questão que transparece nos espaços teatrais de Lina é a ética – fato coletivo que abarca práticas aplicadas inicialmente à economia e à política na Antiguidade clássica, pois, naquela época, tratava-se de bem ordenar a riqueza e a pobreza da cidade-Estado, levando em conta tudo o que se relacionava com os negócios da *pólis*. Atualizados os conceitos gregos para a vida na esfera do Estado nacional, e não mais no pequeno espaço da cidade, e na sociedade civil, o tema "ética" foi profundamente marcado pela filosofia alemã. Com as categorias geradas pelo Iluminismo, o mundo do pensamento sobre o agir político e moral modificou-se após o século XVIII. A ética, tal como proposta por Hegel, não deixaria de todo o coletivo, mas consideraria o comportamento da sociedade, algo visível, e não apenas o que estava presente na invisível consciência dos indivíduos, como queria Kant. Com Hegel, amplia-se a extensão da ética. Na filosofia alemã, a ética foi atenuada ao máximo, em proveito da moral. O ideal ético estava numa vida livre, dentro de um Estado livre, um Estado de direito que preservasse os direitos dos homens e cobrasse seus deveres, no qual a consciência moral e as leis do direito não estivessem nem separadas nem em contradição. Como reação a essa hegemonia da moral, o pensamento do século XX acentuou o ético, o coletivo e o visível[12]. Entendemos que, no século XXI, a

---

[9]   Ela escreveu também para outras revistas, com público mais amplo, como *Lo Stile, Vetrina* e *Negozio e Bellezza*.

[10]   Ver Silvana Rubino e Marina Grinover (orgs.), *Lina por escrito: textos escolhidos de Lina Bo Bardi* (São Paulo, Cosac Naify, 2009), p. 28.

[11]   Walter Benjamin, "A obra de arte na era de sua reprodutibilidade técnica", cit., p. 196.

[12]   Ver Roberto Romano, "Ética e Brasil 500 anos. Histórias, ideias e fatos", em José A. A. Coimbra (org.), *Fronteiras da ética* (São Paulo, Senac, 2002).

arquitetura deve expressar o *éthos* da sociedade que a produz, pois o que a distingue da mera construção é sua função ética e política[13].

Seguindo essa linha de pensamento, Lina Bo Bardi destaca-se na história da arquitetura como uma das artistas mais preocupadas com os aspectos éticos e políticos de seus projetos, independentemente do uso público ou privado das edificações concebidas por ela. Soube articular muito bem as tensões humanas e transformar espaços em verdadeiros "lugares". Lutou pela criação de condições efetivas de bem-estar social contra as injustiças, procurando estimular o conhecimento e a criatividade. Ouvindo e acatando sempre a opinião dos operários e dos futuros usuários dos espaços que idealizava, foi uma defensora da arquitetura com viés político, reduzindo ao mínimo os conflitos inevitáveis. Quando dirigiu a revista *Habitat*, publicada pelo Masp, definiu o título do periódico como "ambiente, dignidade, convivência, moralidade de vida e, portanto, espiritualidade e cultura: é por isso que escolhemos para título dessa nossa revista uma palavra intimamente ligada à arquitetura, à qual damos um valor e uma interpretação não apenas artística, mas uma função artisticamente social"[14]. No primeiro número, Lina publicou um ensaio sobre o engajado arquiteto Vilanova Artigas, que, como ela, buscava os princípios para uma "moral construtiva" brasileira que abandonasse o modelo burguês[15]. Em harmonia com procedimentos do cotidiano que constroem a cultura, ela defendeu, tal como Gramsci, os valores culturais autóctones. Esse código de valores está presente nos projetos que ela idealizou para as plateias dos bairros populares do Bixiga e da Pompeia, em São Paulo, bem como nas propostas para o Theatro Polytheama, em Jundiaí, cujo projeto foi concluído após sua morte.

A arquitetura concebida simplesmente com fundamento exclusivo no desejo do *designer* ou em normas legislativas não é uma arquitetura ética ou política, porque segue a política econômica capitalista e abandona a questão social. É necessário ouvir a opinião da comunidade que vai usufruir o espaço, esforçando-se para entender seus anseios e criar o projeto nesse sentido. Uma arquitetura ética e política deve fazer-se sempre em diálogo com a sociedade. Nos espaços teatrais idealizados

---

[13] Ver Karsten Harries, *The Ethical Function of Architecture* (Cambridge, MIT, 1998), p. 168.

[14] Lina Bo Bardi, Editorial, *Habitat: Revista das Artes no Brasil*, n. 1, out.-dez. 1950, p. 1.

[15] Idem.

ou reformulados por Lina, verifica-se que a principal preocupação da artista é o ser humano e suas necessidades físicas e lúdicas. O *homo politicus* que ela representava trouxe o indivíduo e a sociedade para o cerne de sua obra: ela buscava a autenticidade desse homem ainda não contaminado pela cultura de massa. Lina dedicou seus espaços teatrais ao homem comum, oriundo das classes trabalhadoras e campesinas. Em consonância com suas crenças marxistas, era contrária à massificação produzida pela sociedade de consumo e valorizava aquilo que emanava das raízes culturais do povo, para que a transformação da estrutura do Estado capitalista pudesse ocorrer à medida que a classe operária construísse sua própria cultura, ou seja, enfrentasse a necessidade de organizar-se e pensar-se como classe que se propõe subverter a sociedade e criar uma nova ordem social.

Os estudos antropológicos que a arquiteta realizou no Nordeste possibilitaram-lhe uma nova poética do espaço, que explorava o inconsciente e o uso concomitante de elementos do artesanato local. Por meio da imaginação e dos elementos de que dispunha – buscados na arte popular ou, às vezes, no lixo e nos detritos encontrados na rua –, ela criticou a sociedade cada vez mais impregnada do vício do consumismo[16]. Suas propostas traduzem conteúdos inconscientes, práticas do imaginário popular e da cultura autóctone brasileira. O uso de assentos de madeira local sem estofamento, as escadas helicoidais transformadas em totens e as tendas circenses remetem ao contexto sociocultural brasileiro. No programa da exposição "Bahia", de 1959, organizada por Lina, verifica-se já essa tendência quando ela afirma que o gênio poderá criar a grande obra-prima, a obra de arte excepcional, porém outras expressões estéticas devem ser valorizadas, como as que emanam do homem comum que reivindica seu direito à poesia[17].

Sabe-se que conferir significados ao objeto arquitetural não depende exclusivamente do arquiteto, pois outros profissionais estão envolvidos na execução da obra. O significado pode variar conforme os atores sociais, mas o arquiteto é aquele a quem, em geral, compete dar significado à edificação. Ainda que o significado possa variar para cada

---

[16]   Ver Evelyn F. W. Lima, "Estudo das relações simbólicas entre os espaços teatrais e os contextos urbanos e sociais com base em documentos gráficos de Lina Bo Bardi". Disponível em: <http://www.vitruvius.com.br/arquitextos/arq107/arq107_03. asp>.

[17]   Lina Bo Bardi e Martim Gonçalves, catálogo da exposição "Bahia no Ibirapuera", 1959.

fruidor da arquitetura, Lina dizia que "o arquiteto planificador tem de basear seu projeto no desenvolvimento natural das formas arquitetônicas, urbanísticas, criadas pela necessidade da vida cotidiana"[18]. Essa abordagem – em uma profissional que teve intenso contato com o racionalismo milanês[19] – parece ter sido inspirada nas investigações antropológicas empreendidas em Salvador e no Recôncavo Baiano. Naquela ocasião, entre 1958 e 1964, a artista fazia parte de um grupo de intelectuais preocupados com a cultura, com o fortalecimento da Universidade da Bahia e sobretudo com a política.

Os três projetos aqui analisados revelam a forte ligação da arquiteta com a concepção de tempo histórico. Recuperar a história era, para ela, não um ato de mero formalismo estilístico, mas uma pesquisa metodológica, que poderia prescindir algumas vezes dos conhecimentos tradicionais do restauro. Há indícios de que, apesar das ambiguidades estilísticas apontadas por diferentes pesquisadores, Lina era uma marxista de formação, que entendeu o papel do intelectual tal como formulado por Gramsci, ou seja, o de estabelecer a ponte e o equilíbrio entre a modernidade e a tradição[20]. Seu conceito de tradição envolve não apenas a recuperação da memória da edificação, mas sobretudo a "memória do lugar". Como afirma Pasqualito Magnavita, em cada projeto de Lina, "respeitando as preexistências e os valores essenciais da mensagem histórica, somam-se outros tantos conteúdos densos de expressão e cuidadosamente elaborados"[21].

Diante da problemática e das considerações apresentadas, o objetivo deste trabalho é analisar as relações político-sociais dos espaços teatrais concebidos por Lina Bo Bardi em edifícios de valor histórico.

---

[18] Lina Bo Bardi, "Crônicas 8, de história, de cultura da vida, arquitetura, pintura, escultura, música, artes visuais", *Diário de Notícias*, 26 out. 1958.

[19] Apesar de ter se formado em 1939 pela Universidade de Roma, onde imperava uma postura mais clássica, ainda dominada por Piacentini, Lina trabalhou, já como arquiteta, para Gio Ponti e Giuseppe Pagano. Ambos eram ligados ao Movimento Italiano para a Arquitetura Racional (Miar) e às posturas renovadoras da arquitetura. O Miar reuniu 47 arquitetos italianos na exposição organizada por Pietro Maria Bardi em 1931. Pagano lutou contra o fascismo e foi morto num campo de concentração alemão.

[20] Essa opinião é partilhada por Olívia de Oliveira, *Lina Bo Bardi: sutis substâncias da arquitetura* (São Paulo/Barcelona, Romano Guerra/Gustavo Gili, 2006), p. 111.

[21] Pasqualino Magnavita, "Lina Bo Bardi: Salvador, uma paixão", *Projeto*, n. 155, ago. 1992, p. 78.

O Teatro Oficina e a cidade violenta (1969)

A arquitetura é basicamente o espaço interno, o aspecto tátil e sutil dos materiais. Zevi, com quem Lina manteve intensa correspondência durante muitos anos, chegou a afirmar que a arquitetura é como "uma grande escultura escavada, em cujo interior o homem penetra e caminha"[22]. Uma das experiências de Lina nesse sentido foi a transformação do espaço interior do antigo Teatro Oficina, projetado por Flávio Império, para a montagem de *Na selva das cidades* (1969). Ela ampliou o espaço de ação, desmontando o palco giratório e, em seu lugar, montando um ringue de boxe sobre uma plataforma elevada, na qual foram apresentadas quase todas as cenas. Toda a estrutura do teatro ficou à mostra, como pregava Brecht. Vale lembrar que, com a promulgação do Ato Institucional n. 5, em dezembro de 1968, o Brasil chegava ao ápice da ditadura militar, regime que levou à luta armada, ao crescimento da violência urbana e às conturbadas passeatas estudantis. O país mergulhou num quadro social caótico. Foi nesse clima de hostilidade e falta de liberdade que Lina idealizou uma nova arquitetura cênica para o Teatro Oficina, dando corpo ao tema da violência urbana. Naquele espaço, tal como numa luta de boxe, ao fim de cada cena – ou *round* – os adereços cênicos eram completamente estilhaçados. Utilizando um elemento espacial esportivo, e não teatral, Lina realizou uma transferência de significado: alterou o "lugar", mas não a forma. A forma permaneceu a mesma, porém o "lugar", o "espaço encontrado"[23], insere-se no contexto de uma sociedade que se debate em crise. Essa visão humanista, revelada na preocupação com os usuários de suas obras, é a principal característica de Lina; para ela, as formas arquiteturais devem ser portadoras de "conteúdos que tenham importância verdadeiramente subversiva e revolucionária"[24].

Desde a tese que escreveu em 1957 para concorrer à cátedra de Teoria da Arquitetura na Faculdade de Arquitetura e Urbanismo da USP[25],

---

[22] Bruno Zevi, *Saber ver a arquitetura*, cit., p. 17.

[23] O conceito de "espaço encontrado" foi utilizado por Ariane Mnouschkine em entrevista a Gaelle Breton; citado em A. Oddey e C. White, "As potencialidades do espaço", em Evelyn F. W. Lima (org.), *Espaço e teatro* (Rio de Janeiro, 7Letras, 2008), p. 148.

[24] Lina Bo Bardi, "Sobre la lingüística arquitectónica", *2G: Revista Internacional de Arquitectura*, n. 23/24, 2001, p. 261. (Número especial sobre Lina Bo Bardi, organizado por Olívia de Oliveira.)

[25] Em virtude das perseguições políticas que sofreu por parte da ala conservadora da universidade, o concurso foi vergonhosamente anulado, para que Lina não se inte-

Lina não acreditava mais nos pressupostos da pura técnica glorificada pelo Movimento Moderno da Arquitetura, que respeitava eticamente as diferenças e afirmava que, depois do racionalismo, "a arquitetura moderna toma contato novamente com o que há de vital, primário e não cristalizado no homem, e esses fatores estão ligados a cada um dos diferentes países. O verdadeiro arquiteto moderno pode resolver, quando necessário, as realidades de qualquer país"[26].

Olívia de Oliveira, que entrevistou a arquiteta, cita sua proposta de revisão dos valores humanos decorrente das imagens de destruição que viu na Europa esfacelada do pós-guerra. Podemos compreender seu entusiasmo diante de um país novo e com uma população sofrida, porém alegre e criativa. Ao debruçar-se sobre a existência cotidiana dos homens, e com a intenção de satisfazer suas necessidades essenciais, Lina buscava uma arquitetura ética com a qual crianças, jovens, adultos e idosos pudessem interagir. No período em que viveu na Bahia, esteve mergulhada num projeto em que o ideal de Gramsci estava presente, tendo em vista a proposta de um papel unificador entre as classes populares e os intelectuais. Na arquitetura de Lina - que vivenciou o fascismo e os horrores da Segunda Guerra Mundial -, o conteúdo da arquitetura é seu conteúdo político e social.

O PROJETO ARQUITETÔNICO ATUAL DO TEATRO OFICINA: UM ESPAÇO DE RESISTÊNCIA POLÍTICA

Anos mais tarde, em 1983, investigando a área e a população do bairro do Bixiga e compartilhando das propostas do diretor Zé Celso, a arquiteta iniciou – em parceria com o arquiteto Edson Elito – um novo projeto arquitetônico do mesmo Teatro Oficina para o grupo de teatro Uzyna Uzona[27]. Lina desenvolveu uma nova arquitetura. Tal como fez posteriormente para o teatro Gregório de Mattos, o espaço cênico tinha a flexibilidade espacial necessária, oferecendo possibilidades múltiplas à encenação contemporânea. Para a arquiteta, a proposta "reflete o teatro moderno, o teatro total que vem dos anos 1920, de Artaud. Um

---

grasse ao quadro de docentes. Ver entrevista de Lina Bo Bardi a Olívia de Oliveira em *2G: Revista Internacional de Arquitectura*, cit., p. 240.

[26] Lina Bo Bardi, "Teoría y filosofía de la arquitectura" (1957), *2G: Revista Internacional de Arquitectura*, cit., p. 213. Aqui em tradução livre.

[27] Por motivos vários, e principalmente por falta de verba, a luta para a reconstrução durou dez anos, até que fosse reinaugurado. Ver *Projeto*, n. 35, out. 1990, p. 108.

teatro despido, sem palco, praticamente apenas um lugar de ação, uma coisa de comunidade, assim como uma igreja"[28]. Referindo-se ao início da construção do Teatro Oficina Uzyna Uzona, o diretor da companhia Zé Celso relembra que o objetivo era reconstruir tudo à vista, à maneira brechtiana. Até mesmo os bastidores ficavam à mostra, de modo que todos os elementos expostos fizessem parte do espetáculo[29]. Os símbolos de liberdade imbricados na arquitetura de Lina permitem que os espectadores estejam em relação direta com o mundo real, pois estão sempre em conexão com a rua, mesmo dentro de uma estrutura espacial fixa. Empregando como espaço arquitetural a forma de uma nave de igreja, ou seja, de um espaço para procissões, Lina confere ao local ícones de um espaço público e desloca o espectador do teatro para a própria rua. Com isso, as encenações assumem uma instância de *apresentação*, como diz Zé Celso, pois a representação do real parece não ser mais possível para o Oficina Uzyna Uzona.

A permanência da antiga fachada, inexpressiva e cinzenta, deve-se provavelmente à intenção de fazer com que o espectador experimente um verdadeiro "rito de passagem" ao ingressar no interior mágico. O confronto da transição de um espaço interior para um espaço exterior constitui a mais importante noção e operação de manipulação do espaço para o homem. No espaço cênico contínuo, sem divisões entre palco e plateia, destacam-se as estruturas tubulares que sustentam as galerias e que foram pintadas de "azul-arara", conforme especificado por Lina[30]. O próprio espaço interior é uma grande caixa cênica, em que atores, plateia e técnicos estão em contato direto. Apenas a espessa e pesada alvenaria de tijolo maciço abriga a noção do Teat(r)o, ou "arte que abraça o espectador", tão bem interpretada pela arquiteta[31]. A razão primeira dessa rua central é permitir a entrada do ar, a ventilação, a energia eólica, para o interior do espaço, numa abordagem antropológica. As linhas verticais predominam nas arquibancadas laterais, inspiradas nos andaimes das obras e, como tal, simbolizam o espaço do trabalhador da construção civil, mas ao mesmo tempo per-

---

[28] Lina Bo Bardi, entrevista a Haifa Sabbag, *AU: Arquitetura e Urbanismo*, n. 6, ago. 1986, p. 53.

[29] Ver Bertolt Brecht, *Estudos sobre teatro* (Rio de Janeiro, Nova Fronteira, 2005).

[30] Atualmente os andaimes estão pintados de dourado.

[31] Noção adotada pelo diretor teatral José Celso Martinez Corrêa, Zé Celso, diretor do Grupo Oficina.

mitem que os espectadores circulem e participem da ação da forma mais democrática possível. O Teatro Oficina ocupa um terreno estreito e muito comprido, situado em um dos bairros operários mais antigos da cidade de São Paulo, e transformou-se num núcleo de resistência nos anos de ditadura militar.

Uma extensa parede de vidro permite que o espectador assista ao espetáculo sempre articulado com o que está do lado de fora do edifício, isto é, a paisagem real. A exuberante vegetação, o ar, a luz e os sons que representam a natureza e o mundo natural que Lina tanto admirava na obra expressionista do arquiteto catalão Antoni Gaudí transparecem na arquitetura do teatro. O conceito investigado por José Teixeira Coelho, que, como os orientais, entende que "aquele punhado de cascalho, as duas ou três pedras em seu jardim e uma ou outra planta não são 'amostras' da natureza" ou reduções do natural com que eles tentam de alguma forma se consolar, mas sim "a própria natureza, a proporcionar-lhe todas as sensações de que têm necessidade em relação ao espaço natural"[32], parece também ser uma crença de Lina. E, por isso, ela criou uma faixa de terra coberta por pranchas de madeira laminada que conforma o "palco-passarela" e denota a "rua" e a "passagem". Na metade do caminho entre o acesso e o fundo do terreno, criou uma "cachoeira" composta de sete tubos aparentes e um espelho d'água, renovado por um mecanismo de circulação.

Deixar o olhar do espectador fluir para a paisagem através do grande pano de vidro é uma opção arquitetural que denota o significado de transparência e permite a integração com a ágora externa que Lina idealizou, mas nunca construiu. Sua ética arquitetural em relação ao meio ambiente transparece não só nos espaços criados por ela, mas também no confronto entre o respeito à natureza das culturas orientais e o progresso a qualquer custo típico dos países ocidentais. Essa ideia de Lina Bo Bardi e Edson Elito ratifica a teoria de Zevi, para quem "a experiência espacial própria da arquitetura prolonga-se na cidade, nas ruas, nas praças, nos becos e parques, nos estádios e nos jardins, onde quer que a obra do homem tenha limitado 'vazios', isto é, tenha criado espaços fechados"[33]. Nesse sentido, podemos considerar o Teatro Oficina um espaço ecológico.

---

[32] José Teixeira Coelho, *A construção do sentido na arquitetura* (São Paulo, Perspectiva, 1979), p. 57.

[33] Bruno Zevi, *Saber ver a arquitetura*, cit., p. 25.

A maquete de 2004 de João Batista Martinez Corrêa e Beatriz Pimenta reinterpreta o antigo desejo de Lina e revela o *continuum* espacial entre o teatro e a praça, visto que todos os volumes arquitetônicos, todos os invólucros murais constituem um limite, um corte na continuidade espacial. Entendemos que "todos os edifícios colaboram para a criação de dois espaços: os interiores, definidos perfeitamente pela obra arquitetônica, ou seja, o edifício teatral, e os exteriores ou urbanísticos", ou seja, o teatro estádio, à semelhança do democrático teatro grego, no qual o público será alojado de acordo com as curvas de nível do terreno. Infelizmente, essa proposta ética e democrática não foi ainda realizada, e um grupo de empresários deseja construir no terreno adjacente um shopping center gigantesco, dotado de um teatro para mais de 2 mil espectadores[34]. Isso certamente descaracterizaria o bairro. Na reunião dos associados do Uzina Uzona, realizada em 8 de agosto de 2008, o diretor do Oficina afirmou que lutaria e construiria o teatro estádio para 5 mil espectadores num terreno livre de edificações, após os resultados da disputa litigiosa com o grupo empresarial[35].

Segundo Lina, "do ponto de vista da arquitetura, o Oficina vai procurar a verdadeira significação do teatro – sua estrutura *física e tátil*, sua *não abstração* – que o diferencia profundamente do cinema e da tevê, permitindo ao mesmo tempo o uso total desses meios"[36]. Ela elaborou um projeto brechtiano e não ilusionista que revela ao público todos os recursos técnicos para a encenação. A localização dos equipamentos de iluminação cênica, som e controles eletrônicos no fundo do teatro, num dos níveis do mezanino, deve-se ao seu profundo conhecimento das teorias de Antonin Artaud. Paralelamente, foram previstas captação e distribuição de imagens de vídeo para todo o teatro, numa busca de possibilitar ações simultâneas em diferentes lugares do espaço cênico. Tanto Artaud quanto Brecht queriam que o público participasse da vida representada em cena.

A proposta arquitetônica incita o espectador a percorrer o espaço do teatro durante o espetáculo e sugere uma recepção da cena que difere

---

[34] Lina Bo Bardi, entrevista a Haifa Sabbag, cit., p. 53.

[35] Ver Ata da Assembleia Geral Ordinária da Associação Teatro Oficina Uzyna Uzona. Disponível em: <http://www.teatrooficina.uol.com.br/uzyna_uzona>. Desde 2004 está prevista a construção do teatro estádio, uma universidade popular e um grande terraço nos terrenos que eram do grupo empresarial.

[36] Lina Bo Bardi, Edson Elito e José Celso Martinez Corrêa, *Teatro Oficina* (Lisboa, Blau, 1999), p. 3.

da forma tradicional, além de propiciar pontos de vista diversos. Esse espaço concentra algumas definições de arte para Lina – uma vez que permite a liberdade de escolha do espectador para transitar durante os espetáculos. Na verdade, Lina tira as coisas de seu lugar comum, provocando releituras a partir de elementos presentes na vida. Essa arquitetura absorve questões do cotidiano e dos usos populares que facilitam decifrar os sentidos do espaço. Priorizando as necessidades emocionais do indivíduo, ela rompe as fronteiras entre a imaginação e a razão, tal como foi proposto por Hélio Oiticica e pelo próprio Zé Celso. Também estimula a participação ativa do fruidor, bem como as relações entre a mente e o corpo. Nesse sentido, o espectador não pode se esquecer da presença do acontecimento ficcional por causa de uma arquitetura que destrói a ilusão de realidade, mas enfatiza que o espetáculo integra o espectador ao mundo exterior. Guardadas as diferenças de proporção, o espaço – com um vão central, cercado de arquibancadas – remete ao sambódromo idealizado por Oscar Niemeyer, com sua forma longitudinal de passagem que traz à tona alguns dos cânones da cultura brasileira: o desfile, as procissões e as paradas, rituais que desde os tempos coloniais permeiam a vida urbana no Brasil.

Recuperando a estima do trabalhador: o teatro do Sesc Fábrica da Pompeia

Nos anos 1980, o teatro refutava os espaços dotados de ruptura radical entre sala e cena. Os paradigmas investigados no início do século por Antonin Artaud, Gordon Craig, Jacques Copeau e outros apontavam para um teatro mais participativo, que tendia a valorizar a cena aberta. Já em 1960 Jean Jacquot ressaltava que o teatro queria ser mais inclusivo do ponto de vista social[37]. Criar um teatro do povo, que possibilitaria a difusão da cultura – inclusive para classe operária –, parece ter orientado o traçado do espaço teatral no Sesc Pompeia, no qual é patente a necessidade de uma democratização da cena e a construção de teatros em escala menor.

No complexo do Sesc Pompeia, inclusive o teatro, tudo que nos galpões preexistentes denotava a ideia de fábrica foi mantido, como as paredes de tijolo à vista, a estrutura de concreto, a pavimentação de paralelepípedos e a cobertura de telhas cerâmicas. No esboço inicial para o

---

[37] Jean Jacquot, "Apresentação", em Denis Bablet e Jean Jacquot (orgs.), *Le lieu théâtral dans la société moderne* (Paris, CNSR, 1961), p. 10.

Histtestória, teatro e política

teatro, as anotações registram arquibancadas de concreto, com assentos de madeira e sem almofadas para aproximadamente mil pessoas, paredes de concreto aparente, aberturas entre os pilares da estrutura para camarotes, cabines projetadas e chapas de ferro pintadas de preto no teto para a correção acústica. Uma das ruas centrais que dá acesso aos outros pavilhões foi coberta com tesouras de madeira e telhas de vidro, e o espaço transformou-se no *foyer* do teatro. Sobre essa rua interna, Lina projetou camarins, salas de luz e som.

A proposta que originou o espaço teatral do Sesc revela uma concepção do teatro como lugar de entretenimento, mas que não oblitera o fato de que o edifício foi um dia um local de trabalho. Tal como Norberg-Schulz, Lina preocupa-se com a concretização do espaço existencial, mediante a formação de "lugares vivenciados". O aspecto tectônico da arquitetura contribui para esse fenômeno, principalmente no que diz respeito ao detalhe concreto que "explica o ambiente e exprime seu caráter"[38]. A não descaracterização da arquitetura da antiga fábrica de tambores, da qual um dos pavilhões foi adaptado para servir de teatro, denota a ideologia política da arquiteta: recuperar a estima do trabalhador. A arte deve "tender a elaborar o que já existe, não importa se de um modo polêmico ou outro qualquer"[39]. Essa afirmação de Gramsci parece ter assegurado o caráter histórico, político e até mesmo popular daquele teatro. Adequadas ao bairro operário, as arquibancadas não discriminam as classes sociais e, como todo o Sesc Pompeia, destinam-se aos trabalhadores e a suas famílias, mas é aberto ao público em geral.

Ao projetar o teatro, Lina criticou diretamente a sociedade de consumo (por exemplo, não estofando as cadeiras de madeira situadas na arquibancada de concreto). Embora tenha mantido inúmeras características do projeto inicial, realizado em 1938, ela aceitou muitas das modificações propostas e acrescentou outras. Uma chaminé e um edifício de concreto foram anexados aos pavilhões da antiga fábrica e articulam-se com o antigo bairro fabril, no qual Lina criou um universo inusitado de lazer e cultura. Muitos dos aspectos formais e ma-

---

[38] Christian Norberg-Schulz, "O fenômeno do lugar", em Kate Nesbitt (org.), *Uma nova agenda para a arquitetura: antologia teórica (1965-1995)* (São Paulo, Cosac Naify, 2006), p. 444-61.

[39] Antonio Gramsci, *Literatura e vida nacional* (2. ed., Rio de Janeiro, Civilização Brasileira, 1978), p. 14-5.

teriais especificados foram mantidos, e as intervenções, como ditam as normas do restauro crítico, apresentam aspecto contemporâneo, fazem uso de materiais e formas do presente, mas não tentam imitar o passado. A arquiteta obedeceu ao conceito central da filosofia de Benjamin, no sentido de que devemos construir uma *Erfahrung* (experiência) com o passado para criar uma memória e um discurso comuns, mas não uma imagem eterna do passado ou uma ideia de progresso infinito. Em sua tese XIII, Benjamin diz que a ideia de um progresso da humanidade na história "é inseparável da ideia de sua marcha no interior de um tempo vazio e homogêneo. A crítica da ideia do progresso tem como pressuposto a crítica da ideia dessa marcha"[40]. Na tese XIV, diz ainda que a história é objeto de uma construção cujo lugar não é o tempo homogêneo e vazio, mas um tempo saturado de "agoras". Na restauração da antiga fábrica de tambores, percebe-se que a arquiteta idealizou esse tempo saturado de "agoras" e procurou resgatar a memória da própria condição de trabalho, no qual o devaneio poético estabelece imagens reconhecíveis. E nesse espaço de lazer não poderia faltar um espaço teatral. Lina assumiu a crítica ao próprio papel das profissões que constroem o espaço e a estética. Utilizando os conceitos da *arte povera*, inspirados na vida do homem simples, criticou o papel das profissões que lidam com o espaço nas artes, questionando seu condicionamento equivocado a um ideal de "belo", que os teóricos da Bauhaus, liderados por Walter Gropius, identificavam exclusivamente na dicotomia entre forma e função. Lina desmitifica esse modelo e ousa construir de maneira inovadora um verdadeiro teatro-sanduíche, ou seja, as arquibancadas situam-se em lados opostos da plataforma retangular do palco.

Da pesquisa empreendida sobre o espaço do Sesc Pompeia emerge a capacidade de criação de Lina, cujos estímulos para reinventar o cotidiano se apresentam aos homens com significativa liberdade. Muitas eram suas preocupações para valorizar os atos do dia a dia dos comerciários. Lina sabia que o espaço interior "não pode ser representado perfeitamente de nenhuma forma, não pode ser conhecido e vivido a não ser por uma experiência direta", e que "o próprio espaço é o protagonista do fato arquitetônico"[41] Por meio do projeto realizado – e que ainda hoje se encontra pleno de vitalidade –, os trabalhadores mos-

---

[40] Walter Benjamin, "Sobre o conceito de história", cit., p. 229.

[41] Bruno Zevi, *Saber ver a arquitetura*, cit., p. 18.

126 História, teatro e política

tram que a arquiteta queria que o espaço fosse a chave que permitisse a compreensão do Sesc Pompeia. Da mesma maneira, no que diz respeito à interpretação fisiopsicológica, Zevi aponta para a teoria da *Einfühlung*, segundo a qual "a emoção artística consista na identificação do espectador com as formas, e por isso no fato de a arquitetura transcrever os estados de espírito nas formas da construção, humanizando-as e animando-as"[42].

Quem entra no espaço de lazer do Sesc Pompeia e em seu teatro sente de imediato que aqueles espaços interiores exalam animação e desejo de compartilhar as atividades lúdicas do tempo presente, propostas pela arquiteta. A prevalência das linhas horizontais do bloco fabril denota o imanente, o racional, o espaço cúbico, mas Lina interrompe essa racionalidade projetando as arquibancadas em lados opostos do palco. O uso da cor vermelha – uma constante em suas obras – contrasta com o concreto aparente e os tijolos à vista da estrutura, o que remete novamente às afirmações de Benjamin sobre o aspecto tátil que a arquitetura deve ter:

> Os edifícios comportam uma nova forma de recepção: pelo uso e pela percepção. Em outras palavras: por meios táteis e ópticos. Não podemos compreender a especificidade dessa recepção se a imaginarmos segundo o modelo do recolhimento, atitude habitual do viajante diante dos edifícios célebres. Pois não existe nada na recepção tática que corresponda ao que a contemplação representa na recepção óptica. A recepção tátil se efetua menos pela atenção do que pelo hábito.[43]

Para Lina, a arquitetura é uma das formas de comunicação com o público; por sua formação europeia, ela seguia certamente o que afirma Giulio Carlo Argan: "tudo aquilo que entra no amplo campo da comunicação visual é objeto de análise, de prospecção"[44]. Portanto, não apenas os espetáculos no palco, mas também a arquitetura deveria despertar a capacidade dos espectadores vivenciarem o espaço teatral[45]. A arquiteta eliminou tudo aquilo que pudesse contribuir para

---

[42] Ibidem, p. 161.

[43] Walter Benjamin, "A obra de arte na era de sua reprodutibilidade técnica", cit., p. 193.

[44] Giulio Carlo Argan, *L'arte moderna. 1770-1990* (Florença, Sansoni, 1984), p. 605. [Ed. bras.: *Arte moderna*, São Paulo, Companhia das Letras, 1992.]

[45] Lina procurava a estranheza e o desconforto para que esses sentimentos envolvessem os usuários, convidando-os a questionar seu papel no mundo. Segundo ela, como as classes trabalhadoras não dominam o "culto ao belo" na mesma proporção que a elite, ela utilizou no bloco esportivo do Sesc o brutalismo arquitetural muito

Arquitetura, teatro e política 127

um teatro ilusionista. Retirou o pano de boca, de modo que antes do início da sessão o espectador podia ver o palco nu, iluminado pela mesma luz da sala. O objetivo era transformar o local mágico do palco num local real. Exibia-se como uma pista, uma área de representação, um ambiente funcional de um trabalho do qual nasceria o espetáculo. Como pregava Brecht, as mutações do espaço cênico faziam-se muitas vezes à vista do público.

É eterna a discussão que cerca os estudos do espaço teatral desde a Antiguidade, nos quais a dialética balança entre o palco envolvido pelos espectadores, mais original e dionisíaco (e que talvez ofereça mais possibilidades para as experimentações cênicas), e o palco italiano, mais clássico e cartesiano (além de mais característico da tipologia monumental). Para Étienne Souriau, o teatro oscila entre estes dois polos contrários – a esfera e o cubo –, mas um extremo nunca triunfa completamente sobre o outro. Historicamente, sempre que um princípio está prestes a levar longe demais seu triunfo, o princípio adverso surge como um bem desejável, pois é dessa "competição" que vive o teatro[46].

No Sesc Pompeia há uma transformação que poetiza, comunica e modifica o cotidiano, tornando possível reconhecer o exercício totalizador da sobreposição do "fazer" arquitetônico que alia estética e comprometimento social. Lina busca um espaço lúdico, transportando o espectador a um irreal reconhecível. É possível perceber o sentido poético do espaço criado pelo contato entre o ambiente e seu usuário, provocando seus diversos sentidos, numa inteiração perfeita, em que espectadores e atores partilham a cena. Consideramos, portanto, que a arquiteta fez uso do palco "esférico", apesar de ter idealizado um palco de base retangular, sobretudo porque dispôs as arquibancadas da plateia de maneira a não criar ilusionismo, pois elas desnudam o palco em todas as suas dimensões[47]. Lina utiliza a arquitetura como uma

---

mais por sua capacidade de comunicação do que por sua estética. Fez coexistir o recurso à abstração e aos elementos figurativos e o jogo de movimento e descompasso temporal presente em todo o espaço. Trabalho e lazer se sobrepõem numa mesma concepção, remetendo não apenas a uma cena, mas a diversas delas, muitas vezes já expressas em croquis preliminares.

[46] Etienne Souriau, "O cubo e a esfera", em *O teatro e sua estética* (trad. Redondo Junior, Lisboa, Arcádia, 1964), p. 31-48.

[47] Lina defendia que o teatro é a vida, e que uma cena "aberta" e despojada pode oferecer ao espectador a possibilidade de "inventar" e participar do "ato existencial" que o espetáculo teatral representa.

linguagem e assim transmite ao público a mensagem clara de que não tenciona projetar um teatro convencional. Sua concepção de "arquitetura pobre" apresenta-se vinculada à proposta estética de honestidade estrutural: ela deixa sem revestimento as paredes de concreto. Além disso, identifica-se com a noção de "teatro pobre" que caracteriza a estética de Brecht, que empregou com maestria nos espetáculos em que atuou como cenógrafa.

UMA CASA DO POVO: DEVOLVENDO O THEATRO POLYTHEAMA À COMUNIDADE DE JUNDIAÍ

No processo de restauro previsto para o teatro eclético de Jundiaí, é necessário compreender o conceito de Lina sobre a história. Ela entendia a história como "coisa viva e atual, revivida em seus problemas fundamentais dotados de transmissibilidade e fecundos de ensinamentos"[48]. Compreendia que a história aprendida nos manuais escolares era monótona e de segunda mão, mas não deveria ser "a mera *história* abstrata e sim a vida concreta e fecunda"[49]. Convidada em 1985 pela Comissão Municipal de Estudos Políticos para restaurar o Theatro Polytheama de Jundiaí, Lina realizou esse processo *poético-crítico*, aliando teatro e arquitetura, passado como presente histórico e a técnica moderna do "restauro crítico", sem abrir mão do respeito pela essência histórica do antigo edifício. Atuando livremente, às vezes em desacordo com os rígidos parâmetros dos órgãos de patrimônio, demonstra sua posição pouco convencional em relação ao restauro tradicional.

Inspirada nas construções dos países comunistas e na proposta de Victor Horta para a Maison du Peuple de Bruxelas, Lina queria transformar aquele teatro vetusto num ponto de encontro e discussão para a cidade; num espaço de arte, mas também de política. Não que houvesse qualquer aproximação plástica entre os dois espaços, mas o cineteatro de Jundiaí tinha usos múltiplos, abrigava reuniões, comícios políticos, circos e outras atividades de convivência humana. "Os atos virtuosos eram praticados nas assembleias e nas praças públicas [...]."[50] O espaço

---

[48] Lina Bo Bardi, *Contribuição propedêutica ao ensino da teoria da arquitetura* (tese apresentada no concurso para a cadeira de Teoria da Arquitetura, Faculdade de Arquitetura e Urbanismo, USP, São Paulo, 1957), p. 6.

[49] Idem.

[50] Roberto Romano, "Ética e valores". Disponível em: <http://www.sescsp.org.br/sesc/conferencias/subindex.cfm?Referencia=2858&ID=22&ParamEnd=6&autor=171>.

Arquitetura, teatro e política 129

do Theatro Polytheama deveria ser uma espécie de praça, onde a população discutiria cultura, mas também o destino das políticas públicas. Desde sua estada na Bahia, a arquiteta afirmava que a "arte parece reivindicar hoje seus valores humanos, abandonando os esquemas e procurando, para além da própria arte, a plenitude de sua expressão"[51].

O processo de criação de Lina Bo Bardi, segundo suas próprias palavras, implicava a noção de não fazer por fazer, como prega o consumismo; ao contrário, "é preciso fazer uma obra que 'sirva', que tenha uma conotação de uso, de aproveitamento, que exprima uma necessidade"[52]. Optando por um comportamento humanista e ético, Lina selecionava materiais e práticas profissionais que visavam a adequação de sua atividade às dificuldades econômicas nacionais, bem como a possibilidade de, por meio do projeto, amenizar as deficiências socioculturais, num processo de aproximação entre a população local e sua cultura[53]. Essa prática, fundamentada numa concepção crítica da atividade profissional, considerava não só as adversidades sociais e econômicas, mas também a história, que, como dizia Lina, assume uma conotação "poética". Nos projetos de restauração, esse conteúdo poético se verifica na seleção e preservação de certos elementos arquitetônicos, que se integram nos elementos históricos, na contemporaneidade e no espectador. Foi justamente essa abordagem "poética", sob uma perspectiva crítica, que determinou a especificidade de seu fazer na arquitetura destinada aos espaços teatrais.

As transformações previstas nas plantas e nos cortes confirmam que a metodologia adotada por Lina para a conservação de edificações não segue os preceitos de Cesare Brandi ou das cartas patrimoniais mais recentes. Como muitas vezes explicou, Lina aplicava às transformações de uso das edificações históricas o método do restauro

---

[51] Lina Bo Bardi e Martim Gonçalves, "Exposição Bahia no Ibirapuera", *Habitat: Revista das Artes no Brasil*, n. 56, set./out. 1959.

[52] Idem, "Uma aula de arquitetura", *Projeto*, n. 149, jan./fev. 1992, p. 61. Transcrição de uma conferência gravada por Cecília Rodrigues dos Santos e cedida por Lina Bo Bardi, por ocasião da inauguração da exposição de sua obra no salão Caramelo da Faculdade de Arquitetura e Urbanismo (FAU-USP), em abril de 1989.

[53] Lina afirma que "deveria ter sido favorecido o desenvolvimento de um artesanato brasileiro, antes que o país entrasse na via da industrialização dependente: as opções culturais no campo do desenho industrial teriam sido outras, mais próximas das necessidades reais do país", entrevista a Olívia de Oliveira, cit., p. 225. Aqui em tradução livre.

crítico[54]. Na tese de cátedra submetida à Faculdade de Arquitetura e Urbanismo da Universidade de São Paulo em 1957, percebe-se que Lina tinha admiração por Gustavo Giovannoni, professor na Faculdade de Arquitetura da Universidade de Roma, com o qual partilhava o conceito de que a arquitetura do Movimento Moderno buscava apagar o passado numa visão equivocada de progresso. Tal como ele, defendia o respeito à história na profissão do arquiteto[55]. Giovannoni é o autor do conceito de restauro científico, que considera o monumento um documento que se deve salvaguardar em determinado contexto urbano, em oposição ao método de Viollet-le-Duc, que estabelecia a reprodução fiel dos elementos arquiteturais danificados pelo tempo. Tanto os desenhos quanto os textos de Lina mostram que ela segue os princípios do restauro crítico[56], mas, a partir dos anos 1970, passa a adotar o conceito de "presente histórico" em suas obras de restauro, pois, para ela, o "passado" deve ser reanimado pelo presente[57]. Esse conceito de valorização do passado do indivíduo, da memória coletiva, norteou seu projeto para o Theatro Polytheama.

As propostas para a reestruturação e modernização interna do prédio eram ambiciosas, como atestam as plantas heliográficas aquareladas. A arquitetura de Lina une a representação à função, já que idealiza um elemento contemporâneo de forte simbolismo para resolver uma questão prática. Contudo, consciente ou inconscientemente, é nos estudos para a boca de cena que Lina adota uma antiga proposta corbusiana apresentada nos anais do Congresso Internacional de Arquitetura e Dramaturgia, realizado em 1948, em Paris, e publicado em 1950, quando Lina já estava no Brasil, mas recebia constantemente publicações europeias. Naquela ocasião, teóricos do teatro, cenógrafos e arquitetos discutiram qual seria a proposta mais adequada para o palco cênico no pós-guerra europeu. Um dos congressistas, o arquiteto suíço

---

[54] Sobre os métodos adotados por Lina em suas obras de restauro, ver Ana Carolina de Souza Bierrenbach, *Os restauros de Lina Bo Bardi e as interpretações da história* (dissertação de mestrado em Arquitetura, Faculdade de Arquitetura e Urbanismo, Universidade Federal da Bahia, 2001).

[55] Lina Bo Bardi, *Contribuição propedêutica ao ensino da teoria da arquitetura*, cit., p. 83.

[56] No restauro crítico, o arquiteto restaurador deve avaliar a edificação para recuperar seu valor artístico, mas pode utilizar novos elementos a partir de sua livre escolha criadora.

[57] Lina Bo Bardi, "Uma aula de arquitetura", cit., p. 61.

Le Corbusier, afirma que os espaços teatrais são um desafio para os arquitetos, mas estes são os mais indicados para criá-los, porque conhecem melhor os volumes.

> Penso que essa tarefa seja possível. A "caixa de milagres" é um cubo: por cima, há tudo o que é necessário, a iluminação e todos os aparelhos necessários para fazer milagres, elevação, manutenção, sonorização etc. O interior é vazio, e vocês sugerirão, por obra da imaginação, tudo o que desejarem, como faziam os atores da *commedia dell'arte*. Pode-se fazer ainda aquilo que foi sugerido a propósito do fundo do palco: a caixa cênica que pode se abrir para fora [...]. Vocês poderão abrir o fundo do palco e ter um anfiteatro ao ar livre para os dias de tempo bom.[58]

A ousada empreitada que se vê nas plantas e nos cortes de 1989 não se concretizou na reforma do Theatro Polytheama. Entretanto, foi utilizada recentemente em teatros projetados por Oscar Niemeyer[59].

Lina faleceu antes de realizar o projeto de restauro do teatro, porém os arquitetos Ferraz, Fanucci e Suzuki, do escritório Brasil Arquitetura, deram continuidade à reforma, seguindo o princípio norteador traçado anteriormente por Lina: resgatar a alma popular e polivalente da edificação, num encontro do teatro moderno com sua história. O valor simbólico da arquitetura desse teatro, que se encontrava abandonado, consistiu em transformá-lo num prédio emblemático da cultura jundiaiense.

***

Apesar da brusca interrupção do desenvolvimento de projetos socioculturais após o golpe de 1964, a coerência dos pensamentos, os questionamentos já feitos, os limites já ultrapassados não tinham como ser esquecidos ou aniquilados. As iniciativas artísticas passaram a exprimir-se de forma metafórica a fim de burlar a censura da ditadura. O meio de expressão mais eficaz para esses questionamentos, seja por suas possibilidades lúdicas e fantasiosas, seja por sua possibilidade de relação direta com a massa popular, foi o teatro. Lócus eficaz para aqueles que não desejavam compactuar ou se omitir perante as desigualdades de um sistema ditatorial, o teatro uniu artistas da arquitetura e das artes plásticas aos das artes cênicas. A linguagem teatral, por-

---

58 Louis Jouvet e Le Corbusier, *Architecture et dramaturgie* (Paris, Flammarion, 1950). Aqui em tradução livre.

59 No Teatro Raul Cortez e no Teatro Público de Niterói, que estamos investigando.

tanto, foi a forma possível de contestação, de sublevação contra um regime ditatorial para aqueles que não desejavam viver num sistema não democrático. A forma poética do teatro comportava os sonhos, as indagações e as pesquisas de forma tão caras aos mais variados gêneros artísticos. Naquele momento da história, a situação nacional era de franco desejo de reconhecimento de uma arte genuína, tanto na arquitetura quanto no teatro. Os arquitetos mais ligados ao contexto social desejavam absorver a arte popular e devolvê-la ao povo, tornando-o consciente de seus valores e riquezas por meio de seus próprios instrumentos de cultura e comunicação. Para isso, o teatro teve de ser reavaliado, redesenhado, retorcido e, portanto, transformado, para que fossem extraídas dele as melhores formas de comunicação e empatia.

Com todos aqueles que participavam desse desejo de transformação – o que implicava buscar uma identidade nacional –, Lina somou-se à história do teatro, nos escombros de uma sociedade em crise. Sua arquitetura partia do preexistente e buscava contextualizar a obra nos desejos do ser humano, segundo uma visão antropológica que visava amenizar as deficiências socioculturais do país. Sua concepção do projeto era sempre crítica, mas imbuída de uma poética oriunda da história da cultura local[60]. Ela conjugava materiais brutos (como o concreto armado) com objetos de *design*, utilizava "buracos" à guisa de janelas e os vedava com a treliça típica dos muxarabis, consultava operários e mestres de obras e incluía suas capacidades artesanais no processo criativo. Como afirma Argan, arte e artesanato encontram um fundamento comum na matéria natural, que procura atingir a perfeição ideal por meio da obra humana: o trabalho humano – tempo de existência e de experiência – aumenta o valor inicial da matéria, porque este também é determinado pela obra humana. "A matéria supera assim sua própria inércia, seu próprio limite físico original. Entra em relação com o mundo, tornando-se portadora da experiência histórica."[61] Utilizando madeira nativa para as poltronas dos espaços teatrais, especificando treliças metálicas para a sustentação de telhados tradicionais, Lina dialoga simultaneamente com sistemas industrializados e

---

[60] Eduardo Pierrotti Rossetti, "Tensão moderno/popular em Lina Bo Bardi". Disponível em: <http://www.vitruvius.com.br/arquitextos000_asp.165>.

[61] "La matière dépasse ainsi sa propre inertie, sa propre limite physique originelle. Elle entre en rapport avec le monde, devient porteuse d'expérience historique", Giulio Carlo Argan, *Projet et destin: art, architecture, urbanisme* (Paris, Les Éditions de la Passion, 1993), p. 18.

sentidos da tradição, utiliza materiais locais e soluções de alta tecnologia. Valorizando sempre a classe operária, Lina parece concordar com os conceitos de Chartier, quando ele afirma que:

> produzido como uma categoria erudita destinada a circunscrever e descrever produções e condutas situadas fora da cultura erudita, o conceito de cultura popular tem traduzido nas suas múltiplas e contraditórias acepções as relações mantidas pelos intelectuais ocidentais (e, entre eles, os *scholars*) com uma alteridade cultural ainda mais difícil de ser pensada que a dos mundos "exóticos".[62]

Quando idealizava espaços para representações teatrais, Lina reinterpretava os materiais e as possibilidades construtivas disponíveis *in loco*, utilizando elementos da cultura popular. Sua postura política foi a de espelhar um país novo, com limitações e contradições, projetando uma arquitetura de viés político. Ela concebeu espaços despojados que oferecem ao espectador de todas as classes a possibilidade de participar de um espetáculo de teatro, que refuta as formas tradicionais.

Quando esboça seus projetos, tem consciência de que está repaginando a cidade com novas inserções e usos simbólicos, estabelecendo novas conexões e dinâmicas no tecido urbano. Esse fato ocorre nos espaços teatrais de Lina, que marcam o "espírito do lugar" e tornam-se referências nos bairros e até nas cidades em que se situam, como acontece com o Teatro Oficina, no Bixiga, o Sesc Pompeia e o Theatro Polytheama, em Jundiaí. É esse significado emblemático dos espaços teatrais que sentimos quando entramos numa obra projetada por Lina Bo Bardi, cuja posição política e ideológica é sempre explicitada.

---

[62] Roger Chartier, "Cultura popular: revisitando um conceito historiográfico", *Estudos Históricos*, v. 8, n. 16, 1995, p. 179.

Kátia Rodrigues Paranhos

7. Pelas bordas: história e teatro na obra de João das Neves[1]

> O teatro político, o teatro engajado, ou lá o que seja,
> não acabou com o teatro, não. Ele dignificou o teatro
> no Brasil e não tem nada de caretão, de chato. Pelo
> contrário, nosso trabalho era frequentemente bem-
> -humorado. Em 64 éramos chamados de "esquerda
> festiva", tão alegres nós éramos – aliás, somos. Feliz-
> mente. Quer dizer, não tem esse negócio, não. Fazer
> coisas engraçadas, a gente faz – e muito. [...] com uma
> única diferença: o fato era sempre político.[2]

"Nunca fomos tão engajados"

Teatro político e teatro engajado são duas denominações que ganharam corpo por intermédio de um vivo debate que atravessou o fim do século XIX e se consolidou no século XX. Seu ponto de convergência estava na tessitura das relações entre teatro e política, ou mesmo entre teatro e propaganda. Não é demais relembrar que dramaturgos e diferentes grupos teatrais, desde o fim do século XIX, (re)colocam em cena movimentos a contrapelo ou, se preferirmos, exercícios de experimentação, marcas de outro tipo de teatralidade, de uma outra estética e – por que não dizer? – de uma outra forma de intervenção no campo social.

---

[1] A pesquisa para a elaboração deste capítulo contou com o apoio financeiro do Conselho Nacional de Desenvolvimento Científico e Tecnológico (CNPq) e da Fundação de Amparo à Pesquisa do Estado de Minas Gerais (Fapemig).

[2] João das Neves, *João das Neves: ciclo de palestras sobre o teatro brasileiro* (Rio de Janeiro, Inacen, 1987), p. 50.

Na Alemanha e na França, só para exemplificar, propostas como a do Freie Bühne (Cena Livre), de 1889, ou do Théâtre du Peuple (Teatro do Povo), de 1885, pretendiam ir além do mero barateamento do custo do ingresso. Homens de teatro como Romain Rolland destacaram em seus escritos diversos níveis de discussão, que iam do espaço cênico ao texto, procurando configurar objetivamente um projeto de teatro popular. Ao mesmo tempo, houve inúmeras iniciativas vinculadas às associações e aos clubes operários em distintos países da Europa. A nova dramaturgia apontava, como principal característica, a celebração do trabalhador como tema e intérprete, aliada à perspectiva do resgate, para o teatro, dos temas sociais[3].

Voltando a atenção para o teatro norte-americano da primeira metade do século XX, podem-se recontar várias histórias. Basta retomar o movimento teatral dos trabalhadores norte-americanos, atirados ao esquecimento pela tradição que concebeu a história e a estética oficiais do teatro. Grupos teatrais como Artef (1925), Workers Drama League (1926), Workers Laboratory Theatre (1930) e Group Theatre (1931) mostravam não apenas suas ligações com os anarquistas, socialistas e comunistas – incluindo aí alguma aproximação entre intelectuais, artistas e militantes de esquerda –, como também registravam as influências das propostas do teatro político de Piscator[4].

Para o crítico inglês Eric Bentley, o teatro político refere-se tanto ao texto teatral como a quando, onde e como ele é representado. Aliás, ao saudar a presença do teatro engajado na década de 1960 nos Estados Unidos, Eric Bentley lembra que o fenômeno teatral por si só é subversivo:

> onde quer que "duas ou três pessoas se reúnam", um golpe é desfechado contra as abstratas não reuniões do público da TV, bem como contra as reuniões digestivas de comerciantes exaustos na Broadway. [...] A subversão, a rebelião, a revolução no teatro não são mera questão de programa, e não podem ser definidas em termos de um gênero particular de peça.[5]

---

[3] Ver Émile Copfermann, *O teatro popular por quê?* (trad. Maria Helena Curado e Melo, Porto, Portucalense, 1971), e Silvana Garcia, *Teatro da militância* (São Paulo, Perspectiva, 2004).

[4] Ver, entre outros, Iná Camargo Costa, *Panorama do Rio Vermelho* (São Paulo, Nankin, 2001), e Rafael Samuel, Ewan Maccoll e Stuart Cosgrove, *Theatres of the Left 1880-1935* (Londres, Routledge & Kegan Paul, 1985).

[5] Eric Bentley, *O teatro engajado* (trad. Yan Michalski, Rio de Janeiro, Zahar, 1969), p. 160 e 178. Para Raymond Williams, o teatro político inclui Piscator e Brecht, sem

Em artigo de 1968, Dias Gomes declara:

Toda arte é, portanto, política. A diferença é que, no teatro, esse ato é praticado diante do público. [...] o teatro é a única arte [...] que usa a criatura humana como meio de expressão. [...] Esse caráter de ato político-social da representação teatral, ato que se realiza *naquele* momento e *com* a participação do público, não pode ser esquecido, se quisermos entender por que coube ao teatro um papel destacado na luta contra o *status quo* implantado em abril de 64.[6]

Convém registrar que, no entendimento de Gomes, desde Anchieta – "nosso primeiro dramaturgo [e] também nosso primeiro autor político"[7] –, teatro e política estão umbilicalmente ligados à questão da função social da arte. A defesa do engajamento, portanto, parte do princípio de que os autores que falam sobre a realidade brasileira (sob diferentes ópticas) são engajados. Isso significa que o teatro é uma forma de conhecimento da sociedade. Assim, mesmo quem se proclama não engajado ou apolítico assume, na verdade, uma posição também política.

Por sinal, ao se referir aos diferentes gêneros literários, Benoît Denis salienta que o teatro é um "lugar" importante do engajamento, é exatamente aquele que propicia as formas mais diretas de interação entre escritor e público: "através da representação teatral, as relações entre o autor e o público se estabelecem como num tempo real, num tipo de imediatidade de troca, um pouco ao modo pelo qual um orador galvaniza a sua audiência ou a engaja na causa que defende"[8].

Engajamento "político" ou "legítimo", como lembra Eric Hobsbawm[9] noutro contexto, "pode servir para contrabalançar a tendência

---

falar que o teatro da crueldade de Artaud poderia, no limite, ser classificado sob essa mesma designação. Sobre o conceito de teatro político, ver Raymond Williams, "El teatro como foro político", em *La política del modernismo* (trad. Horacio Pons, Buenos Aires, Manantial, 2002), p. 109-24.

[6] Dias Gomes, "O engajamento: uma prática de liberdade", *Revista Civilização Brasileira*, n. 2, 1968, p. 10.

[7] Ibidem, p. 13.

[8] Benoît Denis, *Literatura e engajamento* (trad. Luiz Dagobert de Aguirra Roncari, Bauru, Edusc, 2002), p. 83.

[9] Eric Hobsbawm, "Engajamento", em *Sobre história* (trad. Cid Knipel Moreira, São Paulo, Companhia das Letras, 1998), p. 146. Sobre "teatro engajado" e "teatro de inspiração", ver José Celso Martinez Corrêa, *Primeiro ato* (São Paulo, Editora 34, 1998), p. 147-56.

138 História, teatro e política

crescente de olhar para dentro", no caso, "o autoisolamento da academia", apontando, por assim dizer, para além dos circuitos tradicionais[10]. A chamada "tomada de posição", seja qual for, é exatamente a que procura exprimir a noção de "engajamento", ou seja, do autor como figura que intervém criticamente na esfera pública, trazendo consigo não só a transgressão da ordem e a crítica do existente, mas também a crítica de sua própria inserção no modo de produção capitalista, e, portanto, a crítica da forma e do conteúdo de sua própria atividade. Por isso, dramaturgos como João das Neves, que falam sobre a realidade brasileira, podem ser considerados engajados.

Arte e política misturam-se e contaminam-se, negociando continuamente a resistência e a gestão daquilo que é em relação ao que pode vir a ser, pondo em tensão o que está "dentro" e o que está "fora" do sistema instituído. João das Neves, por meio das peças teatrais, funde diferentes expressões, imagens, metáforas, alegorias e outros elementos que, em conjunto, compõem um cenário significativo de articulações de um modo de pensar e agir, uma visão do mundo. Esse resultado reitera a noção de que as formas e as produções culturais se criam e se recriam na trama das relações sociais, da produção e da reprodução de toda a sociedade e de suas partes constitutivas. Afinal, "as histórias nunca ocorrem no vácuo, é claro. Nós nos engajamos no tempo e no espaço, dentro de uma sociedade em específico e de uma cultura maior. Os contextos de criação e recepção são tanto materiais, públicos e econômicos quanto culturais, pessoais e estéticos"[11].

Vale recordar que o teatro produzido especialmente a partir da década de 1960 associava-se assim com os movimentos sociais, o que evidenciava o aparecimento de novos públicos, novas temáticas, novas linguagens e a dinamização de canais não convencionais de comunicação que transgrediam as normas do sistema, apesar de, como afirmou certa vez Eric Hobsbawm numa passagem bastante elucidativa,

---

[10] Ver Eric Hobsbawm, "Engajamento", cit., p. 154. Sobre as divergências entre Sartre e Merleau-Ponty após a Segunda Guerra Mundial, a respeito da função política do intelectual na sociedade, ver Marilena Chaui, "Intelectual engajado: uma figura em extinção?", em Adauto Novaes (org.), *O silêncio dos intelectuais* (São Paulo, Companhia das Letras, 2006), p. 19-43.

[11] Linda Hutcheon, *Uma teoria da adaptação* (trad. André Cechinel, Florianópolis, UFSC, 2011), p. 54. Sobre o tema do engajamento, ver Roberto Schwarz, "Nunca fomos tão engajados", em *Sequências brasileiras* (São Paulo, Companhia das Letras, 1999), p. 172-7.

nossas gerações terem sofrido do capitalismo uma lavagem cerebral para acreditar que a vida é o que o dinheiro pode comprar [...]. Há mesmo mais do que o desespero quanto a uma sociedade incapaz de dar a seus membros o que eles precisam, uma sociedade que força cada indivíduo ou cada grupo a cuidar de si próprio e não se importar com o resto. Já foi dito: "Dentro de cada trabalhador existe um ser humano tentando se libertar".[12]

Essa tomada de posição é exatamente o que me interessa destacar na trajetória de João das Neves. Basta lembrar um de seus mais importantes trabalhos, *O último carro*[13], metáfora do Brasil como um trem desgovernado, montado pelo Grupo Opinião em 1976. Nesse texto, a ação se dá quase inteiramente nos vagões de um trem, em que, numa simples viagem pelos subúrbios cariocas, mendigos, operários e personagens comuns do cotidiano revelam, entre uma parada e outra, seus dramas particulares. Por sinal, vale mencionar que, por conta desse trabalho, ele foi premiado com o Molière de melhor direção e recebeu o prêmio Brasília de melhor autor em 1976 e o prêmio Mambembe de melhor diretor em 1977.

> [*O último carro ou As catorze estações*] é um texto em que o povo brasileiro é agente e paciente, autor e intérprete de si mesmo. Seu universo é o universo dos subúrbios cariocas, onde vive mais de 65% da população útil do Rio de Janeiro. É o universo dos que precisam utilizar diariamente os trens suburbanos. Neles perdem 1/3 dos seus dias, 1/3 das suas vidas. É o universo dos "emparedados" pelos vagões da Central ou Leopoldina ou qualquer via férrea por este Brasil afora. É um universo trágico, regido pelos deuses cegos de um Olimpo sem grandeza, num mundo que não produz mais herói porque o heroísmo está encravado na luta cotidiana pela sobrevivência de toda a população de uma cidade, de um país, de um mundo.[14]

O autor, tradutor, ator, diretor e iluminador João das Neves, nascido no Rio de Janeiro em 1935, participou de importantes grupos de teatro, como o do Centro Popular de Cultura (CPC) da União Nacional dos Estudantes (UNE), o CPC-UNE/Setor Teatro (RJ), o Opinião (RJ) e o Poronga (AC). Sua entrada no CPC ocorreu quando da montagem da peça *A grande estiagem* (1958), de Isaac Gondim Filho. O grupo de João das

---

[12] Eric Hobsbawm, "A década de 70: sindicalismo sem sindicalistas?", em *Mundos do trabalho* (trad. Waldea Barcellos e Sandra Bedran, Rio de Janeiro, Paz e Terra, 1987), p. 388.

[13] João das Neves, *O último carro* (Rio de Janeiro, Grupo Opinião, 1976).

[14] Ibidem, p. 5.

Neves, denominado Os Duendes (1959-1963), foi expulso do Teatro Arthur Azevedo e acusado de comunista pelo governo de Carlos Lacerda. Logo, a inclusão do diretor no CPC deu-se enquanto a repressão da administração estadual chegava cada vez mais perto dos grupos periféricos. Nesse episódio, o grupo encontrou solidariedade no CPC, cuja ideia principal era difundir os valores nacionais e os acontecimentos políticos daquele momento, por meio de representações cênicas que eram levadas aos mais variados espaços e públicos. No depoimento concedido a Jalusa Barcellos, João das Neves relembra aquele período:

> Nós tínhamos um grupo de teatro amador. Eu era não só diretor desse grupo, como também dirigia o Teatro Arthur Azevedo, em Campo Grande. Quem me levou para lá foi a Maria Clara Machado, que ocupava no governo estadual um cargo que seria hoje a presidência da Funarj, mais ou menos. Eu me transferi para Campo Grande com meu grupo, que se chamava Os Duendes, e fazíamos de tudo um pouco: teatro adulto, infantil, teatro de fantoches, biblioteca infantil etc... Também circulávamos com os espetáculos. Íamos para associações, praças públicas... O interessante desse nosso trabalho é que ele tinha uma certa relação com o CPC. Além de ele ser musicado – teatro de fantoches, por exemplo –, as peças eram escritas dentro do trem, aos domingos. Nós sempre tínhamos peças novas. Escrevíamos todos os domingos. Até porque era o único tempo que tínhamos para escrever. O trem levava umas duas horas para chegar a Campo Grande e nesse trajeto a gente organizava tudo. O grupo original era formado por Pichin Plá, Paulo Nolasco, Nilo Parente e mais a Virgínia Valli, que organizava o teatro de fantoches. [...] Como não havia muitos grupos amadores no Rio de Janeiro, nosso trabalho adquiriu certa importância, até que, por ocasião da montagem de *A grande estiagem*, nós chegamos num domingo e o teatro e nosso cenário estava todo quebrado. O rapaz que cuidava do teatro nos disse que a ordem era não deixar a gente entrar. Claro que o governo era do Carlos Lacerda. [...] A grande estiagem era uma peça sobre a seca e, é obvio, o tratamento tinha de ser político.[15]

Assim, em 1963, João das Neves encontrou abrigo no CPC/UNE:

> A partir de determinado momento, passei a dirigir o teatro de rua do CPC. A carreta ficou comigo. Quer dizer, não só a carreta, como todos os eventos de rua. Os *shows*, os esquetes, tudo o que se fazia na rua. Aliás, esse é um trabalho do qual muito me orgulho. Porque se ouve muito determinado tipo

---

[15] Citado em Jalusa Barcellos, *CPC da UNE* (Rio de Janeiro, Nova Fronteira, 1994), p. 259-60.

de crítica, dizendo que o teatro de rua do CPC era maniqueísta, simplista etc... Ora, nós sempre tivemos clareza de que aquele teatro tinha a sua especificidade. O teatro de rua não é um teatro em que você possa ter nuances psicológicas, ter meias medidas. Ele tem uma estética própria, que não é nem inferior nem superior a outro tipo de estética, mas ele tem a sua, específica, que, aliás, o CPC desenvolveu largamente. De qualquer forma, com o passar do tempo, nós também reavaliamos essa questão do teatro de agitação e propaganda, do teatro de rua, e começamos a pensar em outras possibilidades teatrais a serem exploradas. Inclusive a nossa inclusão enquanto artistas no próprio mercado de trabalho, com um teatro de esquerda.[16]

Dessa forma, o CPC, a exemplo dos Duendes, lidava com teatro de fantoches e de rua, assim como utilizava e encenava textos baseados nos acontecimentos políticos do momento. Os integrantes escreviam roteiros e iam para a rua representar. Essa atividade serviu muito a João das Neves como pesquisa de linguagem de autor, ator e diretor, uma vez que, como autor, por exemplo, ele tinha experiência apenas com textos para crianças. Paulatinamente, adquiriu agilidade para tomar um tema e transformá-lo rapidamente em um esquete, o que se tornou uma das características mais marcantes de sua produção textual: a rusticidade, o imediatismo simples e ao mesmo tempo sofisticado do teatro de rua e a agilidade de escrever um texto sobre determinado tema. A esse respeito, afirma o diretor:

Nosso trabalho era muito direto, em cima do acontecimento, como uma reportagem crítica das coisas que estavam acontecendo. Privilegiávamos as formas teatrais populares mais diretas porque nosso teatro era feito nas ruas, praças, sacadas de faculdades, nos subúrbios, nas roças, ou em caminhão volante para as montagens mais ambiciosas; fazíamos teatro em qualquer lugar. Usávamos a forma de representar dos palhaços, dos bobos, o reisado, bumba meu boi, a *commedia dell'arte*, o mamulengo etc. Os fatos aconteciam, imediatamente estabelecíamos um roteiro crítico e íamos para a rua. Existia todo um processo de elaboração: escrevíamos, montávamos e íamos para a rua representar. As montagens eram muito rápidas, tipo teatro de guerrilha, no sentido de transmitir nossa mensagem.[17]

---

[16] Ibidem, p. 262.

[17] João das Neves, "Uma tentativa sincera de trabalho com a cultura popular", *Ensaio Teatro*, n. 3, 1980, p. 43. Sobre o teatro de esquerda ("companhias de guerrilha") e os espetáculos de rua nos Estados Unidos na década de 1960, ver R. G. Davis, "O teatro de guerrilha", *Revista Civilização Brasileira*, n. 18, 1968, p. 199-206.

História, teatro e política

Em um debate realizado pelos integrantes da Companhia do Latão, em 2010, João das Neves, que se assume como um "artista engajado" e "comprometido com a realidade de seu país"[18], recorda os sentidos do fazer teatral nos tempos do CPC:

> nós tínhamos vontade de ter um palco móvel para sair pelos subúrbios, levando o espetáculo. Esse caminhão foi um projeto interessante, mas era um elefante branco. Era difícil de carregar como o diabo. Na época não se usavam materiais leves como se tem hoje, era tudo feito na madeira. Mas ele andou pelo Brasil inteiro, até a extinção do CPC. Nós estreamos no Largo do Machado, com uma versão de *Revolução na América do Sul*, dirigida por mim. É claro que eu tinha e tenho pretensões estéticas, e o Carlos Estevam não concordava com essas pretensões estéticas. O teatro para ele era um pretexto. Para mim não era um pretexto, pelo contrário. Eu estou falando isso um pouco para dizer que ambiente existia no CPC, isso me parece muito importante. O CPC era um espaço democrático de ampla discussão da cultura brasileira, com várias correntes, mas que estavam ali para fazer alguma coisa que julgavam fundamental.[19]

"EU NÃO MUDO DE OPINIÃO"

Após o golpe militar de 1964, o grupo de artistas ligados ao CPC (posto na ilegalidade), reuniu-se com o intuito de criar um foco de resistência e de protesto àquela situação. Foi então produzido o espetáculo musical *Opinião*, com Zé Kéti, João do Vale e Nara Leão (depois substituída por Maria Bethânia), cabendo a direção a Augusto Boal. O espetáculo, apresentado no Rio de Janeiro em 11 de dezembro de 1964, no Teatro Super Shopping Center, marcou o nascimento do grupo e do espaço teatral que veio a se chamar Opinião[20]. Os integrantes do nú-

---

18 João das Neves, "A hora do teatro épico", *Traulito*, n. 3, 2010. Disponível em: <http://www.traulito.com.br/?p=808>.

19 Idem. Para Ferreira Gullar, "o grande erro do CPC foi dizer que a qualidade literária era secundária, que a função do escritor é fazer de sua literatura instrumento de conscientização política e atingir as massas, porque se você for sofisticado, se fizer uma literatura, um teatro, uma poesia sofisticada, você não vai atingir as massas. Então, propunha fazer uma coisa de baixa qualidade para atingir as massas. [...] Nós nem fizemos boa literatura durante o CPC, nem bom teatro, nem atingimos as massas. Então, nós sacrificamos os valores estéticos em nome de uma tarefa política que não se realizou, porque era uma coisa inviável" (citado em Marcelo Ridenti, *Em busca do povo brasileiro*, Rio de Janeiro, Record, 2000, p. 111).

20 De acordo com João das Neves, o nome Grupo Opinião passou a ser utilizado a partir da encenação de *Se correr o bicho pega, se ficar o bicho come*, em 1966. Ver João das Neves, "A hora do teatro épico", cit.

cleo permanente eram Oduvaldo Vianna Filho (Vianinha), Paulo Pontes, Armando Costa, João das Neves, Ferreira Gullar, Thereza Aragão, Denoy de Oliveira e Pichin Plá[21].

O *show* foi organizado no famoso Zicartola, restaurante do sambista e compositor Cartola e de sua companheira Zica, onde ocorriam reuniões de músicos, artistas, estudantes e intelectuais[22]. Foi esse o ambiente catalisador da união de interesses de experientes dramaturgos e músicos, com diferentes estilos e atuações no campo cultural, que resultou num roteiro inédito: um espetáculo musical que continha testemunhos, música popular, participação do público, apresentação de dados e referências históricas, enfim, um mosaico de "canções funcionais"[23] e tradições culturais. Tanto o enredo quanto o elenco eram notadamente heterogêneos, e talvez seja esse o motivo por que o Opinião tenha começado sua trajetória com sucesso. O grupo privilegiou, desde a estreia, a forma do teatro de revista, numa mescla de apropriações e ressignificações do "popular" e do "nacional", abrindo espaço também para apresentações com compositores de escolas de samba cariocas. João das Neves, que dirigiu o Opinião por dezesseis anos, enfatiza:

> Nosso trabalho era fundamentalmente político e, assim, pesquisar formas nos interessava – e interessa – muito. [...] A busca em arte não é apenas estética – ela é estética e ética ao mesmo tempo. Eu coloco no que faço tudo o que eu sou, tudo o que penso do mundo, tudo o que imagino da possibilidade de transformar o mundo, de transformar as pessoas. Acredito na possibilidade da arte para transformar. Se não fosse assim, eu não faria arte, faria outra coisa.[24]

Podemos afirmar que o espetáculo não só focalizava como mistificava "*novos lugares* da memória: o *morro* (favela + miséria + periferia dos grandes centros urbanos industrializados) e o *sertão* (populações

---

[21] "O Opinião era um grupo de oito pessoas. Nós sempre discutíamos e, às vezes, *quebrávamos o pau* violentamente. Quer dizer, no plano verbal" (João das Neves, *João das Neves*, cit., p. 44, grifos do autor).

[22] Ver Maurício Barros de Castro, *Zicartola* (Rio de Janeiro, Relume Dumará/ Rioarte, 2004).

[23] Expressão utilizada por Eric Hobsbawm ao se referir às cantigas de trabalho, músicas satíricas e lamentos de amor. Ver Eric Hobsbawm, *História social do jazz* (trad. Ângela Noronha, 2. ed., Rio de Janeiro, Paz e Terra, 1991), p. 52.

[24] Citado em João das Neves, *João das Neves*, cit., p. 21.

famintas, [...] o messianismo religioso [...] e o [...] coronelismo)"[25]. Por meio da música, as interpretações e as discussões a respeito dessas realidades fluíam no espetáculo, alternando-se com depoimentos dos atores que compartilhavam, fora do palco, as mesmas dificuldades cantadas por eles, como nos casos de João do Vale (nordestino retirante) e Zé Kéti (morador de uma favela carioca). Já Nara Leão – conhecida como a musa da bossa nova, que personalizava a classe média – assumia uma postura de engajamento e posicionava-se de forma ativa e questionadora diante da realidade brasileira.

Esse movimento de aproximação das diferenças num palco de teatro foi conduzido por uma tendência ainda de caráter cepecista, uma vez que nos centros populares de cultura o lema era portar-se como transmissor de uma mentalidade revolucionária para o povo e assim atingir a tão utópica revolução social[26]. Não poderia ser diferente, pois os dramaturgos do Opinião, como Vianinha e o poeta Ferreira Gullar, eram membros ativos desses centros e utilizavam suas peças, inclusive o musical *Opinião*, como meio de "fazer emergir" na plateia "valores novos" e uma "capacidade mais rica" de sentir a "realidade"[27], com o intuito de estabelecer uma identificação entre os atores e o público. Segundo Heloísa Buarque de Hollanda e Marcos Gonçalves, "encenava-se um pouco da ilusão que restara do projeto político-cultural pré-64 e que a realidade não parecia disposta a permitir: a aliança do povo com o intelectual, o sonho da revolução nacional e popular"[28].

Mas não só a junção de música e teatro tornou o *Opinião* uma referência. Sua relevância histórica se evidenciou, entre muitos motivos, graças ao momento em que foi gerado: a estreia do *show* ocorreu quando o golpe militar ainda não completara um ano de vida e é tida como a primeira grande expressão artística de protesto contra o regime. Também chama atenção a configuração geral do espetáculo que, em forma de arena, não dispunha de cenários, somente de um tablado em que

---

[25] Arnaldo Daraya Contier, "Edu Lobo e Carlos Lyra: o nacional e o popular na canção de protesto (os anos 60)", *Revista Brasileira de História*, v. 18, n. 35, 1998, p. 20.

[26] Sobre a noção de "povo" para os integrantes do CPC, ver Edélcio Mostaço, *Teatro e política* (São Paulo, Proposta Editorial, 1982), especialmente p. 59-60.

[27] Maria Helena Kühner e Helena Rocha, *Opinião* (Rio de Janeiro, Relumé Dumará, 2001), p. 54-5. Para mais detalhes sobre a atuação do CPC no Rio de Janeiro, ver João das Neves, *João das Neves*, cit.

[28] Heloísa Buarque de Hollanda e Marcos Gonçalves, *Cultura e participação nos anos 60* (10. ed., São Paulo, Brasiliense, 1995), p. 23-4.

três "atores" encarnavam situações corriqueiras daquele período, como a perseguição aos comunistas, a trágica vida dos nordestinos e a batalha pela ascensão social dos que viviam nas favelas cariocas – tudo isso, acrescente-se, regado a música que visava alfinetar a consciência do público. O repertório, embora fosse assinado por compositores de estilos diversificados, percorria uma linha homogênea de contextos regionais, concedendo-se amplo destaque a gêneros musicais como o baião e o samba. As canções cantadas – por sinal, várias delas marcaram os anos 1960 a ponto de frequentarem as paradas de sucesso – exprimiam uma fala alternativa e ilustrativa no musical. Em "Borandá", de Edu Lobo, Nara Leão fazia ressoar, com sua voz melancólica, a tristeza dos retirantes que, impelidos pela seca, eram obrigados a abandonar a zona rural nordestina. Já em "Carcará", a composição mais emblemática do negro maranhense João do Vale, a mesma intérprete desfiava a história dessa ave sertaneja, apelando para metáforas sobre sua valentia e coragem; nessa canção é possível perceber a relação que se estabelecia entre o carcará e a ditadura militar, que investia com toda fúria contra os que a ela se opunham.

Incluir o(s) marginalizado(s) na cena teatral brasileira não foi um mérito exclusivo do *show*. Basta lembrar de *Eles não usam black-tie*, de Gianfrancesco Guarnieri[29]. Contudo, o formato musical e o roteiro não cronológico diferenciavam o *show* pela aproximação que esses elementos propiciavam entre palco e plateia. Como decorrência de toda a sua concepção, o espetáculo *Opinião* calcava-se no pressuposto de que a representação da realidade se alinha com a perspectiva de "teatro verdade" e implica a criação de um ambiente de comunhão e igualdade entre todas as partes envolvidas no espetáculo, sobretudo o público, como se todos tivessem um denominador comum: estariam irmanados por pertencer, de maneira inescapável, à mesma realidade[30].

---

[29] Segundo Iná Camargo Costa, "a novidade era que *Black-tie* introduzia uma importante mudança de foco em nossa dramaturgia: pela primeira vez o proletariado como classe assume a condição de protagonista de um espetáculo" (*A hora do teatro épico no Brasil*, Rio de Janeiro, Graal, 1996, p. 21).

[30] Ver Armando Costa et al., *Opinião* (Rio de Janeiro, Edições do Val, 1965). O *Opinião* "atraiu basicamente estudantes e pessoas do mundo artístico, apesar de seu público variar de estudantes a classe média alta. Entretanto, o número de espectadores que viram o espetáculo dá uma ideia mais ampla de sua recepção. Ross Butler conta que, em algumas semanas, mais de 25 mil pessoas o tinham visto no Rio e que em São Paulo e em Porto Alegre (onde foi encenado mais tarde) mais de 100 mil pessoas o viram. O espetáculo teve também um efeito multiplicado: *Opinião* se

146 História, teatro e política

Cabe registrar que vários autores preocupados com a situação pós--golpe iniciam discussões acerca da importância do teatro, dos dramaturgos e dos atores que foram personagens ativos desse período de repressão. Entre eles, podemos citar Maria Helena Kühner e Helena Rocha, que trabalham a formação do Grupo de Teatro Opinião (e o *show* inaugural) como referência de postura política no início do governo militar. Segundo a análise desenvolvida por elas é possível vislumbrar, na constituição do Opinião, uma expressão de urgência de mudança almejada por um grupo que muitos qualificavam de "idealistas, utópicos, românticos, ingênuos, loucos [...] que viveram a geração da utopia"[31] e que nela criavam e se apoiavam, a fim de fazer do musical a primeira manifestação de engajamento do teatro brasileiro durante a ditadura.

Vale a pena retomar alguns trechos de duas músicas do espetáculo que empolgavam a plateia que superlotava o teatro naquelas noites sombrias. Na primeira, "Opinião", Zé Kéti cantava: "Podem me prender/ Podem me bater/ Podem até deixar-me sem comer/ Que eu não mudo de opinião". Na segunda, "Carcará", pela voz de Nara Leão, João do Vale narrava as aventuras de um pássaro voraz do sertão que não morre porque, com seu bico volteado como o do gavião, "pega, mata e come"[32].

> *Opinião* foi a primeira aula dada ao público sobre como reaprender a ler certas obras de arte – ensinamento extremamente útil nos anos (de censura) que se seguiram. O clima, na plateia compacta, ensopada de suor e envolvida pelas paredes de concreto do teatro, era de catarse e sublimação. Vivia-se a sensação de uma vitória que tinha sido impossível lá fora.[33]

O sentimento de transformação política está presente em todo o corpo da peça. Suas origens musicais, o passado dos integrantes no cenário

---

tornou emblemático de protesto e solidariedade para muitos outros que não viram o *show*, mas, tendo ouvido falar dele, compraram o disco" (Leslie Hawkins Damasceno, *Espaço cultural e convenções teatrais na obra de Oduvaldo Vianna Filho*, trad. Iná Camargo Costa, Campinas, Unicamp, 1994, p. 169). Vale conferir uma visão crítica sobre o *show*, entendido como uma das "criações de um grupo de classe média para consumo das próprias ilusões", em José Ramos Tinhorão, "Um equívoco de 'Opinião'", em *Música popular* (São Paulo, Editora 34, 1997), p. 86.

[31] Maria Helena Kühner e Helena Rocha, *Opinião*, cit., p. 34-5.

[32] Armando Costa et al., *Opinião*, cit., p. 41 e 62. Ver o CD *Show Opinião* (Rio de Janeiro, PolyGram, 1994).

[33] "Dez anos depois", em *Visão*, citado em Maria Helena Kühner e Helena Rocha, *Opinião*, cit., p. 72.

de oposição e intervenção política, bem como as particularidades dos atores estreantes, tornam-se intrigantes peças de um complexo quebra-cabeças, que faz desse espetáculo uma importante referência na trajetória engajada do teatro brasileiro. Para Dias Gomes, "a plateia que ia assistir ao *show Opinião*, por exemplo, saía com a sensação de ter *participado* de um ato contra o governo"[34].

É importante salientar que o Grupo Opinião focalizava suas ações no teatro de protesto, de resistência, e também se caracterizava por ser um centro de estudos e de difusão da dramaturgia nacional e popular. Afinado com essas propostas artísticas e ideológicas, o diretor João das Neves privilegiava a montagem de textos, tanto nacionais quanto estrangeiros, que servissem de enfoque para a situação política do Brasil nos anos da ditadura, tais como: *A saída, onde fica a saída?*, de Armando Costa, Antônio Carlos Fontoura e Ferreira Gullar, em 1967; *Jornada de um imbecil até o entendimento*, de Plínio Marcos, em 1968; *Antígona*, de Sófocles, numa tradução de Ferreira Gullar, em 1969; *A ponte sobre o pântano*, de Aldomar Conrado, em 1971; *O último carro*, *Mural mulher* e *Café da manhã*, de João das Neves, em 1976, 1979 e 1980, respectivamente[35].

Vale registrar a opinião de João das Neves sobre a peça *Jornada de um imbecil até o entendimento*:

> Plínio Marcos dá um giro de 180°, lança-se a um novo caminho, sem temer os erros a que esse caminho possa conduzi-lo... É possível que, além

---

[34] Dias Gomes, "O engajamento: uma prática de liberdade", cit., p. 11, grifo do autor. O *show*, porém, não foi unanimidade de crítica. Por exemplo, nas páginas da *Revista Civilização Brasileira*, o jornalista e crítico de teatro Paulo Francis observava que "qualquer protesto é útil [...] pois, desde 1º de abril, o país parece imerso em catatonia, precisando de ser sacudido. Mas *Opinião*, quando chega ao público, pelos intérpretes e pela música, nada contém de indutivo à ação política. Basta-se a si próprio, é muito agradável [...]. Mas daí a considerá-lo um evento político vai uma certa distância, pois, nesse terreno, o espetáculo nunca sai do *Kindergarten* sentimental da esquerda brasileira" (Paulo Francis, "Novo rumo para autores", *Revista Civilização Brasileira*, n. 1, 1965, p. 215-61).

[35] "[...] o grupo sempre fora muito ligado a movimentos populares, a movimentos de música popular, e trouxemos o samba das favelas para os teatros. Durante muitos anos – mais de quinze – apresentamos um espetáculo que teve diversos nomes: *A fina flor do samba*, *Cartola n. 2*, *Boa noitada de samba*. Nosso contato com o pessoal da música, do samba, era muito grande – e devo dizer que, de todos os grandes músicos hoje conhecidos no Brasil, pelo menos 70% passaram pelo Opinião, passaram pelas nossas mãos, foram dirigidos por mim" (João das Neves, em *João das Neves*, cit., p. 21).

Outra referência básica que merece destaque é a utilização da dramaturgia e dos métodos propostos por Bertolt Brecht. Reproduzo um trecho que me parece bastante sugestivo:

do diálogo enxuto, da exata medida entre tensão e desafogo, da aguda capacidade de observação, muito pouco reste do Plínio Marcos que o público se habituou a ver e aplaudir... Seu trabalho pressupõe riqueza de colorido, alegria violenta, enorme capacidade de improvisação dos atores, características só encontradas no descaramento interpretativo dos palhaços de circo ou na vigorosa *commedia dell'arte* italiana.[36]

Outra referência básica que merece destaque é a utilização da dramaturgia e dos métodos propostos por Bertolt Brecht. Reproduzo um trecho que me parece bastante sugestivo:

> Quero falar sobre o que Brecht representa para nós. Participei nos idos de 63-64 do Centro Popular de Cultura (CPC) e depois fui um dos fundadores do Grupo Opinião do Rio de Janeiro. Nas preocupações iniciais, no ideário do Centro Popular de Cultura, estava a luta pela transformação da sociedade que acreditávamos que pudesse ser realizada, inclusive através do teatro, usando-o como instrumento dessa transformação. A revelação de Brecht para nós, as discussões sobre Brecht naqueles momentos, foram extremamente ricas, porque nos revelaram que o teatro político tinha outros caminhos que não apenas o *agitprop*, que não apenas a agitação e propaganda. Brecht nos mostrou que o teatro, por ser político, não excluía a possibilidade do aprofundamento, quer nos sentimentos, quer no mecanismo da existência do homem em sociedade. Ele não precisava ser tão imediato para ter sua contundência, sua eficácia política comprovada. Essa primeira constatação veio através do estudo de Brecht. Embora estivéssemos longe de aplicar as teorias de Brecht, diretamente, em nosso trabalho, seu estudo foi para nós de extrema importância, para que pudéssemos fazer uma avaliação crítica do trabalho que estávamos realizando nas ruas, nos sindicatos: o teatro de *agitprop* que nós fazíamos no CPC e seus possíveis desdobramentos.
>
> Depois do golpe de 1964, um grupo de pessoas que saíra do CPC veio a formar o Grupo Opinião e esse grupo aprofundou um tipo de dramaturgia e de encenação que, se não tinha Brecht como ponto de partida, deve, no entanto, à sua reflexão muito da qualidade alcançada. [...].
>
> Na história de um grupo como o Opinião e na história de grupos como o Arena e o Oficina, a passagem *por* Brecht, o conhecimento dele, a leitura ou

---

[36] João das Neves, citado em Maria Helena Kühner e Helena Rocha, *Opinião*, cit., p. 98. "[...] no espetáculo, aproveitei tudo o que acumulara como experiência: do circo, que aprendera na infância; do teatro de rua; do CPC. Enfim, joguei tudo em cima dessa peça e misturei. Era uma loucura, porque eu misturava todos os gêneros" (João das Neves, em *João das Neves*, cit., p. 19).

a realização de suas peças, a discussão de suas teorias, o entrar em contato com seu humor, com um novo tipo de abordagem teatral, com uma nova relação ator-espectador, são de suma importância.[37]

As experiências do teatro operário, do Arena, dos centros populares de cultura, do Oficina e do Opinião em busca do político e do popular carrearam um amplo movimento cultural que envolveu grupos, diretores, autores e elencos – conjunto que sofreu um violento revés com o golpe militar e, em particular, após ser decretado o AI-5, em 1968. A partir de então, para numerosos grupos, fazer um teatro popular significava assumir uma posição de rebeldia diante do teatro comercial – o teatrão – e ao regime político; e até se podem detectar algumas expressões para essa forma de agitação, como "teatro alternativo" e/ou "teatro independente"[38].

No que se refere ao campo da cultura, em especial no teatro no Brasil do pós-1964, interessa salientar que, enquanto a maioria dos artistas estava profissionalmente vinculada à indústria cultural, outros buscavam provisoriamente o exílio e outros ainda tentavam resistir à modernização conservadora da sociedade, inclusive ao avanço da indústria cultural. Estes procuravam se articular com os chamados novos movimentos sociais que, aos poucos, organizavam-se mesmo com a repressão (sobretudo em alguns sindicatos e comunidades de bairro), muitas vezes em atividades associadas com setores da esquerda da Igreja Católica. Em Santo André, por exemplo, foi fundado em 1968 o Grupo de Teatro da Cidade (GTC). Com outros grupos teatrais montados na periferia paulistana (tais como o Núcleo Expressão de Osasco, Teatro-Circo Alegria dos Pobres, Núcleo Independente, Teatro União e Olho Vivo, Grupo Ferramenta de Teatro e Grupo de Teatro Forja), o GTC constituiu o que Silvana Garcia chamou de "teatro da militância"[39].

---

[37] João das Neves, citado em Wolfang Bader (org.), *Brecht no Brasil* (Rio de Janeiro, Paz e Terra, 1987), p. 242 e 244, grifo do autor.

[38] O termo "independente" origina-se de países da Europa e da América Latina, onde a organização teatral se dá em moldes diferentes dos nacionais. Ver Celia Dosio, *El Payró* (Buenos Aires, Emecé, 2003).

[39] Ver Silvana Garcia, *Teatro da militância*, cit. Apesar da censura e da ditadura militar, o teatro brasileiro, nos anos 1960 e 1970, continuava dando sinais de uma produção crescente e voltada, na maioria das vezes, para o campo político. Cabe realçar a atuação dos dramaturgos Jorge Andrade, Gianfrancesco Guarnieri, Augusto Boal, Dias Gomes, Ferreira Gullar, Oduvaldo Vianna Filho, Plínio Marcos e Carlos

Assim, em 1976, como mencionado anteriormente, o Opinião levou à cena carioca *O último carro*, de João das Neves:

> Numa fantástica ambientação cenográfica de Germano Blum, que dá ao espectador a exata sensação de estar viajando num trem de subúrbio, desenrola-se uma série de pequenos mas terríveis dramas cotidianos vividos pelos habitantes da periferia que dependem desse meio de transporte. [...] João das Neves, ao mostrar a dura realidade desse submundo e ao cercá-la de generoso calor humano, criou o equivalente brasileiro de *Ralé*, a obra-prima de Gorki.[40]

É interessante ressaltar que essa peça foi escrita entre 1965 e 1966 e refeita em 1967, por ocasião do I Seminário Carioca de Dramaturgia, do qual foi vencedora. Mesmo tendo ganhado o prêmio de dramaturgia pela Secretaria de Cultura do Estado do Rio de Janeiro, o trabalho não foi encenado pelo grupo em razão das divisões entre seus integrantes[41]. Sobre isso, João das Neves comenta:

Queiroz Telles. Também merecem registro produções teatrais que traziam consigo a insatisfação com a ordem existente, como as do teatro universitário (Tuca/PUC-SP, Tusp/USP, Tema/Teatro Mackenzie) e dos grupos Teatro Jovem (RJ), Teatro Carioca de Arte (RJ), Dzi Croquettes (RJ), Asdrúbal Trouxe o Trombone (RJ), Teatro de Arena de Porto Alegre/Tapa (RS), Grita (CE), Imbuaça (SE), Sociedade Teatro dos Novos (BA), Teatro Livre da Bahia (BA) e Oi Nóis Aqui Traveiz (RS). No início da década de 1980, novas companhias despontavam no cenário ainda governado pelos militares, como o Tá na Rua (RJ) e o Galpão (MG). Ver Tânia Pacheco, "Teatro alternativo em 70: a luz no final do túnel", em Maria Amélia Mello (org.), *Vinte anos de resistência* (Rio de Janeiro, Espaço e Tempo, 1986), p. 95-105; Sílvia Fernandes, *Grupos teatrais: anos 70* (Campinas, Unicamp, 2000); Kátia Rodrigues Paranhos, "Textos, espaços e sujeitos sociais: outras linguagens na cena teatral brasileira", em André Carreira e Evelyn Furquim Werneck Lima (orgs.), *Estudos teatrais* (Florianópolis, Udesc, 2009), p. 93-117; e Toninho Vaz, *Solar da fossa* (Rio de Janeiro, Casa da Palavra, 2011).

[40] Yan Michalski, *O teatro sob pressão* (Rio de Janeiro, Jorge Zahar, 1985), p. 67. Entre 1975 e 1976, a censura liberou três peças que punham em cena as camadas populares e seu sofrido dia a dia: *Gota d'água*, de Chico Buarque e Paulo Pontes, *Muro de arrimo*, de Carlos Queiroz Telles, e *O último carro*, de João das Neves. Ver José Roberto Faria, "Teatro e política no Brasil: os anos 70", em *Teatro na estante* (Cotia, Ateliê, 1998), p. 163-74.

[41] De acordo com João das Neves, não existia consenso na produção do espetáculo naquele momento, em razão de divergências pessoais no que tange ao campo dramatúrgico – no caso em questão, a rejeição da utilização do "realismo fantástico". Ver João das Neves, "Grupo Opinião: a trajetória de uma rebeldia cultural", *Problemas*, n. 9, 1984, p. 55-9, e Marília Gomes Henrique, *O realismo crítico-encantatório de João das Neves* (dissertação de mestrado, Instituto de Artes da Unicamp, Campinas), 2006.

Ao retomar [...] o texto e realizar sua montagem, é como se nós, do Grupo Opinião, retomássemos muitos dos propósitos que motivaram a criação de nosso grupo e fizeram com que ele sobrevivesse, apesar de tudo. Nove anos são passados e nesses nove anos assistimos à dissolução do Teatro Ipanema, a nossa própria dissolução e recomposição, assistimos a variadas tentativas de amesquinhamento do teatro brasileiro e à sua admirável teimosia, único ponto de identificação, talvez, entre o teatro e o povo do qual deveria se originar e ao qual deveria se dirigir. [...] *O último carro* [...] retoma em 1976 um fio perdido há algum tempo. Não me parece [...] que o texto tenha perdido atualidade. Muito pelo contrário. O silêncio forçado só fez aumentar o rumor subterrâneo nas gargantas do nosso povo.[42]

Para Carlos Nelson Coutinho, autor do prefácio de *O último carro*[43], é preciso destacar a importância da orientação brechtiana da montagem, sobretudo na ausência de um conflito individualizado central. A construção narrativa é essencialmente épica, com um grande número de personagens populares lutando pela sobrevivência na sociedade capitalista. Em cena, pequenos dramas, como o do mendigo Zé, bêbado e maltrapilho, que sobrevive de esmolas e que por elas briga até o fim da cena com sua companheira, Zefa, uma mulher tão abandonada quanto ele[44]. De repente, o trem começa a correr sem rumo, sem maquinista, sem freios. Todos abruptamente saem do torpor de suas rotinas e integram-se em uma viagem radical, limiar, definidora de posições e atitudes, causadora de desespero, pânico, perdas e também de uma intensa luta por uma saída do trem desgovernado. Deolindo, um operário, sugere desprender o último carro do restante da composição. Uma criança é jogada acidentalmente do trem. Um marginal comete suicídio pulando do vagão. Um beato anuncia o juízo final e

---

[42] João das Neves, *O último carro*, cit., p. 5. Depois da montagem de *Antígona*, em 1969, o Grupo Opinião, afogado em dívidas, dissolve-se. João das Neves, o único que não aceita tal decisão, decide continuar sozinho e parte em busca de novos parceiros. O teatro será até alugado em alguns momentos para jovens iniciantes, e o próprio diretor passa a comandar espetáculos fora do eixo Rio-São Paulo. Ver João das Neves, "Grupo Opinião: a trajetória de uma rebeldia cultural", cit., p. 55-9, e Maria Helena Kühner e Helena Rocha, *Opinião*, cit.

[43] Ver Carlos Nelson Coutinho, "No caminho de uma dramaturgia nacional-popular", em João das Neves, *O último carro*, cit.; republicado em *Arte em Revista*, n. 6, 1981, p. 60-1.

[44] "Zé: A coisa que mais prezo no mundo é a minha liberdade. (Canta) Liberdade! Liberdade! Abre as asas sobre nós" (João das Neves, *O último carro*, cit., p. 20).

História, teatro e política

conclama todos a desistir de qualquer tipo de saída, a não ser a da oração e do arrependimento de seus pecados. Trava-se uma luta entre os dois grupos. Deolindo é morto. Uma prostituta, que acaba de ser violentada, ampara a cabeça de Deolindo em seus joelhos. As pessoas do último carro tentam desvencilhar o vagão; os demais rezam. Um enorme estrondo domina a cena. O último carro lentamente para. Imagens de desastre de trem, corpos mutilados. Diante das imagens, todos velam o corpo de Deolindo. Um coro de mulheres se dirige ao público. Mulheres viúvas, mulheres sem pais, sem filhos.

Em 1998, Sábato Magaldi, ao fazer um balanço sobre o teatro, elenca quatro momentos importantes na cenografia brasileira: a renovação estética do grupo Os Comediantes, do Teatro Brasileiro de Comédia (TBC), do Arena e a produção de *O último carro ou As catorze estações*:

> Sob a direção [de João das Neves,] o cenógrafo Germano Blum construiu um espaço em que o trem do subúrbio carioca se espraiava num retângulo que envolvia a plateia, e alguns espectadores postavam-se em bancos que pareciam fazer parte dos vagões. A composição se deslocava, simbólica e vertiginosamente, sem maquinista, até que muitos passageiros conseguiram separar o último carro. Um estrondo indicava o acidente fatal para os outros vagões, enquanto o que se desligou, diminuindo aos poucos a velocidade, conseguia parar. Significado da metáfora: sobrevive quem domina o próprio destino, sem aceitar passivamente o desastre provocado pela falta de direção. Um desejo otimista de resistência, durante a ditadura.[45]

Existiria alguma identificação entre aquelas pessoas e os espectadores? "'Ele era tão diverso do senhor, moço, e, no entanto, igual'. O ruído das rodas do trem vai dominando o ambiente e como que repetindo em sua cadência rítmica a última pergunta dirigida aos espectadores. 'Qual é a estação mais próxima? A mesma de ontem?' A peça não termina."[46]

---

[45] Sábato Magaldi, "O moderno teatro brasileiro", em *Depois do espetáculo* (São Paulo, Perspectiva, 2003), p. 59-60.

[46] João das Neves, *A análise do texto teatral* (Rio de Janeiro, Europa, 1997), p. 63. Recentemente, o diretor afirmou que nunca deixou que a peça *O último carro* "fosse montada por grupos profissionais, só por amadores, porque não se presta a eventuais operações comerciais, como diminuição de personagens" (citado em Daniel Schenker Wajnberg, "Os muitos Brasis de João das Neves", *Revista de Teatro/Sbat*, n. 520, 2008, p. 33).

"Caminhante, não há caminho/ Faz-se o caminho ao andar"

Em 1984, após passagens por Salvador (com a criação do Opinião--Núcleo 2) entre 1972 e 1975[47] e pela Alemanha entre 1978 e 1980 e a dissolução do Oficina em 1980[48], João das Neves mudou-se para Rio Branco, onde, com atores amadores vindos da periferia, fundou o Grupo Poronga:

> Convidaram-me para dar um curso, eu fiquei lá durante um mês [...], acabei me identificando com um grupo de pessoas de lá [...].
>
> [...] fizemos alguns espetáculos, e eu pude desenvolver uma série de coisas que tinha vontade de fazer no Rio de Janeiro e não podia. Com o Poronga, nós pudemos colocar em prática algumas ideias, tendo aquela realidade que nos cercava como base para nossas pesquisas e nosso trabalho. A partir de então, acho que nunca mais trabalhei em um palco convencional, em um espaço de palco italiano. Nosso teatro era um teatro de arena. Mas mesmo o espaço de arena era um motivo de discussão. Meus trabalhos no Teatro Opinião foram sempre trabalhos que, entre outras coisas, discutiam o espaço cênico. Nossa arena nunca funcionou basicamente como arena, com as pessoas em volta: eu sempre fiz invenções de espaço, sempre discuti a linguagem desse espaço de arena que tínhamos e isso gerou alguns espetáculos bastante intrigantes.[49]

O diretor, ao longo de oito anos, criou uma trilogia acriana com os textos *Caderno de acontecimentos* (1988), *Tributo a Chico Mendes* (1988) e *Yuraiá, o rio do nosso corpo* (1992)[50].

---

[47] "Realizamos em Salvador um trabalho que parecia um pouco com o que a gente tinha feito no Opinião e tentava parecer-se um pouco com o que fazíamos no CPC. Procurávamos abranger todas as áreas da atividade cultural, e não apenas o teatro. [...] Levamos a Salvador os melhores profissionais de teatro infantil de então para discutir o teatro infantil, para fazer oficinas [...]. Fazíamos também festivais de música. Enfim, era uma atividade muito grande" (João das Neves, *João das Neves*, cit., p. 24).

[48] Apesar das montagens de *Mural mulher*, em 1979, e *Café da manhã*, em 1980, além dos protestos e dos manifestos com centenas de assinaturas, o teatro foi vendido. Os jornais chegaram a registrar a importância do grupo, "que foi um encontro de cabeças pensantes, uma ideologia, um movimento de vanguarda e de resistência". Na ocasião, João das Neves declarou: "o Opinião é coisa que não se vende". Ver Maria Helena Kühner e Helena Rocha, *Opinião*, cit., p. 194.

[49] João das Neves, citado em Silvana Garcia (org.), *Odisseia do teatro brasileiro* (São Paulo, Senac, 2002), p. 159-60.

[50] *Yuraiá* foi fruto da pesquisa de João das Neves (financiada pela Fundação Vitae) e de sua vivência na aldeia caxinauá. O texto (re)conta a história, a co-

Caderno de acontecimentos [...] contou com um depoimento exclusivo, à maneira piscatoriana, de um dos líderes mais atuantes da Amazônia, Chico Mendes. [...] Com a morte do sindicalista seringueiro e os vários conflitos entre seringueiros e latifundiários que ocupavam as cidades do Acre, João das Neves soma sua produção, trazendo o melhor do teatro cepecista e do Grupo Opinião, à de Rio Branco. Tanto *Caderno de acontecimentos* como *Tributo a Chico Mendes* e [...] *Yuraiá, o rio do nosso corpo* retomam aspectos do teatro popular, como o circo, a dança do boi-bumbá e a história oral, com as matérias que a constituem – memória e esquecimento –, mas praticando um pouco do teatro didático, bem à maneira de Brecht [...].[51]

Para a crítica e ensaísta Ilka Marinho Zanotto, "a carreira de João das Neves revela um diretor que busca, por meio do teatro, a reflexão sobre as contradições da sociedade brasileira". Na apresentação de *Yuraiá*, ela traça o seguinte perfil do artista:

João das Neves é um homem de teatro total. Como provam seus trabalhos anteriores, sua escritura cênica é sumariamente original; compete a ele transformar em realidade as virtualidades de um texto que exige a recriação de um clima especialíssimo, no qual o espaço oscila entre a concretude de uma aldeia caxi e as paragens brumosas dos mitos imemoriais e o tempo ziguezagueia entre presente e passado histórico e a atemporalidade das lendas e dos mitos. [...] João das Neves, afeito às reivindicações factuais de justiça e de igualdade, assume nessa obra uma dimensão mais ampla, ao justificar quase que panteisticamente o direito inalienável à liberdade.[52]

O autor de *O último carro* deixou-se levar por caminhos imprevisíveis, do Brasil à Alemanha, dos Duendes ao CPC, do Opinião ao Poronga, do Grupo dos Dez à Companhia de Teatro Ícaros do Vale, de Araçuaí, da direção de *shows* musicais à escritura de livros infantis.

---

lonização e a mudança da economia do estado, e de que forma tudo isso se insere nas pequenas narrativas míticas daquela comunidade indígena. Ao mesmo tempo recupera vivências e costumes que integram o mundo cultural da região. Ver Maria do Perpétuo Socorro Calixto Marques, *Yuraiá: um afluente da dramaturgia de João das Neves* (dissertação de mestrado, PUC, São Paulo), 1997.

[51] Maria do Perpétuo Socorro Calixto Marques, *A cidade encena a floresta* (Rio Branco, Edufac, 2005), p. 96.

[52] Disponível em: <http://www.itaucultural.org.br/aplicExternas/enciclopedia_teatro/index.cfm?fuseaction=personalidades_biografia&cd_verbete=772>.

Numa dessas, ao ser questionado sobre "o problema da crise teatral", ele afirma categoricamente:

Como diria o poeta Antonio Machado: "Caminhante, não há caminho/ Faz-se o caminho ao andar". E tem de andar com quem está chegando. Continuar andando, enquanto alguns vão ficando pelo caminho. E a gente vai fazendo assim um caminho. Que em teatro tem de se renovar diariamente. Cotidianamente. Hora a hora. Minuto a minuto. [...] Tenho trabalhado há muito tempo com espetáculos gratuitos. Sempre dou um jeito [...] como sou um diretor e um autor bissexto [...] faço espetáculo quando alguém me convida, então eu proponho projetos. Se a instituição aceita o projeto, eu faço o projeto. Fora isso, dirijo muitos *shows*, escrevo livros para crianças e disso vou vivendo. Aliás, não vivo mal, não, vivo bastante bem. [...] Eu não tenho problema de público, meus espetáculos, nos últimos doze anos, sempre estão cheios de gente. E não consigo compreender esse problema da crise teatral, da falta de público [...].[53]

Caminhando por trilhas diversas, João das Neves se notabilizou pelo engajamento político aliado à crítica da sociedade capitalista. Como sismógrafo de seu tempo, lançou ideias, perguntas e desafios no campo das artes que ecoam até os dias de hoje.

Eu acho que a minha trajetória é a trajetória, sim, de um artista engajado, profundamente comprometido com a realidade do seu país. E, portanto, o marxismo para mim é uma arma fundamental. Agora, em nenhum instante, a não ser em momentos cruciais como a ditadura, eu coloquei isso em primeiro plano na minha atividade artística. Você deve ter a consciência de quem você é. E do que você escolhe para a sua vida. Por exemplo, quando eu fui para o Acre, me enfurnei lá com os seringueiros, depois fui lá para o meio do mato. Se eu não fosse marxista, eu não iria. Ou iria. Mas não tiraria a consequência ampla disso, que só tirei porque sou. Eu faço um trabalho com os meninos lá de Araçuaí, no Vale do Jequitinhonha. Eu amo os artesãos do vale, porque eles são absolutamente imersos na sua realidade, são grandes artistas. Não tiveram formação acadêmica nenhuma, alguns deles são semianalfabetos, mas são grandes, porque estão inseridos na realidade. Portanto, são artistas marxistas, está entendendo? Esse

---

[53] João das Neves, citado em Silvana Garcia (org.), *Odisseia do teatro brasileiro*, cit., p. 158 e 170. Ver também Daniel Schenker Wajnberg, "Os muitos Brasis de João das Neves", cit., p. 32-3. Cabe registrar que João das Neves publicou vários textos infantis, como *O leiteiro e a menina noite* (3. ed., São Paulo, Global, 1985), *A lenda do vale da lua* (Belo Horizonte, Dimensão, 2000) e *Por um triz a Elis ficava sem nariz* (2. ed., Belo Horizonte, Dimensão, 2002).

é o negócio. Tem a ver com as nossas escolhas. [...] Nesse instante, eu quero montar Guimarães Rosa com gente do vale que me enriqueça profundamente, que reinvente este país poeticamente: isso é ser marxista. [...] Os caminhos de um artista são amplos, o que não pode é se desligar da sua realidade.[54]

---

[54] João das Neves, "A hora do teatro épico", cit. Na década de 1990, João das Neves fixou residência em Belo Horizonte e continuou desenvolvendo inúmeros projetos artísticos. Como diretor, circulou pelo país por diferentes espaços teatrais. Em 2011, por exemplo, comemorando seus cinquenta anos de vida profissional, esteve em Curitiba com a peça *A farsa da boa preguiça*, de Ariano Suassuna; em seguida, rumou para o Rio de Janeiro, onde dirigiu um texto de sua autoria, *As polacas – flores do lodo*. Ver Daniel Schenker Wajnberg, "Os muitos Brasis de João das Neves", cit., p. 32-3; "João das Neves encena Suassuna", *ICNews*, 24 nov. 2011, disponível em: <http://www.icnews.com.br/2011.11.24/variedades/moda/joao-das-neves-encena-suassuna>; e "As polacas – flores do lodo", *O Globo*, 13 dez. 2011, disponível em: <http://rioshow.oglobo.globo.com/teatro-e-danca/pecas/as-polacas-flores- do-lodo-5549.aspx>.

Edelcio Mostaço

8. O sol do novo mundo: Hélio Oiticica e o *quasi* teatro ambiental

A imagem de inventor radical, criador de primeira linha, está indelevelmente associada a Hélio Oiticica (1937-1980), talvez o artista brasileiro de maior projeção em todo o mundo desde os anos 1960. Tal reputação assenta-se sob três instâncias ou ângulos: as relações entre arte e vida (ele foi um apaixonado cultor dessa vertente), o viés construtivo e neoconcreto que anima sua expressividade (destacando-o como um dos mais consistentes elos nessa corrente, que conta com verdadeira tradição ao longo do século passado) e um dos pioneiros da interação com o espectador no campo das artes.

Numa entrevista concedida em janeiro de 1970, logo após voltar da Europa e da consagradora exposição realizada na Whitechapel Gallery, ele declarou:

> Quero procurar todos os meios de comunicação que sejam o desenvolvimento das experiências que nasceram da arte de participação e sensorial. Por exemplo, tenho uma ideia de uma experiência teatral aberta, na qual não existe plateia ou espectadores, mas simplesmente ideias e participantes nas ideias. [...] O que quero na minha coisa é uma prática, mas que foge do sentido de ritual, porque os meios de introdução das pessoas nessa prática não estão submetidos a formas ritualistas que poderiam cair numa coisa antiga. São antes baseadas em proposições abertas ligadas ao comportamento de cada pessoa.[1]

Tal afirmação *sui generis* merece ser avaliada e distinguida pelo que contém enquanto proposta artística, uma vez que Hélio invoca dois princípios nucleares, o teatro e a prática, desconsiderados ou obli-

---

[1] Hélio Oiticica, "Uma arte sem medo", em César Oiticica Filho e Ingrid Vieira (orgs.), *Hélio Oiticica* (Rio de Janeiro, Beco do Azougue, col. Encontros, 2010), p. 92.

terados, até o momento, em relação à sua obra e biografia. Por essa razão, o presente trabalho volta-se para tais instâncias em sua trajetória artística, procurando assim acrescentar novos intertextos às considerações, de modo a sugerir uma reavaliação dialógica de seu percurso.

Hélio sempre foi um grande escrevinhador e acumulou uma série de cadernos com anotações ao longo de sua vida, desde a mais tenra mocidade. Seu irmão César Oiticica Filho, a propósito desse hábito de fazer anotações, diz:

> Hélio falava sobre o *"delirium* ambulatório", uma espécie de movimento criativo que ele desenvolvia em suas caminhadas pela cidade. [...] ele sempre levava um bloco de fichas, que chamava de *Index Cards*, onde anotava os detalhes para seus projetos. Como um explorador em um grande labirinto, Hélio se deslocava no espaço urbano, fosse de ônibus ou a pé, reconstruindo o mundo como um grande quebra-cabeça, a ser esmiuçado e reinventado.[2]

Foi exatamente num desses cadernos, parcialmente inédito, que localizei uma anotação feita em Nova York, poucos meses após a entrevista mencionada: "mais adiante, quero definir o que assumo por *autoteatro*, ligado à evolução dos *Penetráveis*, e o que quero conotar com o problema da produção [...]"[3]. Constata-se, portanto, que as instâncias do teatro e da prática continuavam em plena vigência para ele; percebidos como um alargamento de seu percurso desde os *Penetráveis* e que vai desembocar, exatamente, no *"quasi* cinema" que serão as *Cosmococas*, criadas em Nova York na sequência de sua estada naquela cidade e sob o impacto da cultura internacional ali vigente.

Para enfocar tais instâncias, contudo, faz-se antes necessário explicitar alguns fios condutores dos raciocínios aqui mobilizados.

Museu é o mundo

"Nem *poiesis* nem *episteme*, o discurso humano é, em primeiro lugar, práxis", adverte Paolo Virno a respeito da linguagem, um dos mais consistentes processos de subjetivação[4]. Criador profícuo de um sem

---

[2]   César Oiticica Filho, "EncontrHOs", em César Oiticica Filho e Ingrid Vieira (orgs.), *Hélio Oiticica*, cit., p. 8.

[3]   Projeto HO, tombo 0511/71-11-15. Hoje em formato digital, disponível no site do Instituto Cultural Itaú: <http://www.itaucultural.org.br/aplicExternas/enciclopedia/ho/home/index.cfm>.

[4]   Paolo Virno, *Cuando el verbo se hace carne. Lenguaje y naturaleza humana* (Buenos Aires, Cactus/Tinta Limón, 2004).

O sol do novo mundo   159

número de trabalhos de arte e anotador teorizante incansável de sua própria trajetória, Oiticica evidencia o agudo processo de subjetivação a que se dedicou, ou seja, sua práxis existencial. É nessa acepção que seu legado deve ser investigado, sem cesuras ou separações de matiz epistemológico, senão à custa de obnubilar uma existência integralmente dedicada ao ato do viver criativo. Numa apreciação sobre o uso do corpo na arte brasileira, por exemplo, Viviane Matesco, repetindo outras vozes e outros comentários, afirma:

> a noção de corpo praticamente se identifica com a concepção de cor na trajetória de Oiticica. Dos primeiros trabalhos concretos às propostas de antiarte, a cor assume uma ação transitória que funda a obra na própria relação com o sujeito. [...] "plurissensorial", termo utilizado pelo próprio artista para designar um alargamento da percepção cromática, que agora se desvencilha do monopólio visual, requisita o corpo do indivíduo e instaura uma nova ordem: a fruição como proposta de arte.[5]

Em seguida, comparando a atuação de brasileiros com equivalentes internacionais, conclui que os primeiros criam uma "relação que positiva para despertar, diversa da europeia e norte-americana, que contesta para denunciar". Quero crer que há, nesse juízo, significativas alterações de apreensão. Identificar cor e corpo é aferrar-se unicamente ao plano retiniano, no modelo de Newton, sem maior atenção às demais reverberações psíquicas e somáticas que os trabalhos de Hélio foram abarcando ao longo do tempo e que visaram despertar exatamente novas ordens de perceptos aqui desconsideradas. Por outro lado, evidenciar tal trabalho apenas como "plurissensorial", desprezando o que almeja e articula enquanto contestação e denúncia de paradigmas sociopolíticos, é esquivar-se do contexto em que ele foi idealizado e atuou; é achatar a figura de Hélio enquanto artista e teórico.

A preocupação com o outro – ora o público, ora a cultura nacional, ora a consciência artística internacional –, variações que percorrem os círculos de diálogos articulados por Hélio, deve ser tomada como central em sua atuação. É nesse plano que se constitui em práxis, dirigida ao mundo, e igualmente, a si mesmo, uma *eudaimonia* de matiz nietzschiana/artaudiana que almejou, sobretudo, a autossuperação.

---

[5] Viviane Matesco, "O corpo na arte contemporânea brasileira", em Glória Ferreira (org.), *Crítica de arte no Brasil: temáticas contemporâneas* (Rio de Janeiro, Funarte, 2006), p. 531-9.

Avolumaram-se, após os anos 1980 e 1990, as constatações de que o século XX conheceu profundas alterações de paradigmas. No campo da arte, por exemplo, a noção de estética relacional, para abarcar a cada vez mais intensa transitividade que presidia as relações artista/público, bem como a de teatro pós-dramático, para designar outra qualidade de cena, não mais caudatária de princípios formais tradicionais. Num campo e noutro ganhou destaque a instância de teatralidade, essa relação propiciada pelo olhar, revestindo tais relações com renovados perceptos.

Menos do que evidenciar a adjetivação de um fenômeno, a teatralidade diz respeito ao modo de refletir e circunscrever esse fenômeno; e, se se trata de uma representação, ao modo como se situa essa representação e, mais especificamente, ao modo como é presenciada e vivida por um dado público ou auditório[6]. Não importa se tal representação é um *show*, uma escultura, uma eleição presidencial ou até mesmo um espetáculo propriamente teatral. A teatralidade independe de texto, atores ou personagens, reivindicando, sobretudo, a existência de um espaço, denominado transacional ou potencial, para permitir a troca especular. Entrar e sair do real, bem como do ficcional, é jogar com percepções. "Museu é o mundo", declarou Hélio, a propósito da almejada abrangência de sua pesquisa e atuação. Se a teatralidade pode ser verificada em um sem número de fenômenos e representações, ela adquire, entrementes, em cada caso específico, características próprias, autorizando-nos a dizer que cada fenômeno e cada representação articulam-na em modo específico. Para flagrá-la é necessário sintonizar três eixos: a ação, a vontade de exposição e a visão externa, ou seja, flagrar a ação desempenhada por algo ou alguém exposto ao olhar. Num texto escrito em 1962, Hélio já evidencia como propunha esse olhar especular:

> O *Núcleo*, que em geral consiste numa variedade de placas de cor que se organizam no espaço tridimensional (às vezes até em número de 26), permite a visão da obra no espaço (elemento) e no tempo (também elemento). O espectador gira a sua volta, penetra mesmo dentro de seu campo de ação. A visão estática da obra, de um ponto só, não a revelará em totalidade; é uma *visão cíclica*. Já nos *Núcleos* mais recentes o espectador movimenta essas placas (penduradas em seu *teto*), modificando a posição das mes-

---

6   Tracy C. Davis e Thomas Postlewait (orgs.), *Theatricality* (Cambridge, Cambridge University Press, col. Theatre and Performance Theory, 2003), introdução.

mas. A visão da cor, "visão" aqui no seu sentido completo: físico, psíquico e espiritual, desenrola-se como um complexo fio (*desenvolvimento nuclear da cor*), cheio de virtualidades.[7]

A teatralidade é imanente a essa concepção. Para além das propriedades cromáticas e formais do trabalho, sempre muito enfatizadas, é indispensável destacar o que ele é, desde sua concepção original, enquanto objeto dado às percepções sensível e cognitiva e, notadamente, às vivências do espectador. Ou seja, a seu corpo vibrátil. É dessa sinergia de estímulos que resulta uma ação – recíproca, frise-se, pois de natureza dialógica – entre o proposto pelo artista e o recebido pelo espectador: uma interatividade em grau elevado que, à medida que avança, torna-se "nuclearização da cor". Na sequência, ele afirma:

> O sentido de apreender o "vazio" que se insinuou nas *Invenções* chega a sua plenitude da valorização de todos os recantos do penetrável, inclusive o que é pisado pelo espectador, que por sua vez já se transformou no "descobridor da obra", desvendando-a parte por parte. A mobilidade das placas de cor é maior e mais complexa do que no núcleo móvel.[8]

Bólides, Núcleos, Invenções são nomes variados para obras elaboradas por ele no início da década de 1960 e inseridas na grande rubrica dos *Penetráveis* – criações destinadas a serem circundadas, penetradas, tocadas, movidas e manuseadas pelo corpo vibrátil do espectador. Há, portanto, uma *prática* fenomenológica em curso, um convite a que a pessoa saia do mero ver e instale-se no espaço potencial propiciado pela obra, com ela interagindo e por ela deixando-se levar, aberta aos sentidos e ao jogo especular.

A ampliação desses experimentos leva Oiticica a propor o *Projeto Cães de Caça* e as *Magic Squares*, em 1963, grandes instalações em logradouros públicos que adensam tais princípios, espaços lúdicos, informais, construções soltas que pudessem propiciar trânsitos e investimentos por parte dos passantes. Naquele início de década não surgiram condições favoráveis a seu desenvolvimento ou execução e, somente em 2001, uma primeira *Magic Square* foi instalada no Espaço para Instalações Permanentes no Museu do Açude, no Rio de Janeiro. Há um

---

[7] Hélio Oiticica, "A transição da cor do quadro para o espaço e o sentido de construtividade", em Glória Ferreira e Cecília Cotrim (orgs.), *Escritos de artistas: anos 60/70* (Rio de Janeiro, Jorge Zahar, 2006), p. 84.

[8] Ibidem, p. 86.

apelo anarquista considerável nessas proposições[9], uma vez que não se filiam a nenhuma tradição de reprodutibilidade conhecida nem a uma decodificação dirigida ou ideologicamente orientada.

Tal apreensão é reforçada quando sabemos que a postura artística hegemônica nesse momento, na subsunção do Centro Popular de Cultura (CPC), enfatiza proposições ligadas ao realismo, ao catecismo e à mobilização orientada das plateias. Pura experiência de sensibilidade, ao contrário, Hélio propõe uma aventura existencial ao espectador, sem recurso a um modelo outro como contrapartida. Algo da utopia fourierista cintila nessa proposta, como uma aragem nascida das paixões provocadas pela deambulação do *flaneur* pelas ruas e becos das cidades[10].

Num depoimento ao Museu de Arte Moderna do Rio de Janeiro, em 1961, Hélio declarou a propósito do *Projeto Cães de Caça*:

> Qual é a "utilidade" disso? Para que "serve"? Seria uma pergunta equívoca, pois o caráter dessas obras é puramente estético e, já que é estético, é também gratuito no sentido "utilitário". Uma obra de arte de qualquer natureza não é "utilitária", pois senão já deixa de ser obra de arte. [...] O indivíduo aqui se refugiaria, assim como quem entra num museu, para vivências de ordem estética, como se fosse algo "mágico", capaz de levá-lo a outro plano que não o cotidiano.[11]

Ordem estética, culto do indivíduo, mágico – tais expressões causavam engulhos naqueles que, no lado oposto, gritavam por *coletivi-*

---

[9]   Hélio era neto de José Oiticica (1882-1957), notável filólogo e literato, ativo participante do movimento anarquista e um dos responsáveis pela tentativa de insurreição contra o poder central em 1918, diversas vezes preso pelos governos de Washington Luiz e Getulio Vargas, fundador do jornal libertário *Ação Direta*. Hélio tinha especial carinho e admiração pelo avô e suas ideias.

[10] Charles Fourier (1772-1837) idealizou o falanstério, comarca societária de indivíduos agrupados em torno de suas paixões. Walter Benjamin (1892-1940) imortalizou a figura do *flaneur* como o sujeito que circula pelo espaço urbano à procura de novidades e vai mudando, aqui e ali, de interesses, calcado no modelo fourierista da paixão deambulante. Hélio, por sua vez, era um grande *flaneur*: "eu sempre tive uma relação imensa com as ruas do Rio. Minha relação era assim: conhecer gente de rua, principalmente turmas da Central do Brasil. Eu estou nas ruas há uns 25 anos [...] nunca me contento com uma coisa só, quero muitas, quanto mais, mais..." (Hélio Oiticica, "Um mito vadio", em César Oiticica Filho e Ingrid Vieira (orgs.), *Hélio Oiticica*, cit., p. 214).

[11] Hélio Oiticica, "Projeto Cães de Caça e pintura nuclear", em César Oiticica Filho e Ingrid Vieira (orgs.), *Hélio Oiticica*, cit., p. 29.

zação, massificação, realismo já, exprimindo com eloquência os distintos campos ideológicos de referência então conformados. No CPC imperava o princípio de catecismo e a prática da arte utilitária. Carlos Estevan Martins, primeiro presidente do CPC, declarou numa reavaliação do movimento, vinte anos depois:

> O CPC surge daí, decorrente da ideia de que era necessário aumentar as fileiras, politizando as pessoas a toque de caixa, para engrossar e enraizar o movimento pela transformação estrutural da sociedade brasileira. É preciso sacrificar o artístico? Claro que sim, porque as classes populares vão chegar ao poder logo, logo. [...] Havia falta de espaço para a criação artística propriamente dita. Aqueles que tinham talento e continuaram depois o trabalho artístico mantinham a ilusão de que era possível fazer arte ali dentro. [...] Mas eu estava careca de saber que não ia dar nunca, que a tendência era cada vez mais baixar o nível, e eu lutei para que cada vez mais baixasse o nível, não do conteúdo, mas da forma.[12]

Um dos poucos defensores da pesquisa livre no campo das artes nesse momento é o crítico Mário Pedrosa que, no texto "Ciência e arte, vasos comunicantes", enfatiza:

> é fundamental para a compreensão da pintura moderna e, portanto, da sensibilidade contemporânea distinguir entre o espaço que para existir depende que o reconheçamos na tela e o espaço sentido, ou melhor, esse sentimento de um espaço circundante que entra como fator indispensável à evidenciação das forças componentes da tensão formal. Assim, artistas e teóricos nos falam cada vez mais dessas qualidades dinâmicas – tensão, energia, força, vibração, atração – e cada vez menos dos velhos termos surrados das receitas acadêmicas.[13]

Embora sem a merecida ênfase e sem um reconhecimento mais incisivo naquele momento, o *Projeto Cães de Caça* foi parcialmente desenvolvido. Ele era composto por alguns *Penetráveis*, de Oiticica, pelo *Poema enterrado*, de Ferreira Gullar, e o *Teatro integral*, de Reynaldo Jardim, reunidos por Hélio como proposição única, organizada em torno de uma "penetração individual". *Poema enterrado* consiste em levar o indivíduo a descer uma escada no interior de um alçapão estreito, dentro do qual encontra uma caixa e, dentro dela, novas caixas

---

[12] Carlos Estevan Martins, "História do CPC", *Arte em Revista*, n. 3, 1980.

[13] Mário Pedrosa "Ciência e arte, vasos comunicantes", em Glória Ferreira (org.), *Crítica de arte no Brasil*, cit., p. 53.

em tamanhos menores, até chegar à última, na qual encontra a palavra "rejuvenesça". Trata-se do "enterro" de certo tipo de poesia e a descoberta de uma "nova" – agora espacial, concreta, circundante, circunstanciada, que contextualiza e expande a palavra antes abstrata, ensejando um mergulho e posterior aflorar por parte do espectador. No *Teatro integral*, o espectador senta-se dentro de um cubo com uma única cadeira que pode girar 180 graus. Num painel de vidro à sua volta, passa-se a cena, constituída por diversos dispositivos eletrônicos que ensejam "peças", estas resultantes de palavras, sons, luzes, cores ou aromas, acionados pela própria pessoa, numa fusão de técnicas do teatro e do cinema, participação e mecanicidade. "É uma concepção tão cheia de possibilidades e rica de ideias que só de pensar nelas sentimo-nos excitados a inventar 'peças-cenas', pois a imaginação encontra aqui um campo virgem para se expandir", declarou Hélio sobre a proposta[14].

Sem muito espaço de atuação ao longo daqueles anos, em razão do contexto artístico dominado pelo apelo *popular* do CPC, Hélio recolhe-se em suas pesquisas até o golpe de Estado de 1964, que levou os militares ao poder e ao desbaratamento da frente nacionalista e de todos os seus organismos de atuação. Nesses anos, Hélio teve seus primeiros contatos com o morro da Mangueira, ajudando seu amigo Jackson Ribeiro a confeccionar carros alegóricos para o carnaval e, posteriormente, integrando-se a sua ala de passistas. O golpe militar conheceu diversas respostas, porém a mais notória foi o *show Opinião*, estreado em dezembro de 1964. Estrondoso sucesso de público, acabou emprestando seu nome a uma grande mostra de artes plásticas realizada no MAM carioca, batizada como *Opinião 65*.

Para muitos analistas, esse evento se revelou particularmente importante, um verdadeiro delimitador de águas no panorama da época. Ao lado de manifestações diversas das vanguardas, pela primeira vez o *pop* é mostrado no Brasil. Mas a grande novidade ficou por conta de Hélio: a apresentação dos *Parangolés*. Um parangolé é um dispositivo a ser usado/vestido; são em geral capas de materiais diversos, mas também estandartes, tendas e turbantes ou outros envoltórios; eles são destinados a serem manuseados/dançados/utilizados pelo usuário, que, assim, "anima" a obra com total subjetividade. Pendurado num cabide, dentro de uma mostra de arte, o parangolé não faz sentido algum, pois

---

[14] Hélio Oiticica, "Projeto Cães de Caça e pintura nuclear", cit., p. 31.

foi criado exatamente para ser manuseado, para manifestar suas potencialidades de indução poética corpórea. Naquela ocasião, nosso artista escreveu:

> Seria, pois, o *Parangolé* um buscar, antes de mais nada, estrutural básico na constituição do mundo dos objetos, a procura das raízes na gênese objetiva da obra, a plasmação direta objetiva ela mesma. Esse interesse, pois, pela primitividade construtiva popular que só acontece nas paisagens urbanas, suburbanas, rurais etc., obras que revelam um núcleo construtivo primário, mas de um sentido espacial definido, uma totalidade. [...] Nessa procura de uma fundação objetiva, de um novo espaço e um novo tempo da obra no espaço ambiental, almeja esse sentido construtivo do *Parangolé* a uma "arte ambiental" por excelência, que poderia ou não chegar a uma arquitetura característica. Há como que uma hierarquia de ordens na plasmação experimental de *Núcleos, Penetráveis* e *Bólides*, todas elas, porém, dirigidas para essa criação de um mundo ambiental onde essa estrutura da obra se desenvolva e teça sua trama original. A participação do espectador é também aqui característica em relação ao que hoje existe na arte em geral: é uma "'participação ambiental" por excelência.[15]

No *vernissage* de *Opinião 65*, Hélio compareceu com seus amigos sambistas da Mangueira portando parangolés – e foram impedidos pelos seguranças de entrarem no recinto do MAM. Permanecendo nos jardins, ao som da bateria da escola de samba, essa radical experiência de arte dos anos 1960 foi dada a conhecer por aquela pequena população pobre e periférica, como que dando voz a uma profética intuição de Oswald de Andrade décadas antes: "A massa ainda vai comer o biscoito fino que eu fabrico".

Nem todos perceberam estar diante de uma criação radical. Mário Pedrosa foi um dos poucos que assim a dimensionaram:

> Estamos agora em outro ciclo, que não é mais puramente artístico, mas cultural, radicalmente diferente do anterior e iniciado, digamos, pela *pop art*. A esse novo ciclo de vocação antiarte eu chamaria de "arte pós-moderna". [...] Com efeito, a pura e crua totalidade sensorial, tão deliberadamente procurada e tão decisivamente importante na arte de Oiticica, é afinal marejada pela transcendência a outro ambiente. Neste, o artista, máquina sensorial absoluta, baqueia vencido pelo homem, convulsivamente preso nas paixões sujas do ego e na trágica dialética do encontro social. Dá-se, então, a simbiose desse extremo, radical refinamento estético com um ex-

---

[15] Idem, *Aspiro ao grande labirinto* (Rio de Janeiro, Rocco, 1986), p. 66-7.

tremo radicalismo psíquico, que envolve toda a personalidade. [...] A mediação para essa simbiose de dois inconformismos maniqueístas foi a escola de samba da Mangueira.[16]

No mesmo artigo, Mário Pedrosa destaca, além dos parangolés, outra criação de Hélio que habilita seu trabalho a esse novo patamar estético: o bólide *Homenagem a Cara de Cavalo*, uma instalação dedicada ao marginal assassinado poucos meses antes. Confirmam-se aqui, portanto, dois planos: um estabelece a absoluta novidade criativa do jovem e talentoso artista; e o outro define o patamar sociocultural necessário para situar seu trabalho – assim como o de outros integrantes de sua geração – como o alvorecer da pós-modernidade entre nós. Tal conceito, de aceitação relutante durante décadas, fez assim sua entrada no vocabulário crítico da arte brasileira no mesmo momento – e, em muitos casos, antecipou – aquilo que, a partir dos anos 1970, será tomado como de ampla aceitação pelo resto do mundo.

Se fora o eflúvio popular o grande estro animador das criações de Oiticica, haurido em suas andanças pela cidade, dançando samba e desfilando na avenida como passista, estudando em detalhes a construção de barracos que desafiavam as leis da gravidade, ele não foi, todavia, tomado em seu matiz folclórico ou anedótico, paternal ou ingênuo, mas como dispositivo maquínico que fomentava *práticas de invenção do cotidiano*. Coisa que, no Brasil, é conhecido como *ginga*, um peculiar ritmo de andar, malemolente e cheio de graça, próprio de quem não caminha em linha reta, coisa jamais aprendida, mas intuitivamente adquirida[17]. Captar tal flexibilidade corporal e mental parece ter sido essencial tanto para Hélio desenvolver quanto para Pedrosa especular sobre a virada pós-moderna, augurando por meio desse dístico toda uma nova postura diante da realidade, cujas origens, entre nós,

---

[16] Mário Pedrosa, "Arte ambiental, arte pós-moderna, Hélio Oiticica", em Glória Ferreira (org.), *Crítica de arte no Brasil*, cit., p. 143-5.

[17] "O ato de caminhar está para o sistema urbano como a enunciação (o *speech act*) está para a língua ou para os enunciados proferidos", destaca Michel de Certeau sobre a fala propiciada pelos passos perdidos de um caminhante nas cidades (Michel de Certeau, *A invenção do cotidiano*, Rio de Janeiro, Vozes, 2004, p. 177). Não deixa de ser curioso esse iluminado ensaio do autor sobre as estratégias de sobrevivência no cotidiano, escrito em 1990, quando sabemos que Hélio foi um anotador compulsivo de suas andanças pela cidade desde a década de 1950. Paola Berenstein Jacques dedicou todo um livro à importância da ginga na estética de nosso artista; ver Paola B. Jacques, *Estética da ginga: a arquitetura das favelas através da obra de Hélio Oiticica* (Rio de Janeiro, Casa da Palavra/Rioarte, 2001).

estavam fincadas nas bases filosóficas da antropofagia oswaldiana e nos *Penetráveis* de Oiticica. Era esse o *novo* ali entrevisto e arduamente pesquisado pelos artistas que o adotaram.

Cara de Cavalo era morador da favela do Esqueleto e amigo de Hélio, e a instalação em sua homenagem, ao prestar reverência a um conhecido traficante de drogas perseguido e morto pelo Esquadrão da Morte, era um aberto desafio ao ditatorial sistema militar. Advogar por essa marginalidade sociocultural foi um desígnio a que se propôs Oiticica nesse momento, juntando-se eticamente aos excluídos e esquecidos habitantes dos morros cariocas. Por essa razão, dali para a frente ele vai falar de antiarte e marginalidade, situando um campo vivencial para sua atuação. Ainda em 1965, ele participa da VIII Bienal de São Paulo, na qual conhece o importante crítico inglês Guy Brett, e seus trabalhos são citados no *Signals Newsbulletin* por David Medalla.

Os anos 1966 e 1967 delimitam com certo alarido esse novo posicionamento da sociedade e da arte brasileira, esboçado nas atitudes de protesto contra o novo regime militar e conhecendo algumas importantes manifestações no campo dos conceitos estéticos. Hélio escreve um texto bastante provocativo em que defende a necessidade de uma vanguarda absoluta, em sintonia com o campo internacional, reivindicada como uma "nova objetividade", em que a interação com o público deve ser decisiva: "a participação do espectador é fundamental aqui, é o princípio do que se poderia chamar de 'proposições de criação', que culmina no que formulei como antiarte"[18]. Logo após, em janeiro de 1967, arregimentando uma série de simpatizantes de sua proposta, firmam eles uma declaração de princípios básicos da vanguarda, cujos tópicos centrais estavam centrados em: a) reconhecer o caráter internacional e mundial das vanguardas; b) denunciar tudo o que estivesse institucionalizado; c) integrar a atividade criadora na coletividade; d) negar o mercado de arte; e) e adotar todos os meios disponíveis de comunicação com o público[19].

Essa declaração é concomitante com a exposição Nova Objetividade Brasileira, no MAM carioca, na qual Hélio apresenta os *Penetráveis PN2* e *PN3*, mais conhecidos como *Tropicália*. A instalação é consti-

---

[18] Hélio Oiticica, "Situação da vanguarda no Brasil (Propostas 66)", em Glória Ferreira (org.), *Crítica de arte no Brasil*, cit., p. 147-8.

[19] Ver Hélio Oiticica et al., "Declaração de princípios básicos da vanguarda – janeiro de 1967", em Glória Ferreira (org.), *Crítica de arte no Brasil*, cit., p. 149.

tuída de diversos biombos feitos de materiais rústicos (madeira, tecido, papelão), alojada sobre uma superfície de areia e pedriscos, cercada por vários vasos com vegetais de diferentes formatos e tamanhos sobre os quais transita uma arara viva. Os biombos conformam como que um labirinto a ser percorrido pelo espectador, no interior do qual se encontra um aparelho de TV ligado e, diante dele, um pequeno oratório. Numa das laterais, uma frase escrita: *a pureza é um mito*. O impacto causado pela obra foi surpreendente. Foram diversas as análises efetuadas por especialistas, em leituras que não deixaram de associar a junção do arcaico com o moderno, do frágil com o estrutural, o sentido holístico ali presente e, para culminar, sua condição de eloquente síntese da cultura brasileira naquele momento.

Síntese essa que serviu para designar um mais amplo movimento cultural em curso no país que, articulado quanto a suas propostas e intenções, configurou a tropicália ou tropicalismo. Foi assim que em 1967 conhecemos o filme *Terra em transe*, de Glauber Rocha, *O rei da vela*, na encenação do grupo Oficina, as músicas inovadoras do grupo baiano e até mesmo um manifesto reunindo esse conjunto de manifestações sob a nova rubrica estética. Em maio daquele ano, Hélio reuniu no Aterro do Flamengo um sem número de pessoas envergando parangolés, numa verdadeira manifestação dionisíaca, tropical e festiva, dando curso prático àquilo que havia enunciado em seu manifesto vanguardista como teoria. A arte ambiental por ele idealizada e materializada, entregue à população para ser livremente desenvolvida, deixava de ser uma utopia para efetivar-se num movimento de plenitude, através de uma exuberante carnavalização da realidade.

SEIS AXIOMAS

É inegável a presença de teatralidade em instalações como *Tropicália* ou nas manifestações envolvendo os parangolés. A arte ambiental, não apenas no Brasil, mas também em outros países, sempre operou pelo princípio do "fazer para ser visto" em suas realizações, consciente de que oferecia algo a ser sentido, algo a ser apropriado e, especialmente, algo a ser praticado pelo espectador.

As bases conceituais para as manifestações ambientais devem ser procuradas na obra *Assemblages, Environments & Happenings*, de Allan Kaprow, editada em 1966. Ali, sintetizando seu percurso artístico, o autor fixou as singularidades dessas novas manifestações dos anos 1960 e alguns processos desencadeados desde as vanguardas histÓricas (quando ainda não possuíam nome), especialmente entre dadaístas. Em seu entendimento, as três manifestações englobadas incluíam, na maior parte das vezes e por menor que fosse, algum apelo à participação do espectador. Portanto, desde os primórdios, a acepção de ambiente referia o espaço habitado pelo *performer* e pelo público, unidos pelo mesmo ar circundante, colocados não apenas frente a frente, como, em especial, simultaneamente no mesmo local. Tal apreensão do tempo e do espaço é crucial para entender que foi ultrapassado o limite das artes visuais – a bidimensionalidade e a obra criada num tempo anterior – e está-se diante de uma arte presencial, performática e performativa, que é fundada no aqui e agora e pulsa na tridimensionalidade.

Tais proposições – em especial a *performance Self Service*, de Kaprow – afetam sobremaneira Richard Schechner, um estudante universitário que forma com alguns colegas, em 1964, o The Free Southern Theater. No mesmo ano, ele cria outro *ensemble*, o The New Orleans Group e, em 1967, já em Nova York, o The Performance Group. Foi ao longo das experiências artísticas então encetadas que ele deu forma àquilo que ficou conhecido como *environmental theatre*, conjunto de práticas relatadas em livro publicado pela primeira vez em 1973. As diretivas que circunscrevem o teatro ambiental foram agrupadas em seis axiomas, aqui apresentados em formato condensado[20]:

- O evento cênico é um local de relações transacionais – uma vez que a estética é construída por meio de sistemas interativos e transformativos. A troca de estímulos – sejam sensitivos ou cognitivos – é constante e constitui o fundamento do teatro. Nele desenvolvem-se três relações primárias: entre os *performers*; entre os membros da plateia; e entre os *performers* e os membros da plateia. A eles se seguem outras, de caráter suplementar: entre os integrantes da encenação; entre os integrantes da encenação e os *performers*; entre os integrantes da encenação e os espectadores; e entre a totalidade da encenação e o espaço que ela ocupa.
- Todo o espaço é ocupado pela *performance* – a troca de lugar entre *performers* e espectadores e a total exploração do espaço circundante por ambos os grupos é uma característica advinda das

---

[20] Ver Richard Schechner, *Environmental Theatre* (Nova York, Applause, 1994). Do mesmo autor, será útil a consulta de *Performance Theory* (Londres, Routledge, 2006, col. Routledge Classics).

História, teatro e política

ruas, uma vez que a vida cotidiana é marcada pelas frequentes trocas de lugares.

- O evento cênico pode se dar num espaço totalmente transformado ou num espaço encontrado para tal; o ambiente pode ser entendido de dois modos: o que pode ser feito com e no espaço delimitado e a aceitação de um dado espaço. No primeiro caso, cria-se um ambiente por meio da transformação do espaço; no segundo, negocia-se com ele, entabula-se um diálogo com ele. Se houver cenografia ou se forem utilizados equipamentos, eles serão aparentes e ocuparão todo o local. Para Kaprow, a cena ambiental nasceu com a desagregação do espaço cubista e a desintegração da tela, ao se agregarem coisas estranhas à tinta, como colagens etc. Objetos concretistas podiam ser máquinas, e o público era convidado a mexer nelas ou alterar sua disposição espacial. Há pouca distancia entre a *action painting*, a colagem, a intermídia e os *happenings*, e desses para o teatro ambiental.

- O foco é flexível e variável; se no teatro convencional o foco é único, no ambiental ele pode existir, mas articula-se com um foco múltiplo, uma vez que as ações ocorrem em todo o espaço. Desse modo, nenhum espectador pode ver tudo. Ele terá de fazer uma seleção de foco para o qual dirigir sua atenção, razão pela qual ele "monta" sua encenação individual.

- Todos os elementos da encenação falam sua própria linguagem – por que a *performance* deveria ser mais importante que os demais elementos da encenação? Há aqui uma abertura para o entendimento do "processo colaborativo", uma vez que cada expressividade mobilizada opera como "canal autônomo", articulando sua própria linguagem performativa. Essa raiz vem de Artaud e foi poderosamente empregada nos trabalhos de John Cage e Merce Cunninghan.

- O texto não necessita ser o ponto de partida nem o alvo da encenação; é inteiramente possível não haver texto algum, assim como textos preexistentes sofrem alterações, mutilações e adaptações de toda espécie para se acomodarem às necessidades da encenação.

É extremamente tentador aproximar tais diretivas das manifestações ambientais propostas por Hélio Oiticica; uma vez reconhecidas, quer num caso, quer no outro, há afinidades estruturais bem mais abrangentes do que simples simultaneidades. É difícil saber se Oiticica conhecia as experiências de Schechner, mas ambos, sem dúvida, foram movidos por alguns estímulos em comum. Duchamp, Artaud, Klee e a Bauhaus são citados por ambos em seus escritos, mas o mais decisivo, sem dúvida, foi Allan Kaprow[21].

A noção de ambiente merece ser explorada. Invocada, nesse momento, ela se refere àquilo que circunda, envelopa, contém ou aninha, constituindo uma concatenação de organismos vivos[22]. É nessa acepção que foi empregada por movimentos e artistas da *land art*, da *live art* ou da *povera*, manifestações da segunda metade da década de 1960, e foi citada por Kaprow em sua obra. Apenas ao fim da década de 1970, a acepção vai absorver sentidos *new age*, passando a albergar também um viés neorromântico em relação ao meio ambiente, banhado pelo apelo holístico e pacifista. Segundo Schechner:

> Uma *performance* ambiental é uma "posição", no sentido político, um "corpo de conhecimento" no sentido acadêmico, um "lugar real" no sentido teatral. Portanto, produzir uma *performance* "ambientalizada" significa mais do que simplesmente sair para fora do proscênio ou da arena. Uma *performance* ambiental é aquela em que todos os elementos ou partes que a conformam são reconhecidos como vivos. Estar "vivo" é mudar, desenvolver, transformar, manifestar desejos e necessidades e até, potencialmente, adquirir, expressar e usar a consciência.[23]

Tais operações devem ser reportadas à nova consciência e à nova postura artística advinda ao longo dos anos 1960, sintonizadas, de um lado, no desempenho cada vez mais radical da intervenção social da arte e, de outro, na expansão da consciência tecnológica, cibernética e informacional. Norbert Wiener e Marshall McLuhan são citados com

---

[21] Em 1958, dois anos após a morte de Jackson Pollock, Kaprow escreve um texto em sua homenagem e, a certa altura, afirma: "Pollock, segundo o vejo, deixa-nos no momento em que temos de passar a nos preocupar com o espaço e os objetos da nossa vida cotidiana, e até mesmo a ficar fascinados por eles, sejam nossos corpos, roupas e quartos, ou, se necessário, a vastidão da Rua 42. Não satisfeitos com a sugestão, por meio da pintura, de nossos outros sentidos, devemos utilizar a substância específica da visão, do som, dos movimentos, das pessoas, dos odores, do tato. Objetos de todos os tipos são materiais para a nova arte: tinta, cadeiras, comida, luzes elétricas e néon, fumaça, água, meias velhas, um cachorro, filmes, mil outras coisas que serão descobertas pela geração atual de artistas" (Allan Kaprow, "O legado de Jackson Pollock", em Glória Ferreira e Cecília Cotrim (orgs.), *Escritos de artistas*, cit., p. 44).

[22] Ver Richard Schechner, *Environmental Theatre*, cit., p. x.

[23] Idem.

História, teatro e política

frequência nos textos críticos do período (teoria da informação e meio como mensagem), o que faz suas apreensões se expandirem. Mário Pedrosa, Mário Schenberg, Décio Pignatari e os irmãos Campos estão entre seus adeptos no Brasil, todos interlocutores de Hélio Oiticica nesse momento. Ele, em 1967, escreve:

> o conceito de nova objetividade não visa, como pensam muitos, diluir as estruturas, mas dar-lhes um sentido total, superar o estruturalismo criado pelas proposições da arte abstrata, fazendo-o crescer por todos os lados, como uma planta, até abarcar uma ideia concentrada na liberdade do indivíduo, proporcionando-lhe proposições abertas ao seu exercício imaginativo, interior – esta seria uma das maneiras, proporcionada nesse caso pelo artista, de desalienar o indivíduo, de torná-lo objetivo no seu comportamento ético-social. O próprio "fazer" da obra seria violado, assim como a "elaboração" interior, já que o verdadeiro "fazer" seria a vivência do indivíduo.[24]

Isso define uma importante etapa das práticas de individuação em seu projeto com os *Penetráveis*, dos quais *Tropicália* é o mais consagrado exemplo.

O suprassensorial, conotado com as alterações de consciência dadas pelo uso de entorpecentes, visa alargá-la, passando pela redescoberta do ritmo, da dança, da cor, dos sentidos, do corpo, bem como do mito, por uma experiência direta e sem mediações, um "exercício experimental de liberdade"[25].

Tropicália articula todos os axiomas explanados por Schechner: o espectador é continuamente estimulado por recursos diversos (deslocamentos, toques, sensações odoríficas, táteis, visuais) e descobre coisas aqui e ali (desenhos, poemas, objetos) no interior da instalação, além de ser circundado por signos tropicais (plantas, pedras, arara, a TV ligada num programa populharesco) que o indagam e remetem ao aqui e agora. O oratório diante do aparelho de TV, todavia, é o estágio

---

[24] Hélio Oiticica, "Aparecimento do suprassensorial na arte brasileira", em *Aspiro ao grande labirinto*, cit., p. 103.

[25] Essa expressão, citada por Hélio e transformada em programa para ele, foi empregada primeiramente por Mário Pedrosa. Como que fazendo eco a tal proposição, Suely Rolnik pondera sobre esse período e esses acontecimentos e observa: "agora você entrevê que o caráter vital e afirmativo dessa micropolítica parece implicar o fato de que ela escapa da síndrome de carência e captura" (Suely Rolnik, *Cartografia sentimental: transformações contemporâneas do desejo*, Porto Alegre, Sulina, 2007, p. 182).

O sol do novo mundo   173

culminante dessa descida ao inferno tropical: em atitude reverencial, ajoelhado, presta culto à máquina luciférica do século XX, transmissora de imagens e mensagens que diluem toda a milenar cultura da humanidade no empastelado formato de *entretenimento*. Espaço construído, labiríntico e envelopado, *Tropicália* é uma especular máquina de mensagens, destinada a fazer o espectador se perder – mas também a se reencontrar – num arquétipo de brasilidade. Sua teatralidade é superlativa, propondo olhares múltiplos, focos variáveis de apreensão e decodificação para configurar a ação do espectador. Os gregos empregaram, no que seriam os hospitais de então, a *incubatio*, uma câmara ardente na qual os pacientes, após ingerir poções extáticas, podiam contemplar a divindade e, desse modo, vislumbrar a cura. *Tropicália* invoca, por outro viés, um assemelhado princípio de pensamento selvagem: uma máquina que alberga o mito de uma nação em transe, dionisíaca, carnavalizada, lançando como a esfinge seu desafio fatal: "Decifra-me ou devoro-te". E, pelo viés da tomada de consciência suprassensorial, aguarda uma resposta *prática* do espectador.

O período tropicalista é cheio de polêmicas e atuações diversas que aproximam Hélio do teatro e do cinema. Ele faz a ambientação do *show* de Caetano, Gil e Gal Costa na boate Sucata, no Rio de Janeiro, utilizando telas diáfanas, luzes e placas coloridas. No fundo do palco, destacava-se um estandarte em que um corpo morto de bandido aparecia junto da frase: "Seja marginal, seja herói". O artefato provocou a intervenção da polícia e da censura do governo militar, e o *show* foi proibido. Retomando com esse estandarte uma nova defesa da marginalidade, tal como havia sido a *Homenagem a Cara de Cavalo*, Hélio reafirma sua escolha ética. Mais de uma vez, proclamou sua marginalidade, real e metafórica, quer no campo da cultura nacional, quer na inserção social burguesa.

Um festival de bandeiras e parangolés é promovido por ele em Ipanema, na praça General Osório, em maio de 1968, mesmo período em que participa dos filmes *Câncer*, de Glauber Rocha, e *Arte pública*, de Paulo Martins e Sirito. Mas o evento de maiores implicações ocorre no fim do ano, no aterro do Flamengo: *Apocalipopótese*. Tratou-se de um conglomerado de indivíduos e manifestações que reuniu artistas (Antonio Manuel, Lygia Pape, Rogério Duarte, Maria Esther Stockler, Pedro Escosteguy e Samy Mattar, entre outros) e proposições diversas (dança coral, samba, fotos, desfiles, filmes, labirintos, cães amestrados etc.). O mote era constituir um grande grupo que desfrutasse a

História, teatro e política

inteira liberdade de viver em conjunto. Mais uma vez, os axiomas do teatro ambiental podem ser invocados para configurar tal manifestação, recoberta de teatralidade por todos os lados: uma geleia geral, divina e maravilhosa, um dionisíaco transe coletivo contraposto à *caretice* reinante.

Em 1969, Hélio parte para Londres, onde realiza sua primeira grande mostra internacional, reunindo os mais significativos exemplares de sua obra, um conjunto de proposições a que dará o nome de Whitechapel Experience.

Corpo, lazer, cocaína

A exposição londrina foi composta especialmente de *ninhos* e *cabines*, conformando o *Éden*, novos penetráveis tácteis sensoriais ainda mais envolventes que os anteriores, recipientes destinados a aninhar as pessoas e proporcionar-lhes aventuras de e para os sentidos. O visitante deixava sapatos e meias na entrada para poder desfrutar das sensações que vinham do piso (as superfícies com revestimentos diversos, texturas e alturas já eram parte importante da proposta) – e alargavam-se em inúmeras caixas/cabines que continham palha, juta, folhas, espuma, látex, algodão etc., em tamanhos tais que permitiam deitar, rolar, juntar-se aos demais.

Nada havia a ser decifrado, senão a ser experimentado. Segundo Guy Brett, curador do evento, "todos os lugares em *Éden* são realmente 'lugares', tirados de contingências especiais, da história, do tempo e colocados no plano do mito, que é uma consciência do viver desfrutado sem tempo pela imaginação"[26]. Um conjunto de grandes caixas, separadas por véus transparentes, convidava o visitante a deitar-se e cobrir-se com diversos materiais, segundo sua escolha – imagem que despertou no crítico a metáfora de uma maternidade. Útero, efetivamente, é uma figura poética poderosa para evocar as sensações provocadas por *Éden*, fazendo reviver a utopia fourierista da harmonia num outro tempo e lugar.

Logo em seguida, na Universidade de Sussex, juntamente com estudantes, Oiticica aprofunda ainda mais essas experiências do conviver harmônico de espaços, em que os sentidos apontavam novas transformações (como ele escreveu num artigo). Isso tudo soava muito

---

[26] Guy Brett, catálogo da exposição, reproduzido em Hélio Oiticica, *Aspiro ao grande labirinto*, cit.

distante do que ocorria no Brasil, onde, após a promulgação do Ato Institucional n. 5, o país fora colocado em estado de sítio, o crime de opinião era severamente punido e a guerrilha urbana era reprimida com prisões e tortura. Ao retornar de um ano passado entre a Inglaterra e os Estados Unidos, Hélio encontra um Rio de Janeiro triste, emudecido, aterrorizado, bem distante dos tempos do tropicalismo.

Ainda assim, para afastar o *bode* com que a violência de Estado controlava a população, ele se aventura em outra manifestação pública no Aterro do Flamengo, denominada *Orgramurbana*, em que tenta propiciar um pouco de alento às pessoas, mas sem obter a adesão das manifestações anteriores com os parangolés. O Brasil estava vivendo um *sufoco*, e Hélio decide se exilar, mudando-se para Nova York em 1970 como artista residente patrocinado pela Fundação Guggenheim.

Na Big Apple, ele pulsa intensamente com a cultura da cidade, participando e frequentando ateliês de artistas, eventos musicais e cinematográficos, dando palestras e participando de encontros, absorvendo tudo que lhe era possível em relação às novas propostas, não apenas as artísticas, mas em especial aquelas associadas ao meio social, dominado pela contracultura. Datam desse período suas formulações em torno do *Crelazer* e, notadamente, as metas contidas em *Experimentar o experimental*.

Esse texto se encontra em três formatos: uma versão manuscrita num caderno de notas, datado de 1971, está preservada em estado original no Projeto HO; uma versão datilografada por Hélio, não tão completa, igualmente preservada; e outra versão, reduzida, traduzida e organizada, publicada por Paula Braga na antologia *Fios soltos: a arte de Hélio Oiticica*[27], datada de 1972. Utilizo aqui as anotações manuscritas, de caráter disperso, citações de outros autores, parte da redação em inglês e outras em português, que constituem o fluxo dessa escritura em letra nervosa, apressada. Dada a natureza fragmentária e sem pontuação do escrito, reproduzo algumas de suas frases: "o exercício experimental da liberdade evocado por Mário Pedrosa não consiste na 'criação de obras', mas na iniciativa de assumir o experimental"; "o potencial-experimental gerado no Brasil é o único anticolonial não culturalista nos escombros híbridos da 'arte brasileira'"; "o experimental assume o consumo sem ser consumismo indiferente à competição do

---

[27] Projeto HO, tombo 0511/71-11-15, e parcialmente em Paula Braga (org.), *Fios soltos: a arte de Hélio Oiticica* (São Paulo, Perspectiva, 2008), p. 341-6.

eu-melhor-que-você das 'artes'"; "em suma o experimental não é 'arte experimental'"; "os fios soltos do experimental são energias que brotam para um número aberto de possibilidades'".

Como bem captou Celso Favaretto, o que está aqui enunciado é um programa existencial, que dominará o último período de vida de Hélio, passado entre Nova York e Rio de Janeiro e cujos projetos centrais são as *Cosmococas*, as *Magic Squares* e o *autoteatro*, intensamente dedicado ao ato de viver, de viver experimentalmente "a transformação da arte em outra coisa"[28].

Bloco de Experiências in Cosmococa – Programa in Progress contém as intenções poéticas que presidiram a elaboração de um projeto a quatro mãos, dividido com o cineasta Neville d'Almeida. Gestado no apartamento nova-iorquino de Hélio, em meio ao consumo de entorpecentes, deve ser dimensionado dentro do viver experimental que brota para um número aberto de possibilidades. Nesse caso, como *quasi* cinema, ou seja, ao modo do cinema, mas ultrapassando as limitações da sala à italiana, dotada de poltronas e tela frontal de projeção, para erigir ambientes onde *slides* e luzes se sucedem em ritmos variados e a música embala a pulsação. São vários os ambientes criados: um com redes para deitar, outro com colchões no centro e uma passarela ao redor para permitir o trânsito, outro ainda com fios dependurados que interferem com sombras projetadas na contraluz etc. Entre as projeções, destacam-se dois *slides*: um do rosto de Marilyn Monroe e outro de Jimmy Hendrix filetados com cocaína em pó. Essa referência ao branco – a somatória de todas as cores – é constitutiva de uma proposta que recusa a ideia de representação ou narração – pensável como uma emulação do *satori* japonês –, mas cujo êxtase está açambarcado pela pulsação metropolitana da capital cultural do mundo. O participador aqui adquire sua maior mobilização, conforme a análise de Kátia Maciel:

> o que as *Cosmococas* colocam como imagem é uma imagem relação, isto é, uma imagem que se constitui a partir da relação de um espectador implicado em seu processo de recepção. É a esse espectador tornado participador que cabe a articulação entre os elementos propostos e é nessa relação que se estabelece um modelo possível de situação a ser vivida, uma relação que é exterior aos seus termos, não é o artista que define o

---

[28] Celso Favaretto, "Inconformismo estético, inconformismo social, Hélio Oiticica", em Paula Braga (org.), *Fios soltos*, cit., p. 15-26.

que é a obra, nem mesmo o sujeito implicado, mas é a relação entre esses termos que institui a forma. Portanto, o que as *Cosmococas* propõem é a relação como forma sensível.[29]

Parece chegar ao ápice, portanto, a utopia oiticicana de dividir a obra com o participador, iniciada como um convite à deambulação em *Núcleos* e *Penetráveis*, para objetivar-se agora enquanto forma ela mesma, corpo-máquina implicada.

Um filme denominado *Agripina é Roma Manhattan* é rodado nesse mesmo período por Hélio, mas permanecerá inacabado. *Helena inventa Ângela Maria* e *Norma inventa Bengel* foram outras propostas que partiam de figuras quase míticas e as reconstituíam com sequências de *slides* e projeções. *Performances* fotográficas com amigos, travestidos ou transcriados em outros formatos, nas ruas da cidade e no metrô, dão curso ao experimentalismo vivencial que o conduz desde então, consubstanciando seu *autoteatro*.

Vejamos mais de perto esse *autoteatro*, cuja menção se encontra no aludido manuscrito e que agora exploro mais detalhadamente. O caderno é uma sucessão de notas tomadas entre setembro e outubro de 1971. Inicia-se com uma citação de Décio Pignatari, extraída de "Marco zero de Andrade", sobre a noção de roteiro em Oswald de Andrade. Em seguida, destaca um trecho poético de Augusto de Campos – *colidoues-capo* – que lhe propicia brincar com suas próprias palavras e grafar "SUBSISTO", como intenção de conjurar *existência* e *marginalidade* para sair das estruturas do mercado de arte. Segue-se um trecho do caderno, com as características gráficas do autor:

> revolução: deveria começar pela tomada de consciência diante das "imposições culturais" da produção, opondo-se à mecanicidade da mesma e à "soma de obras" como processo vigente – quando eu proponho situações, como a que agora procuro levar a cabo: *projeto central park* e outros paralelamente, para diferentes contextos, não estou querendo criar obras, ou transformar ingenuamente ambientes em obras: a estrutura-abrigo--labirinto ou que forma tomar é o lugar em que *proposições abertas* devam ocorrer, como uma *prática*, não ritualística, o que coloco em comparação como se fora um "circo sem ritual ou espetáculo", um *autoteatro*, em que os papéis estão embaralhados: *performer*, espectador, ação, nada disso possui lugar ou tempo privilegiado: todas essas tarefas se dão em

---

[29] Kátia Maciel, "O cinema tem de virar instrumento", em Paula Braga (org.), *Fios soltos*, cit., p. 169-86.

aberto ao mesmo tempo em lugares diferentes; não há também a urgência de criar nada: a autoexperiência de cada um seria a tarefa-goal que liga tudo. [Segue-se citação em inglês de Guy Debord, *The Society of Spetacle*, parágrafo 30. Na página seguinte:] II – OCT., 11, 1971 – NYK – *performer*, *performance* – codificação, tomada de consciência – > propor um tipo de atividade que não esteja irremediavelmente reduzida à contemplação do acabado – *autoteatro* – mick jagger ídolo – acabado travestido – *performance*: problema limite: o exercício experimental da liberdade evocado por Mário Pedrosa não consiste na "criação de obras", mas na iniciativa de assumir *o experimental*" – [longa citação em inglês de John Cage, *Silence*, p. 7 – *experimental music*].

Dessas notas dispersas, convém destacar o próprio processo de criação de Hélio, feito de pesquisa de diferentes autores, inclusive do dicionário *Webster*, do qual transcreve o verbete *performance*, não apenas para situar-se intelectualmente, como também para fundamentar, com maior propriedade, suas cogitações. O conceito de *autoteatro*, situado nesse contexto de *performance*, de crítica à sociedade do espetáculo e de vontade de propor uma atividade não ritualística para os projetos em curso, evidencia como Hélio situava a função do ator em comparação com o *performer*, na liminaridade entre ator e espectador; ou ainda um circo sem ritual ou espetáculo. Numa metáfora ou noutra, há clara consciência da ação e da condição de *prática* aí implicada, cujo alvo é promover a autoexperiência.

Parece claro, assim, que Hélio Oiticica tinha plena consciência da teatralidade enquanto instância em suas criações, demonstrando compreensão dos conceitos e operações básicas das artes cênicas[30]. O termo *performance*, embora já empregado por ele em escritos anteriores, ganha aqui outra dimensão, explorado que é a partir da definição clássica de dicionário, com grifos circundando a estrutura da palavra – *perform* – e a contraposição que estabelece com o problema do face a face do espectador com o espetáculo: assumir a transformação ou perder-se em sua contemplação.

Além disso, o texto transita pelo problema da criação de situações e ambientes nos quais elas possam ocorrer – e não obras, na acepção corrente das artes visuais –, evidenciando a clareza de Hélio quanto à natureza de suas ações: a criação de uma prática, o que culmina com

---

[30] Talvez não seja fortuito acrescentar que Hélio participou de várias encenações amadoras comandadas por sua tia, a atriz Sônia Oiticica, durante a adolescência.

O sol do novo mundo   179

a materialização de uma *forma relacional*, como assinalado a propósito das *Cosmococas*. E estas, um ambiente que, quando verificado sob a óptica dos seis axiomas de Schechner, a todos contemplam e satisfazem.

Não existem registros, mas é provável que Hélio tenha assistido a *Dionysos 69*, a encenação de Richard Schechner para *As bacantes*, de Eurípides, com o Performance Group num galpão do cais do porto nova-iorquino. Ela foi o grande sucesso da temporada e suas cenas de nudez ajudaram a difundir o conceito de *environmental theatre*. Não é esse, todavia, o fulcro da questão. Importante é ter clareza de que a arte de Hélio Oiticica dialogou – e ainda hoje reverbera – com algumas das mais radicais experiências levadas a cabo naqueles decênios.

Maria Sílvia Betti

9. O corpo a corpo de um dramaturgo em tempos sombrios: concepções dramatúrgicas no trabalho de Oduvaldo Vianna Filho na fase pós-AI-5

Em 1972 Oduvaldo Vianna Filho escreveu "O meu corpo a corpo", pequeno texto de apresentação de seu monólogo *Corpo a corpo*, publicado pela *Revista da SBAT (Sociedade Brasileira de Autores Teatrais)*[1], e ali fez algumas importantes considerações que situavam seu próprio trabalho em relação ao das vanguardas estéticas do teatro no país.

Nesse setor, destacavam-se, em São Paulo, o Teatro Oficina e as concepções cênicas de seu diretor, José Celso Martinez Corrêa, apoiadas na ideia da superação dos princípios da racionalidade como base para o trabalho de criação e expressão cênica. Essa posição se inspirava, por um lado, em certa leitura dos escritos de Antonin Artaud e, por outro, num diálogo esboçado com o trabalho do grupo norte-americano Living Theater, que Zé Celso e alguns atores do Oficina haviam conhecido em Paris em maio de 1968 e com o qual tiveram um período de interação durante os primeiros meses do Living no Brasil, em 1970.

Deixando de priorizar o texto e a narrativa como instâncias ativadoras da cena, o Oficina passou a privilegiar formas de trabalho que apresentavam afinidade crescente com a *performance* e os *happenings*, caracterizando uma poética estreitamente ligada ao tropicalismo e à contracultura. O desejo de romper as convenções vigentes na relação com o público levou o grupo à adoção de expedientes de impacto intimidativo na interação com os espectadores, prática que continuaria a ser razoavelmente frequente em seu trabalho.

---

[1] Oduvaldo Vianna Filho, "O meu corpo a corpo", *Revista da SBAT*, n. 387, maio/jun. 1972.

História, teatro e política

No Rio de Janeiro, nessa mesma fase, o grande destaque eram os espetáculos do Teatro Ipanema, que tinham Rubem Corrêa e Ivan Albuquerque como diretores e José Vicente como revelação na dramaturgia. Os trabalhos apresentavam grande vigor experimental, uma linguagem visual repleta de elementos oníricos e ritualísticos e uma poética existencialista, impregnada de aspectos da cultura *hippie*[2].

Era o ápice das medidas repressivas impostas pelo governo militar, e a experiência estética e política do Centro Popular de Cultura (CPC), que o golpe abortara, não chegara a ser debatida ou mesmo compreendida com o necessário aprofundamento.

Para Vianinha (assim como para os setores culturais em geral), esse período não poderia ser mais adverso: suas peças vinham sendo sistematicamente vetadas pela censura[3], e grande parte delas só viria a ser encenada vários anos após sua morte.

O monólogo *Corpo a corpo*, encenado em São Paulo em 1971 sob a direção de Antunes Filho, punha em foco os impasses enfrentados por uma intelectualidade de classe média premida entre duas opções inconciliáveis: aderir aos mecanismos de promoção que lhe eram oferecidos pelo sistema ou manter a coerência com um pensamento político e artístico de esquerda. A longa noite de enfrentamentos existenciais, afetivos e políticos do protagonista – o publicitário Luiz Toledo Vivacqua – condensava as fantasmagorias, racionalizações e negociações simbólicas associadas à ascensão profissional da classe média no período pós-golpe. A madrugada de bebida, solidão e drogas expunha passo a passo, no correr das horas, o angustiante processo interno do personagem às voltas com suas próprias contradições. O apaziguamento trazido com o amanhecer resultava de uma capitulação sintomaticamente travestida de senso de oportunidade. Vivacqua lutava com ele próprio em um processo vertiginoso de divisão interior, mas incorria, ao fim, em várias formas de cooptação.

No prefácio que escreveu para *Corpo a corpo*, Vianna tratou de discutir sua própria posição diante do teatro que se fazia naquele difícil momento. Quatro anos antes, em artigo intitulado "Um pouco de

---

[2] Mariângela Alves de Lima, "Quem faz o teatro", em José Arrabal, Mariângela Alves de Lima e Tânia Pacheco, *Anos 70: teatro* (Rio de Janeiro, Europa, 1979).

[3] É o caso de *Os Azeredos mais os Benevides* (1963-1964), *Moço em estado de sítio* (1965), *Corpo a corpo* (1966), posteriormente rebatizada de *Mão na luva* por ocasião de sua estreia em 1984, *Papa Highirte* (1968), *A longa noite de Cristal* (1969) e *Rasga coração* (1974).

O corpo a corpo de um dramaturgo em tempos sombrios   183

pessedismo não faz mal a ninguém", publicado na *Revista Civilização Brasileira*, ele fizera uma síntese crítica da situação do teatro sob a ditadura e alertara para os riscos da problemática divisão do teatro em setores estanques, designados como "de esquerda", "esteticista" e "comercial"[4]. Diz ele:

> A luta pela vanguarda não é uma corrida. Me parece que vanguarda deve ser expressão de todos que, de uma ou outra maneira, almejam decisivas conquistas a cada determinado momento. A noção de luta entre um teatro de "esquerda", um teatro "esteticista" e um teatro "comercial", no Brasil de hoje, com o homem de teatro esmagado, quase impotente e revoltado, é absurda.[5]

Essa síntese evidenciava sua afinidade com vários aspectos do artigo "O que pensa você da arte de esquerda?", escrito por Augusto Boal para a I Feira Paulista de Opinião, realizada em 1968 no Teatro Ruth Escobar, em São Paulo. Escreveu Boal:

> Os reacionários procuram sempre, a qualquer pretexto, dividir a esquerda. A luta que deve ser conduzida contra eles é, às vezes, por eles conduzida no seio da própria esquerda. Por isso, nós – festivos sérios ou sisudos – devemos nos precaver. Nós que, em diferentes graus, desejamos modificações radicais na arte e na sociedade, devemos evitar que diferenças táticas de cada grupo artístico se transformem numa estratégia global suicida. O que os reacionários desejam é ver a esquerda transformada em saco de gatos; desejam que a esquerda derrote a si mesma. Contra isso, devemos todos reagir: temos o dever de impedi-lo.[6]

Discutir a divisão interna dos setores da cultura e do teatro envolvia, nesse momento, fazer a discussão crítica do tropicalismo, postulado amplamente no campo da música popular e da vanguarda estética no país, e Boal a fez de modo contundente em "Chacrinha e Dercy de sapato branco", um dos segmentos de "O que pensa você da arte de esquerda?":

> Seus principais teóricos e práticos não foram até o momento capazes de equacionar com mínima precisão as metas desse modismo. Por esse mo-

---

[4]   Oduvaldo Vianna Filho, "Um pouco de pessedismo não faz mal a ninguém", *Revista Civilização Brasileira*, Caderno Especial, n. 2, 1968.

[5]   Idem.

[6]   Augusto Boal, "Que pensa você da arte de esquerda?", *Latin American Theatre Review*, v. 3, n. 2, 1970, p. 45-53. Disponível em: <https://journals.ku.edu/index.php/latr/article/viewFile/93/68>.

tivo, muita gente entrou para o "movimento" e fala em seu nome e fica-
-se sem saber quem é responsável por quais declarações. E estas vão desde
afirmações dúbias do gênero "nada com mais eficácia política do que a arte
pela arte" ou "a arte solta ou livre poderá vir a ser a coisa mais eficaz do
mundo", passando por afirmações grosseiras do tipo "o espectador reage
como indivíduo e não como classe" (fazendo supor que as classes indepen-
dem dos homens e os homens das classes), até proclamações verdadeiramente canalhas do tipo "tudo é tropicalismo: o corpo de Guevara morto ou
uma barata voando para trás de uma geladeira suja" (*O Estado de S. Paulo*,
reportagem "Tropicalismo não convence", 30 abr. 1968). O primeiro tipo
de afirmação só pode partir de quem nunca fez teatro para o povo, na rua,
e, portanto, prisioneiro de sua plateia burguesa, vocifera. Mas ao mesmo
tempo resvala perigosamente para o reacionarismo quando (sem perceber
que seus interlocutores são apenas e tão somente a burguesia) pede ao teatro burguês que incite a plateia burguesa a tomar iniciativas individuais...
Ora, isso é precisamente o que a burguesia tem feito desde o aparecimento
da *virtú* até Hitler, Mr. Napalm e LBJ. Mr. and Mrs. são incondicionais e
ardorosos defensores da iniciativa individual, ultrapessoal e privada.[7]

Tanto quanto Boal, Vianna apontou, em "Um pouco de pessedismo
não faz mal a ninguém", as problemáticas divisões internas resultantes
do entrincheiramento dos setores do teatro em posições idiossincráticas:

> Todos esses fatores de desunidade, nascidos de posições culturais um
> pouco radicalizadas, fundam a face do teatro brasileiro: escoteira,
> avulsa, cada um tratando de salvar o seu barco – enquanto a política
> cultural do governo sufoca o pleno amadurecimento do potencial que
> acumulamos.[8]

Pouco menos de quatro anos depois, a estratégia do "pessedismo" então cogitado mostrou-se definitivamente fora de questão: Vianna teve
de travar um verdadeiro *corpo a corpo* com as concepções das vanguardas do teatro e com o ceticismo destas e de muitos setores da crítica
quanto à eficácia do trabalho do teatro político.

Já em 1968, em entrevista publicada no já citado Caderno Especial
da *Revista Civilização Brasileira* dedicado ao teatro, Zé Celso, colocando-se frontalmente contra o teatro político de esquerda, fez a apologia da *deseducação* como princípio liberador e da busca de caminhos
que, apesar de confusos, excitassem o sentido estético do público:

---

[7] Idem.

[8] Oduvaldo Vianna Filho, "Um pouco de pessedismo não faz mal a ninguém", cit.

O teatro não pode ser um instrumento de educação popular, de transformação de mentalidades na base do bom meninismo. A única possibilidade é exatamente pela deseducação, provocar o espectador, provocar sua inteligência recalcada, seu sentido de beleza atrofiado, seu sentido de ação protegido por mil e um esquemas teóricos abstratos e que somente levam à ineficácia. Num momento de desmistificação, o importante é a procura de caminhos que levem a ações novas. Neste momento, portanto, o sentido da inovação, da descoberta, do rompimento com o passado no campo do teatro deve ecoar, ser o reflexo e ao mesmo tempo refletir todo um esquema de projetos e de conscientização de nossa realidade. Talvez mais importante do que uma peça bem pensante e ultra bem conceituada, cheia de verdades estabelecidas (que ainda não são verdades, nem podem ser, num momento como este de perplexidade), uma peça inventiva e confusa, que excite o sentido estético, seja mais eficaz politicamente.[9]

Vianna olhava com apreensão os espetáculos das vanguardas por detectar nelas uma concepção do teatro como *mundo à parte,* desenraizado da concretude da sociedade à sua volta. Ele não deixava de reconhecer, no vigor experimental que eles apresentavam, uma forma de conhecimento e expressão em bruto do mundo contemporâneo:

Quem vê o teatro de hoje, feito a bofetadas, aos urros, desgrenhado, desdenhando a plateia, julgando o público, desafiando o espectador com urros, meneios e nudez e sensualidade; quem vê esses espetáculos retorcidos, intransigentes, escarnecedores, niilistas, elitistas, quem vê esse teatro e passa ao largo e trata-o como modismo passageiro, quem não se abala, se inquieta, se amedronta com esse teatro – não sabe o que está perdendo como conhecimento bruto de sua época, de sua realidade. Quem não vê nesse teatro principalmente a revolta funda e humana, quem não vê nesse teatro a profunda solidariedade humana perdeu a perspectiva de que as coisas não acontecem como nós queremos – principalmente nos momentos em que a história dá nós para prosseguir nos seus trilhos inúteis, mas os únicos conhecidos socialmente.[10]

O grande potencial criador desses espetáculos, apoiados em princípios bem diferentes dos seus, era reconhecido e ressaltado:

não posso deixar de tentar incorporar ao meu teatro essa sede de riqueza, de criatividade humana que esse outro teatro reivindica fortemente – o lugar

---

9   José Celso Martinez Corrêa, "A guinada de José Celso", *Revista Civilização Brasileira,* Caderno Especial, n. 2, 1968, p. 117.

10   Oduvaldo Vianna Filho, "O meu corpo a corpo", cit., p. 29.

da capacidade criadora do homem! Interessa-me muito nesse outro teatro a imperiosa necessidade de resposta que ele impõe. Responder, tentando descer realidade adentro com a maior profundidade possível.[11]

Sua divergência em relação às posições das vanguardas, porém, manifestava-se logo a seguir sem meias-tintas:

Não aceito, nesse tipo de teatro, sua sofreguidão pequeno-burguesa (a palavra pequeno-burguês está fora de moda, mas fica ela mesmo), sua visão deformada do teatro – não mais como componente de nossa vida espiritual, mas como um mundo separado, livre, aberto, não mais um meio de fazer viver, mas um *habitat*, um lugar não de trabalho, mas de vida. Esta insuportável distinção entre artista e público: o artista, esse ser livre e novo, e o espectador, essa pessoa de gravata e tudo.[12]

Para Vianna, o desafio principal do teatro como linguagem artística sempre foi o de figurar as lutas e a materialidade histórica do mundo contemporâneo, abordando-as da perspectiva dos explorados. Ignorar esse desafio num momento como o que então se atravessava era uma forma de abstenção; enfrentá-lo, porém, demandava um grau de amadurecimento estético e político incompatível com a urgência que as condições históricas do país impunham. Vianna tinha plena consciência desse impasse, e a partir dele definia, no prefácio, o que lhe parecia essencial:

Esse tipo de teatro atrás de um novo em bruto não me interessa como autor. Interessa-me, isso sim, o aparecimento do novo, o trânsito do novo para a superfície da realidade, as lutas do novo para se impor, seus recuos, suas quedas, suas obscuridades. Interessa-me o novo vivo, real, concreto, e não o novo abstrato, retórico.[13]

Os avanços artísticos na direção de formas *novas* não se desligavam, para Vianna, da necessidade de representar os processos sociais concretos e suas contínuas transformações. Ele iniciou seu trabalho de dramaturgo no fim dos anos 1950, num dos períodos de mais intensa e acelerada transformação histórica, social e econômica do país. As questões mais prementes daquele momento diziam respeito aos conflitos entre capital e trabalho, à distribuição de renda, ao processo de acumulação capitalista e à concentração de riqueza. Os expedientes

---

[11] Idem.

[12] Idem.

[13] Idem.

formais da dramaturgia dominante não eram compatíveis com um tratamento analítico dessas questões, o que o levou a interessar-se pelo teatro épico.

O épico representava naquele momento uma perspectiva formal "nova", já que a primeira montagem profissional de uma peça de Bertolt Brecht no Brasil havia ocorrido pouco tempo antes, em 1958, e o acesso à edição de *O teatro político*, de Erwin Piscator, era igualmente recente. O aporte desse "novo" daria margem, no trabalho de Vianna nos anos seguintes, a peças como *A mais-valia vai acabar, seu Edgar* (1961), *Brasil versão brasileira* (1962) e *Os Azeredo mais os Benevides* (1963), além dos autos do teatro de rua do CPC. Esse expediente formal "novo", portanto, deu-lhe condições de figurar desde um conceito fundamental da teoria econômica marxista como a mais-valia até problemas ligados à exploração nacional de petróleo, ao latifúndio e às contradições inerentes à aliança de classes.

O que Vianna chama de *trânsito do novo* no texto do prefácio resultava de um percurso análogo, ou seja, desencadeado pela necessidade de aprofundar o conhecimento da matéria tratada e refletir a seu respeito. Esse percurso não era linear ou desprovido de emperramentos ou obstáculos: havia nele *obscuridades, recuos, quedas* e *lutas*, mas seu ponto de chegada era a *superfície da realidade*. *O novo* de que falava Vianna tinha procedência subterrânea e só poderia aflorar significativamente se propelido pela necessidade concreta da figuração artística.

Analisar e refletir foram sempre os fios condutores de suas reflexões políticas e das transformações estéticas de seu trabalho desde o Teatro de Arena. Desde *Chapetuba F. C.* (1959), seu interesse voltava-se mais para o exame dos processos do que para a crônica dos efeitos. Ao afirmar num de seus escritos dessa época que a arte se inseria "no aparelho imediato de conhecimento com que enfrentamos a realidade"[14], ele observava que o pensamento começava "pela informação, pela situação histórica e concreta em que nos descobrimos"[15]. Uma renovação formal que expressasse e investigasse as transformações da realidade não lhe parecia viável se não se apoiasse na análise crítica da situação

---

[14] Oduvaldo Vianna Filho, "O artista diante da realidade", em Fernando Peixoto (org.), *Vianinha. Teatro. Televisão. Política* (São Paulo, Brasiliense, 1999), p. 66.

[15] Oduvaldo Vianna Filho, "Do Arena ao CPC", em Fernando Peixoto (org.), *Vianinha*, cit., p. 92.

social imediata: o essencial, para isso, era um teatro ajustado à situação concreta do povo, o que significava que a forma seria nova "em relação à situação cultural da sociedade e não necessariamente nova na história da arte"[16].

A representação do mundo viabilizava-se pela projeção analítica e reflexiva dos processos sociais e históricos – esse era um dos pontos centrais de sua divergência com a estética das vanguardas nesse momento. O papel mais importante da criação decorria, para ele, da capacidade de explorar arqueologicamente a superfície da realidade e de investigar seus núcleos e contradições internas. Mesmo quando o trabalho realizado não envolvia experimentação ou novidade formal – como no caso do monólogo *Corpo a corpo* –, sua importância parecia-lhe assegurada pelo aprofundamento analítico incorporado:

> *Corpo a corpo* não é uma experiência nova. É tradicional. Mas a sensação de ir tirando pedaços e pedaços de sua superfície para chegar mais e mais até sua intimidade, seus núcleos, foi meu propósito. A tonteira da razão. O nunca acabar de relações que dão razão ao indivíduo, tiram-lhe a razão, tocando sempre, formam uma síntese, desbordam de novo. Uma sanfona de Luís Gonzaga, esticando, tocando, tocando sempre. A paixão da concretude, dos espaços em que nos movimentamos, seus limites, seus traçados, os desenhos de nossos condicionamentos.[17]

A forma, para Vianna, não se separava de sua função histórica, e esta consistia, principalmente, em flagrar e investigar a defasagem observada entre pensamento e ação:

> Essa defasagem talvez tenha sido o principal elemento que o teatro de "vanguarda" perdeu de vista e passou a propor a todo instante uma espécie frenética de "querer é poder". Um messianismo inútil. Não vou lá. Com *Corpo a corpo* pretendo pôr a bola no chão. Eu não sei o que faria se estivesse no lugar de Vivacqua, o personagem de *Corpo a corpo*. Sua falta de saída é objetiva, seja ele bom, mau, médio caráter. N caráter. As armas que ele sabe usar bem, as armas que lhe dão objetividade no mundo, que lhe dão referências, as armas que ele utiliza e através das quais ele é ser humano, é ser social, são as armas de um jogo que ele detesta. Então, ou ele deixa seus instrumentos de objetivação e torna-se um ser em abstrato, em casulo, ou então usa suas armas, objetiva-se, existe e mantém o jogo que ele detesta. Agora, o que é mais importante é que as coisas são assim, mas

---

[16] Ibidem, p. 94.

[17] Idem, "O meu corpo a corpo", cit., p. 30.

com mil camadas intermediárias que possibilitam a liberdade humana, as decisões e, aí sim, as avaliações de personalidade. Mas o quadro em que ele existe é esse.[18]

A preocupação em testar novas formas não se dissociava, em seu trabalho, da procura constante da pertinência e da eficácia crítica na reflexão produzida. Por isso, peças não tipicamente experimentais ou caracterizadas por rupturas na forma ou na matéria representada podiam, para ele, mostrar-se estrategicamente mais eficientes em determinadas circunstâncias do que outras, em que a radicalidade da experimentação era a prioridade.

Essa posição, que se tornaria a partir desse momento uma verdadeira declaração de princípios de Vianna em seu trabalho, antecipa em essência o conteúdo do pequeno texto de abertura de *Rasga coração* (1974), no tocante à relatividade do conceito de "novo": o "novo", comentava Vianna, não era necessariamente revolucionário, e o verdadeiramente revolucionário não era necessariamente "novo" em suas estratégias e metas. Não por acaso, nessa peça, essa questão perpassaria toda a leitura histórica do país realizada dramaturgicamente por meio de um jogo temporal de simultaneidades e transversalidades cênicas que seriam ora aproximadas pela analogia, ora distanciadas pelos contrastes[19].

No momento em que escreve "O meu corpo a corpo", Vianna tem posição análoga com relação às rupturas postas em prática pelas vanguardas estéticas, que lhe pareciam impregnadas de um formalismo abstrato e niilista:

> volto a deixar claro que as experiências formais são decisivas para o teatro brasileiro – mas não para transmitir conteúdos esquematizados e abstratos e sim para transmitir e lutar pelo alargamento de nossa capacidade de perceber em todos os níveis a realidade subdesenvolvida neste país. As novas formas têm de surgir não de nossa urgência, de nossos desapontamentos com o povo – têm de surgir de nossa necessidade de sobreviver e, portanto, de transformar as coordenadas que nos atrelam historicamente ao subdesenvolvimento, à pobreza, à miséria. Têm de surgir de nossa luta, não de nossa demissão ou abstenção.[20]

---

[18] Idem.

[19] Idem, prefácio de *Rasga coração* (Rio de Janeiro, Serviço Nacional de Teatro, 1980), p. 13.

[20] Idem, "O meu corpo a corpo", cit.

Dois anos antes, ele declarara publicamente sua divergência da linha de encenação de uma peça sua, *A longa noite de Cristal*, às vésperas da estreia no recém-reformado Teatro Studio São Pedro, em São Paulo, sob a direção de Celso Nunes[21]. Ao detalhar as razões de sua discordância, ele já se via em processo de *corpo a corpo* com as concepções formais envolvidas:

> A peça é sobre um pequeno drama de um indivíduo e sobre a urgente necessidade de não soçobrarmos em pequenos dramas; fizeram-na um drama diluviano, quase alegórico, que vale a pena ser vivido, porque todo grande drama vale a pena ser vivido; o personagem "Cristal" é um personagem que se desatarraxou da vida e ainda assim é tratado por todos na ponta dos dedos; a encenação faz de Cristal um tresloucado homem superior que é tratado a pontapés por todos; a peça tenta amarrar os comportamentos às situações objetivas, grudá-las com cola-tudo às situações objetivas; o espetáculo é voluntarista – as pessoas agem de tal ou qual modo porque querem. Essas três inversões de concepção e não de estilo (que terminam resultando numa inversão de estilo) tornaram-me irreconhecível a peça. Contrária a minha concepção. Exatamente contrária.[22]

O fulcro principal de sua discordância não decorria da quebra com o realismo na encenação, mas do tratamento cênico que ressaltava a dimensão individual dos impasses do protagonista e comprometia a exposição crítica de sua alienação. Mesmo forçado pelas circunstâncias a direcionar seu trabalho para um público de classe média, Vianna tentava não perder de vista as perspectivas de trabalho épico do pré-1964. Tratava-se, para ele, tanto de uma necessidade artística quanto de uma questão de coerência. "Não posso conceber nenhuma solução que só sirva a indivíduos isolados ou a categorias sociais privilegiadas."[23] Sua escolha, em decorrência disso, era realizar um trabalho que se baseava não apenas na ideia de que o mundo podia ser representado, mas também de que podia ser conhecido e transformado:

> Estamos atrás de um teatro dos países subdesenvolvidos em luta por sua libertação e pela afirmação autônoma de sua capacidade criadora. Essa é a

---

[21] Ver Maria Thereza Vargas e Sábato Magaldi, *Cem anos de teatro em São Paulo* (São Paulo, Senac, 2001), p. 384; e Marco Antônio Guerra, *História e dramaturgia em cena* (São Paulo, Annablume, 2004), p. 106.

[22] Oduvaldo Vianna Filho, "Análise de uma divergência (uma entrevista)", em Fernando Peixoto (org.), *Vianinha*, cit., p. 131.

[23] Idem.

O corpo a corpo de um dramaturgo em tempos sombrios 191

minha posição. Um teatro que sirva à luta consciente, paciente, determinada, irreversível, contida, disciplinada, final do mundo subdesenvolvido.[24]

Sempre de olho na materialidade histórica da sociedade, da qual extraía a matéria em bruto de seus trabalhos, Vianna raciocinava como estrategista no terreno da forma. As rupturas e as experimentações não eram valorizadas em si ou em abstrato, mas a partir das perspectivas que pudessem abrir para a figuração crítica das lutas e das transformações sócio-históricas.

Nos setores vanguardistas no contexto pós-golpe, questões sociais ou econômicas como a posse e a ocupação da terra e a distribuição da riqueza não faziam parte do escopo temático dos trabalhos. A grande valorização crítica do cinema de Glauber Rocha, da poesia concreta, das criações dos compositores tropicalistas e dos espetáculos do Oficina era frequentemente invocada como estímulo ao desmerecimento do teatro épico e político, encarado como resíduo documental de uma fase superada. Paralelamente, no bojo da crescente crítica ao chamado reformismo, a produção cultural e artística do CPC vinha sendo praticamente alijada do debate estético.

Vianna fazia parte nessa época de um comitê cultural do PCB no qual as opções formais dos setores vanguardistas e contraculturais e seus desdobramentos políticos eram discutidos com frequência[25]. Tratava-se de um período caracterizado pela supressão do debate aberto e pela adesão vertiginosa da classe média, que constituía o público do teatro comercial, à ideologia consumista e individualista do "milagre econômico". Diante desse quadro, a necessidade material de trabalho levava um número cada vez maior de dramaturgos e atores a aderir profissionalmente ao trabalho televisivo, quando não à publicidade.

Em sua dramaturgia, Vianna procurava constantemente problematizar o papel histórico da criação, e sua inquietação diante desse quadro era imensa. É provável que tenha sido nessa época e nesse contexto que ele tenha escrito um de seus mais instigantes artigos, "A ação dramática como categoria estética", compilado na antologia organizada por Fernando Peixoto[26].

---

[24] Idem, "A ação dramática como categoria estética", em Fernando Peixoto (org.), *Vianinha*, cit., p. 124.

[25] Dênis de Moraes, *Vianinha, cúmplice da paixão* (Rio de Janeiro, Record, 2000), p. 285.

[26] Dênis de Moraes, biógrafo de Vianna, situa esse ensaio nesse período específico e cita depoimentos recolhidos por ele que parecem confirmar essa hipótese. Ver Dênis de Moraes, *Vianinha, cúmplice da paixão*, cit., p. 283.

Uma leitura desavisada ou descontextualizada do texto poderia gerar desconfiança no leitor familiarizado com a defesa sistemática do épico por Vianna, afinal o título sugeria que o dramaturgo estava às voltas ali com uma apologia do drama como perspectiva de trabalho. Na verdade, Vianna lançava mão de uma espécie de "provocação dialética" e iniciava o texto em tom quase didático:

> Admitamos essa divisão estanque, cartesiana, compartimentada do mundo mecânico, divisão tipo calça-colete-paletó, cabeça-corpo-membros: há dentro de nossa cabeça o consciente, o inconsciente, o subconsciente, o superconsciente, o consciente coletivo, a *anima*, a *persona* e outros menos votados. E, nessa patuleia, o consciente é a reação, a contenção, a polícia, nosso autoazorrague; o inconsciente é a bandeira *rossa*, é a revolução, o espontâneo, o natural, o fluente.
> Ou seja, a revolução começa não no estômago da classe explorada, que vai ganhando sua autodecência e aprendendo a agir para satisfação de suas necessidades. Não. A revolução começa fora das pressões reais. A revolução começa no infinito humano.
> E se fosse o contrário?[27]

Como em "O meu corpo a corpo", sua estratégia era começar aparentemente subscrevendo as ideias que, em seguida, colocaria sob foco crítico. Seu objetivo era examinar os argumentos de seus antagonistas, que se pautavam pela (re)afirmação de valores ditos universais, mas defendiam ao mesmo tempo o mergulho individual no irracional e no inconsciente.

> E se fosse o contrário? Se fosse nesse inconsciente que se armazenassem os mais arraigados valores de conservação social, de preservação, de confiança no dado, no posto, no disposto; se lá se localizassem os preconceitos mais naturalizados e que, portanto, nem ao menos são sentidos ou sabidos como tal (a tradicional visão sentimento de impotência do povo, seu atávico zelo pelo imediato, pelo pouco profundo, pelo fácil). Se – admitindo essa classificação e catalogação dos órgãos do sistema de representação – fosse o consciente, e só ele, o percebedor dos novos valores, o articulador de novos comportamentos, o proponente de novas estruturas. Nesse último caso, teríamos o teatro de Ibsen, Arthur Miller etc. No segundo, Arrabal etc.
> Mas e se não fosse nada disso? Se puséssemos a história como uma categoria que existe também no nosso sistema de representação?[28]

---

[27] Oduvaldo Vianna Filho, "A ação dramática como categoria estética", cit., p. 136.

[28] Idem.

O corpo a corpo de um dramaturgo em tempos sombrios   193

No contexto do país naquele momento, em que todos se viam privados das liberdades mais básicas de expressão e manifestação política, a desconfiança dos processos racionais fertilizava a imaginação criadora nos setores artísticos contraculturais. A clivagem estética e política entre as alas "engajadas" e as "vanguardistas" acirrara-se desde o Festival Internacional da Canção de 1968: Caetano Veloso, vaiado por estudantes de esquerda ao apresentar "É proibido proibir", não hesitara em mostrar que se colocava politicamente do lado oposto, rechaçando as vaias e reivindicando para si próprio e para Gilberto Gil a coragem de "assumir" e fazer "explodir" a estrutura:

> Mas é isso que é a juventude que diz que quer tomar o poder? Vocês têm coragem de aplaudir este ano uma música, um tipo de música que vocês não teriam coragem de aplaudir no ano passado? São a mesma juventude que vai sempre, sempre, matar amanhã o velhote inimigo que morreu ontem? Vocês não estão entendendo nada, nada, nada, absolutamente nada. Hoje não tem Fernando Pessoa. Eu hoje vim dizer aqui que quem teve coragem de assumir a estrutura de festival, não com o medo que o senhor Chico de Assis pediu, mas com a coragem, quem teve essa coragem de assumir essa estrutura e fazê-la explodir foi Gilberto Gil e fui eu. Não foi ninguém, foi Gilberto Gil e fui eu![29]

A partir de então, o imaginário e as reivindicações do Maio de 1968 francês, apropriados e recontextualizados na chamada "geleia geral" pós-AI-5, passaram a ser cultuados por todos os que davam como estética e politicamente obsoleto o trabalho de cultura épica e política que a ditadura ceifara.

Num contexto como esse, o fundamental para Vianna não era debater a oposição inconciliável entre racional *versus* irracional, ou entre consciente *versus* inconsciente, mas apontar a legitimidade da história como horizonte de trabalho e de representação:

> A revolução não pode ser feita pelo prevalecimento de um ou outro dos mecanismos interiores que possuímos. A revolução não pode ser feita dentro de nós. Tem que ser feita na história, porque a história é parte do nosso sistema de representação. Nós somos massa histórica. Os únicos seres na face do planeta que somos feitos de história. A revolução não pode ser feita na catalogação – tem que ser feita no movimento que promove a catalogação. Na história.

---

[29] "Discurso histórico de Caetano Veloso", em Kid Vinil, *Almanaque do rock* (São Paulo, Ediouro, 2008), p. 87.

E a história não é feita eticamente em primeiro lugar, é feita politicamente, por agrupamentos humanos que se opõem.[30]

Vianna pensava a história como processo dinâmico e objetivo, no qual lutas e conquistas processavam-se ininterruptamente. O gigantismo do fluxo histórico caracterizava-se por uma *oceanidade* desnorteante e avassaladora. Para não soçobrar em seu interior, impunha-se a existência de um projeto histórico, ou seja, de uma consciência artística que fornecesse o fio da meada crítico e perscrutasse com atenção o mundo à sua volta.

> Como [...] é possível fazer história, se somos história? Como é possível o rio correr para outro lugar? Como é possível mudar uma coisa, se a aparelhagem com que vemos nos foi dada pela coisa que queremos mudar? Como escapar do mundo da opinião, de interesses divididos, de localizações diferentes na história?[31]

Mergulhar de forma instintiva e impulsiva na *oceanidade* histórica era a opção dos setores experimentais e vanguardistas; para Vianna, essa era uma opção temerária e pouco produtiva: o que se ganhava em abertura para o vigor experimental e as pulsões irracionais perdia-se no enclausuramento caleidoscópico em um labirinto sem saída de imagens em bruto.

A contradição central que se apresentava para Vianna não era a observada entre o rígido racionalismo de um lado e a força instintiva do outro, mas sim entre a historicidade e a não historicidade. Negar a historicidade não era apenas negar que o mundo pudesse ser representado: era negar também que ele pudesse ser objeto de transformação. E era aí que Vianna situava a raiz do imobilismo que caracterizava o teatro brasileiro desse momento:

> Aparentemente lá estão nesse teatro de hoje as representações vigorosas de um projeto novo – indicadores exigentes de novos comportamentos, relacionamentos, aferições etc. Afirmamos que não existe novo projeto, porque no momento em que deixo à impulsividade, ao instinto, à verdade interiorizada imanente em cada um de nós o encontro de um novo mundo, no momento em que cindo o homem em consciente e inconsciente, nada mais estou fazendo que pedir que a sociedade deixe-se tomar exatamente pelo mundo da a-historicidade, pelas representações

---

[30] Oduvaldo Vianna Filho, "A ação dramática como categoria estética", cit., p. 136-7.

[31] Ibidem, p. 137.

O corpo a corpo de um dramaturgo em tempos sombrios   195

mais profundamente arraigadas de insociabilidade. Estou permitindo as representações de libertação as mais subcutâneas possíveis, que virão à tona como espelho da história tal como ela é e não tal como o ser humano já pode projetá-las.[32]

No lugar vazio da historicidade recusada abria-se terreno para o pânico, para o desassossego, para a dissolução e para representações desencontradas:

Ficam à tona, estranhas, mórbidas e atordoantemente misturadas – o aristocratismo e a paixão pela frugalidade; a apatia, o quietismo, a insensibilidade social com o desespero, o furor criativo, o esoterismo, a linguagem interna e o messianismo; a paixão inovadora, e o desprezo pela política, as propostas de uma nova ética e o desprezo pelas conquistas do trabalho humano, o desprezo pelo sucesso popular e a desvairada corrida pelo sucesso na elite, a mistura dos grupos céticos da sociedade com a mais intransigente e moralista intelectualidade.[33]

Definir as estratégias possíveis e úteis de trabalho diante de tudo isso era tarefa complexa para um dramaturgo como Vianna, constantemente preocupado com a problematização dialética de suas escolhas e de seus resultados. "A ação dramática como categoria estética" resultou, provavelmente, da necessidade de encará-la.

Lido no contexto contemporâneo, o artigo ganha uma inusitada atualidade, afinal uma das características da cultura pós-moderna é justamente a recusa epistemológica da historicidade, que no teatro materializa-se por meio do uso não narrativo de fluxos imagéticos presentificados em cena, por exemplo, em espetáculos pós-dramáticos e performativos.

É claro que concepções teatrais ligadas a essas linhas teóricas só viriam a se articular em fase posterior a essa em que Vianna escrevia. Mas é inegável que parte considerável das observações que ele fazia naquele momento não destoaria ou soaria deslocada dentro do debate teatral dos dias de hoje.

O importante é que, ao falar em ação dramática no texto, Vianna não se referia à ação propulsora do conflito na progressão formal do drama, mas sim à categoria estética que, no teatro, resultava do choque entre diferentes sistemas de representação:

---

[32]   Ibidem, p. 138.

[33]   Ibidem, p. 139.

História, teatro e política

> Quando falamos que o específico do teatro é a ação dramática, ou seja, a ação desencadeada diante do público pelo choque de dois diferentes sistemas de representação do mundo – ação que só acontece quando se dá o choque, no momento do choque –, não estamos assinando a validade do teatro dramático em detrimento do que se chama teatro épico. Não se trata disso – a ação dramática é específica desses dois tipos de teatro, é específica de qualquer tipo de nova forma de teatro. No teatro dramático, os sistemas de representação entram em choque num ponto único. No teatro épico, são as largas superfícies dos sistemas de representação que se chocam.[34]

O que se encontrava em foco para ele não eram as especificidades do drama ou do épico, nem a possível ou desejável prevalência de um sobre o outro. Escrevendo em um período repleto de cerceamentos de toda ordem, Vianna também não defendia a ideia de que a ação dramática devesse ter como meta incitar o público à ação, fosse no plano político, fosse no plano das reações psicológicas imediatas e instintivas. O que lhe parecia estrategicamente pertinente naquele contexto era justamente defender o teatro como lugar destinado à contemplação, ao abastecimento do aparelho de representação de seus espectadores, e não à sua intimidação, então em voga nos setores de vanguarda. A força maior da comunicação estética no teatro residia, para ele, na *imitação da vida* por meio de um sistema global de representação. Tratava-se mais uma vez, nas entrelinhas, de seu *corpo a corpo* com o experimentalismo vanguardista:

> O que afirmamos é que o teatro atual, iniciatório, propiciatório, interiorizante etc., quando privilegia as sensações em detrimento das emoções, quando privilegia os sentidos em detrimento do sistema global de representação, sem dúvida está se utilizando de formas válidas de transmissão do fenômeno estético, formas utilizadas em diversos outros tipos de manifestação artística, mas está esvaindo a formação maior da comunicação estética no teatro – sua característica de imitação da natureza –, ou seja, a ação dramática (categoria estética) tem uma forte semelhança com a ação humana, com o inter-relacionamento objetivo dos homens. Daí seu fascínio, seu encantamento – categoria estética e, ao mesmo tempo, forte aparência de realidade. As confusões que tem nascido daí, inclusive, são comprovantes de que o mistério oculto do teatro reside nessa "imitação da vida".[35]

---

[34] Ibidem, p. 141.

[35] Idem.

O corpo a corpo de um dramaturgo em tempos sombrios **197**

A etapa derradeira desse *corpo a corpo* viria num texto escrito relativamente pouco tempo depois, mas só dado a público dez anos após sua morte: o "Prólogo inédito para *Rasga coração*", documento póstumo constituído por dois fragmentos densamente reflexivos que Vianna optaria por não incluir na versão final da peça.

> Esperamos que os senhores não se inquietem
> com um início de espetáculo tão desavisado
> garantimos que não se trata de novidade
> os gregos inventaram esses prolegômenos
> talvez porque necessitassem prender a atenção
> de seu público que vinha das ruas sujas de Atenas,
> temendo os deuses e seus obscuros desígnios
> perturbados com seus feridos de guerras constantes
> com os levantes dos escravos
> os prólogos geralmente lembravam que só escapa do furor cego do destino
> quem não procura fugir dele[36]

Vianna reafirmava, nessas palavras iniciais do primeiro fragmento, as coordenadas de seu trabalho, de seu teatro épico e dialético, que extraía sua força criadora da historicização, da percepção e da representação investigativa e analítica do mundo.

Como em "O meu corpo a corpo", Vianna ressaltava ali o papel histórico do teatro num tempo dominado pela alienação e pelo consumo e definia a relação com o público em termos que reafirmavam a posição que ali defendera diante dos setores vanguardistas:

> Este é um teatro. Somos atores, não somos mágicos. Não pretendemos fazer deste espetáculo uma festa de liberdade idealizada do artista e deixá-los, no final, exauridos, jogar-lhes adrenalina no sangue, aumentar-lhes a velocidade da circulação sanguínea, atirar-lhes no rosto a nossa liberdade, fazê-los pânicos e deixá-los exauridos, na porta do teatro, nas calçadas atulhadas de automóveis, e carroças de sanduíches de salsicha, difusamente inconformados com vocês mesmos.[37]

A importância estratégica da contemplação, no prólogo, é frisada desde o início e ligada à origem histórica do teatro grego. "Um teatro", escrevia Vianna, "é o único lugar em que estamos presentes não

---

[36] Idem, prólogo inédito de *Rasga coração*, em Fernando Peixoto (org.), *Vianinha*, cit., p. 188.

[37] Ibidem, p. 191.

estando, em que participamos dos acontecimentos que, entretanto, só acontecem porque não estamos neles"[38]. Era o estar presente não estando, faceta inerente ao jogo teatral, que permitia ao espectador o exercício contemplativo, a observação historicizada do mundo e a constatação do caráter contingente e transitório daquilo que geralmente era apresentado como eterno e imutável.

Era preciso contemplar para compreender, e compreender, para Vianna, significava enxergar historicamente, na acepção brechtiana do termo. Contemplar permitia que o espectador descobrisse em si a tensão psíquica e a divisão interior de sua consciência entre opostos inconciliáveis. Contemplar permitia, ao mesmo tempo, que o espectador enxergasse os fatores que o levavam, paradoxalmente, a reproduzir a estrutura de pensamento do próprio mundo que o aprisionava.

Vianna reafirmava no prólogo os princípios estéticos e políticos apresentados e discutidos em "O meu corpo a corpo" e defendia no teatro as formas de trabalho que pudessem, em alguma medida, agregar e desenvolver conhecimento e pensamento crítico.

O teatro, para ele, não devia apresentar dados prontos, mas apresentar ao público *talantes* que lhe permitissem medir os *tamanhos reais da vida*[39], refletir, analisar e construir seu pensamento. O que estava em pauta, no fundo, era a questão brechtiana do distanciamento resultante da historicização: "se de alguma forma tivermos aberto sua segurança para sentir que as definitivas formas da vida são transitórias formas que nós criamos, estaremos moralmente recompensados"[40]. Distanciar requeria o apuramento da sensibilidade na apreensão em bruto do mundo.

Ao teatro fazia-se necessário o controle de tudo o que constituía seu exercício, sua expressão. Esse controle provinha, para Vianna, da *gratuidade* que caracterizava o ato artístico enquanto tal: era ela que assegurava ao artista a espontaneidade dos movimentos, a precisão e a fluidez, e era isso que a transformava na aspiração máxima do homem, fruto da competência e da liberdade acalentadas.

nosso objetivo é a gratuidade
a gratuidade é a máxima aspiração do homem

---

[38] Ibidem, p. 188.

[39] Ibidem, p. 190.

[40] Ibidem, p. 189.

a gratuidade não é a ignorância da realidade
é o seu controle
o voo do pássaro não refuta a lei da gravidade, confirma-a
não queremos a sua energia física
queremos a energia psíquica
esperamos que ela corcoveie dentro de você,
enlambuzem-se aí por dentro os seus sentimentos de mundo e os desse espetáculo
que briguem, odeiem, encontrem-se e repilam-se[41]

As considerações de Vianna em "O meu corpo a corpo" ressoam profundamente não apenas nos trabalhos escritos no que viriam a ser seus anos finais, mas também na própria forma como se constituíram e se articularam os setores de criação do teatro no Brasil nesse período. A imagem da luta corporal de antagonistas no solo histórico do país é uma metáfora significativa dos tempos sombrios que o país então vivia. Mas dela podem (e precisam) desdobrar-se importantes reflexões sobre inúmeras questões que se colocam dentro do teatro no momento atual.

---

[41] Ibidem, p. 190.

Mirna Aragão Medeiros e
Victor Hugo Adler Pereira

10. A DANÇA DOS VÉUS E O CORTE DO CENSOR: MOVIMENTOS RECORRENTES ENTRE O LIVRO E OS PALCOS BRASILEIROS

A relação entre a censura teatral e a literária no Brasil levanta uma série de questões de naturezas diversas que podem ser agrupadas pelo menos em dois campos de discussão e indagação. Algumas se relacionam com o modo como o papel do teatro é concebido no Brasil e como as relações entre certas modalidades de teatro e seu público são organizadas e controladas. Outras estão intimamente vinculadas a um problema mais amplo ou abstrato que é discutido com frequência no campo da filosofia e que passou a ser referência importante em debates sobre a chamada indústria cultural: a relação entre o visível e os outros âmbitos de apreensão e de representação da realidade.

Alguns episódios na atuação da censura de espetáculos ou nas limitações impostas à encenação de textos dramatúrgicos na história do teatro brasileiro trazem à tona aspectos dessas questões. Neste trabalho, escolhemos traçar uma visão panorâmica de três momentos da censura ao teatro em que a publicação em livro do próprio texto dramatúrgico ou de suas derivações revela os meandros do problema no Brasil: no século XIX, os episódios relacionados à peça *As asas de um anjo*, de José de Alencar; as duas investidas da censura contra *O rei da vela*, de Oswald de Andrade, durante o Estado Novo e a ditadura militar; e as situações relacionadas à peça *Anjo negro*, de Nelson Rodrigues, pelos motivos alegados para a interdição da primeira montagem e pelo fato de o próprio texto dramatúrgico problematizar, como alguns outros do autor, o controle e a repressão do visível.

O INQUIETO ALENCAR

A figura pública de Alencar era a de um conservador muito atuante: ele defendia a prolongação da escravatura, colocando-se contra o movimento abolicionista – aspecto de sua biografia pouco comentado hoje – e, como conselheiro, era capaz de discordar do imperador, dirigindo-lhe cartas abertas. De modo geral, considerava as posições de Dom Pedro II pouco enérgicas diante das pressões liberalizantes, mas mostrava submissão à autoridade e à instituição monárquica.

Em relação ao teatro e ao romance, o escritor envolveu-se em polêmica com Joaquim Nabuco, mas também foi atingido pelo rigor da moralidade da época e não hesitou em reagir de diferentes modos. No decorrer de nossos estudos sobre a censura ao teatro, constatamos que algumas das atitudes de Alencar como intelectual e os efeitos que ele causou em alguns setores da sociedade brasileira, apesar da distância temporal e dos contextos históricos, possibilitam comparações com situações que envolveram artistas do século XX, como Nelson Rodrigues. Ao colocar em discussão as intervenções das forças moralizantes ou da censura oficial, procuramos entender se certas analogias entre situações tão distantes no tempo não revelavam a permanência de valores e práticas institucionais que atravessaram as últimas décadas do século XIX e prolongaram-se até meados do século XX – e quem sabe além...

O episódio da interdição da peça *As asas de um anjo* revela alguns dos diferentes matizes da participação de Alencar na cena cultural da época. A peça estreou em 1858 no Ginásio Dramático, depois de liberada pelo Conservatório Dramático, mas foi proibida pela polícia com apenas alguns dias de apresentação, por ter sido considerada imoral[1].

Como destaca João Roberto Faria em comentário sobre o episódio, Alencar publicou um artigo no *Diário do Rio de Janeiro* em que procurava explicar porque, aos escrever o drama *As asas de um anjo*, proibido sob a alegação de ofender a moralidade, não estava sendo incoerente com sua defesa de que o teatro deveria ser um "daguerreótipo moral"[2]. Alegava que o tema da prostituição e da sedução de jovens por homens que desrespeitavam a ordem familiar vinha sendo exibido no teatro brasileiro em dramas estrangeiros, entre os quais incluía

---

[1] João Roberto Faria, *Ideias teatrais: o século XIX no Brasil* (São Paulo, Perspectiva/Fapesp, 2001), p. 105.

[2] Idem.

a ópera *Rigoletto* e a peça *Lucrécia Borgia*. O sucesso da peça *A dama das camélias*, de Alexandre Dumas Filho, entre outras que tratavam de situações análogas às que Alencar explorou em sua peça, permitia supor que a plateia brasileira estava preparada para receber o tema com maturidade. Entretanto, Alencar observava que o fato de trazer esse tipo de situação para a vida cotidiana dos brasileiros havia mudado a atitude da plateia:

> Assistindo à *Dama das camélias*, ou às *Mulheres de mármore*, cada um se figura que Margarida Gautier e Marco [as protagonistas desses dramas] são apenas duas moças um tanto loureiras, e acha espírito em tudo quanto elas fazem ou dizem; assistindo às *Asas de um anjo*, o espectador encontra a realidade diante dos olhos, e espanta-se sem razão de ver no teatro, sobre a cena, o que vê todos os dias à luz do sol, no meio da rua, nos passeios e espetáculos.[3]

Nesse comentário está implícita a perspectiva de Alencar de que o público teatral da corte via o drama realista como uma forma de entretenimento, dissociado da intenção dos dramaturgos, que era a de denunciar e discutir os problemas da sociedade da época. Acusa uma atitude fútil ou superficial dos espectadores: quando se torna inevitável a identificação da cena transcorrida no palco com as que se presenciam no cotidiano, o espectador assusta-se e rejeita o que vê representado. Alega que a apresentação das situações moralmente condenáveis no teatro serve justamente de alerta às famílias contra os perigos que cercam sua aparente estabilidade e de aviso para os mal-intencionados da punição que aguarda os que tendem à realização de atos condenáveis:

> Será imoral uma obra que mostra o vício castigado pelo próprio vício; que, tomando por base um fato infelizmente muito frequente na sociedade, deduz dele consequências terríveis que servem de punição não só aos seus autores principais, como àqueles que concorreram indiretamente para a sua realização?[4]

No exame dos elementos que podem ter ofendido o espectador na representação de *As asas de um anjo*, José de Alencar tece considerações sobre a linguagem adotada nos diálogos: "Quanto ao estilo, desafio a quem quer que seja que me apresente uma palavra que não possa ser

---

3   Citado em ibidem, p. 106.
4   Ibidem, p. 479.

pronunciada pelos lábios mais puros, escutada pelos ouvidos mais castos; conversa-se ali, como se conversa em qualquer sala, e a linguagem serve de véu à ideia"[5].

Enfim, o dramaturgo examina situações encenadas e conclui que sua exposição no palco foi o motivo do pedido de intervenção policial em nome da moralidade:

> Chego ao jogo cênico. É nesse ponto que se aguçam as iras dos moralistas; é daí que a polícia tirou naturalmente argumentos para a proibição de minha peça. [...] Se não me engano, são a penúltima cena do prólogo, quando Ribeiro seduz Carolina, e a cena final do quarto ato, quando Antônio, abraçando a menina, reconhece sua filha, que servem de pedra de escândalo e fazem arrepiar a mimosa pudica de certas almas escrupulosas.[6]

O romance *Lucíola* (publicado em 1862) é, sem dúvida, uma resposta e uma discussão sobre os limites do decoro impostos ao teatro, como observa a pesquisadora Valéria De Marco em seu competente estudo sobre obras que discutem a figura da prostituta, à luz da moral patriarcal: "Assim, em 1862, *Lucíola* vinha a público para retrucar o discurso das autoridades, discutir o tema da prostituta regenerada e debater as relações entre a literatura estrangeira e nacional"[7].

Vale observar, contribuindo com o enfoque desse trabalho, que o estudo de De Marco destaca as relações entre os recursos narrativos empregados por Alencar no romance e a preocupação, demonstrada desde o prefácio de *As asas de um anjo*, de discutir o modo adequado de focalizar um tema espinhoso como a prostituição e fazer uma crítica social sem ferir a moralidade dos leitores e, em especial, das leitoras de romances da época:

> Através dessas precauções do narrador, Alencar constrói uma resposta altiva e sisuda à gritaria dos censores e do público que, em 1858, tirara de cena *As asas de um anjo* [...]. No primeiro capítulo de *Lucíola*, Alencar não só descarta aqueles agressores grosseiros, mas também retoma a discussão que iniciara no prólogo à peça, dispondo-se a desenvolver a reflexão, ali apenas esboçada, sobre as relações entre os objetivos éticos do autor e a expressão artística concreta adequada.[8]

---

[5] Ibidem, p. 482.

[6] Ibidem, p. 483.

[7] Valéria De Marco, *O império da cortesã* (São Paulo, Martins Fontes, 1986), p. 149.

[8] Ibidem, p. 152.

A pesquisadora também mostra o jogo narrativo construído desde a cena do primeiro encontro do protagonista-narrador com Lúcia/Lucíola: "Ela contém os dois principais procedimentos utilizados na composição do texto: a multiplicação do foco narrativo e a sistemática exploração das potencialidades de significação que os componentes acessórios da narrativa podem oferecer"[9]. O jogo dos pontos de vista divergentes sobre o caráter da prostituta e suas motivações começa já na distância temporal do narrador, que se tornou homem experiente pela vida na corte e se propõe a contar acontecimentos da época em que chegou da província e não sabia interpretar os códigos da cidade e, principalmente, de seu submundo. Em relação aos "elementos acessórios" da narrativa, De Marco observa que, "frequentemente, esses elementos catalisam os movimentos narrativos. Dramaticamente, eles ocultam ou revelam desejos e sentimentos dos personagens"[10]. Antonio Candido relaciona o modo como esses elementos são registrados na obra de Alencar ao fato de este ter "um golpe de vista infalível para o detalhe expressivo"[11]. Inclui-se nesse tipo de procedimento a atenção ao vestuário, à moda feminina, que passa a fornecer informações sobre as personagens, em diferentes planos, à semelhança do que fazia o "mestre" Balzac em seus romances. A vinculação entre esses elementos, aparentemente acessórios, e o plano psicológico ou sociológico que contextualizam a ação é apontada por Auerbach como um dos procedimentos característicos da narrativa de Balzac[12].

Essa exploração dos elementos sensoriais, aliada à interferência dos procedimentos dramáticos e incorporada ao gênero narrativo de modo especialmente influente no século XIX, permite que, no decorrer da narrativa, impulsionado por suas opções estéticas, Alencar ultrapasse as precauções que toma para conter a força das imagens e das experiências e acabe por envolver emocionalmente o espectador com a percepção do protagonista, trazendo-o para dentro da cena. Assim, enquanto o narrador tece considerações sobre a conveniência de mostrar determinado elemento, de acordo com as regras de decoro, a necessidade de exprimir com fidelidade e explorar o sen-

---

[9] Idem.

[10] Ibidem, p. 157.

[11] Antonio Candido, *Formação da literatura brasileira: momentos decisivos* (São Paulo/Belo Horizonte, Edusp/Itatiaia, 1975), p. 234.

[12] Erich Auerbach, *Mimeses* (São Paulo, Perspectiva, 2001), p. 423.

tido da experiência do contato com a prostituição, buscando uma perspectiva "equilibrada" e não meramente moralista da questão, rompe o dique das precauções e arrisca-se a seduzir o leitor (uma testemunha, quase transformada em "espectadora", um tanto cúmplice de uma cena).

Os "perigos" da atitude de Alencar como artista e de suas opções nessa obra (cercando-a de defesas e justificativas, como ele mesmo reconhece) revelam-se no momento em que – apresentando uma correspondência entre o plano diegético e o da enunciação – Lucíola abre a cortina que separa a sala de estar da alcova. Esse gesto revela toda uma carga de significações, se for levada em conta a recorrência da imagem do tecido ou véu com que o autor ou narrador deve encobrir a crueza dos acontecimentos que apresenta. Antonio Candido afirma que Alencar "observa a fidelidade realista quando é preciso", e cita um comentário do narrador de *Lucíola* que se identifica com a proposta do autor, pelo menos nesse romance:

> Sempre tive horror às reticências [diz o narrador de *Lucíola*]; nesta ocasião antes queria desistir do meu propósito do que desdobrar aos seus olhos esse véu de pontinhos, manto espesso, que para os severos moralistas da época aplaca todos os escrúpulos, e que em minha opinião tem o mesmo efeito da máscara, o de aguçar a curiosidade.[13]

O crítico comprova a consecução dessa proposta com um trecho em que Alencar caracteriza a prostituição: "é a brutalidade da jumenta ciosa que se precipita pelo campo, mordendo os cavalos para despertar-lhes o tardo apetite"[14]. E acrescenta: "E, na descrição dos amores de Lúcia e Paulo, vai tão longe quanto possível"[15].

Valéria De Marco reconhece que, ao contrário do que ocorre em *A dama das camélias*, romance com que dialoga *Lucíola*, existe neste a apresentação do erotismo entre o protagonista e a prostituta. Rompe-se, portanto, o pretenso distanciamento que os recursos narrativos preservam ou fingem preservar – talvez apontando para as contradições e os conflitos que assolavam o indivíduo José de Alencar. De Marco diz que, "ao abrir a alcova, o romance de Alencar abre também um aspecto novo nas histórias das cortesãs: a linguagem erótica. As imagens sexuais dão

---

[13] Citado em Antonio Candido, *Formação da literatura brasileira*, cit., p. 232.

[14] Ibidem, p. 233.

[15] Idem.

concretude ao desejo e ao jogo amoroso"[16]. No entanto, discordamos de alguns comentários da pesquisadora sobre essa "abertura" ou inovação de Alencar, no trecho que reproduzimos a seguir:

> Elas revelam também a perícia do romancista que, assim, conseguia provar que podia tematizar o vício com a linguagem da decência, em nada semelhante às frases de Sade. No texto, não há nenhuma palavra que a neta da leitora não possa ouvir e, no entanto, ele recria o clima da embriaguez.

Achamos que, mais apropriado do que o contraste com as frases de Sade, obviamente evitadas por Alencar, é pensar nas "molduras" criadas de maneira ardilosa para franquear a liberdade de pintar com cores fortes uma cena erótica. Como podemos observar no trecho citado a seguir, não é somente o vocabulário direto ou obsceno que caracteriza uma cena erótica. Nesse momento, logo depois da abertura do véu que encobre a alcova, o narrador registra a transição das primeiras imagens nebulosas de Lucíola – sempre pudicas, tanto na festa religiosa quanto no encontro casual com o protagonista em uma rua da cidade – para a revelação de sua outra *persona*, a da prostituta:

> O rosto cândido e diáfano, que tanto me impressionou à doce claridade da lua, se transformara completamente: tinha agora uns toques ardentes e um fulgor estranho que o iluminava. Os lábios finos e delicados pareciam túmidos dos desejos que incubavam. Havia um abismo de sensualidade nas asas transparentes das narinas que tremiam com o anélito do respiro curto e sibilante, e também nos fogos cintilantes que incendiavam a pupila negra.[17]

Esse tipo de consideração sobre a relação necessária entre o vocabulário chulo e a representação do erotismo e de situações moralmente ofensivas surgiu quando Nelson Rodrigues desafiou seus detratores a apontar um palavrão sequer em suas peças, acusadas de obscenas; tratava-se de um estratagema para disfarçar o fato de criar o grotesco, o erótico, e de desafiar a moralidade pela intensidade das situações, o modo sensual ou hiperbólico com que ele as apresentava. Aliás, mencionamos anteriormente uma argumentação semelhante de Alencar contra seus detratores.

A partir dessa analogia entre os dois dramaturgos, iniciamos o exame na obra de Nelson Rodrigues dessa preocupação com o jogo de

---

[16] Valéria De Marco, *O império da cortesã*, cit., p. 162.

[17] Citado em idem.

História, teatro e política

aproximação e distanciamento diante da exposição de questões contundentes para a sociedade brasileira da época.

EXORCIZANDO O ÓDIO RACIAL

O teatro de Nelson Rodrigues estabelece uma complexa performatividade dos conflitos e das contradições que envolvem a concepção de visibilidade naquele momento da história da cultura em que o autor criou grande parte de sua obra teatral. A problematização do visível, das limitações de sua eficácia na descoberta da verdade, em cruzamento com o verbal, acompanhou-se da apresentação como cena que desafia o espectador quanto aos limites do que deve ou pode ser trazido à sua presença no espaço público de uma casa de espetáculos – e também, curiosamente, como o chamado "recesso do lar" é vasculhado, invadido ou pesquisado pelo olhar público.

Nelson Rodrigues, de um modo mais complexo, esteve envolvido em discussões semelhantes às travadas por Alencar. Uma coincidência de posições aproxima os dois autores: o fato de serem politicamente conservadores e muitas vezes moralistas – tanto no sentido reacionário do termo quanto, paradoxalmente, no debate sobre a autenticidade dos valores morais da época. Ao procurar trazer temas polêmicos para a discussão, ambos criticaram a hipocrisia em relação à prostituição, mas assumiram posições diferentes quanto à questão racial. Em relação à produção estético-cultural, colocaram em questão – de modo contundente para a época – o que deveria ou não ser exibido em público, explorando os caminhos tortuosos que mantêm a hipocrisia num país que se crê irreverente e cultiva o espírito carnavalesco.

As "peças míticas" de Nelson Rodrigues (*Álbum de família, Anjo negro* e *Senhora dos afogados*), segundo a definição de Sábato Magaldi, tocavam de modo impiedoso nesse tipo de conflito, explorando os ideologemas[18] que se articulam em uma rede ou conjunto de pilares que

---

[18] Segundo Carlos Ceia, em seu *E-dicionário de termos literários*: "Nas teorias de Mikhail Bakhtin sobre a narrativa, o ideologema designa aqueles termos ou expressões que induzem a uma determinada ideologia. É a partir dessa acepção que Fredric Jameson discute longamente o termo em *The Political Unconscious*, em que o define como "um complexo conceitual ou sêmico historicamente determinado que pode projetar a si mesmo de diversas maneiras na forma de um 'sistema de valores' ou 'conceito filosófico' ou na forma de uma protonarrativa, uma fantasia narrativa particular ou coletiva" (*The Political Unconscious: Narrative as a Socially Symbolic Act*, Ithaca, Cornell University Press, 1981, p. 115. [Aqui em

sustentam a ideologia das classes dominantes em campos estratégicos, como a moral familiar e as questões raciais.

Uma das peças em que essa analítica de Nelson Rodrigues aparece associada à problematização do visível é *Anjo negro*, que esteve envolvida em polêmicas de vários teores na época em que estreou. Desde a sua gênese, provocou discussão sobre a legitimidade da interpretação oficial da questão racial no país. A pesquisadora Adriana Facina cita uma observação de Nelson Rodrigues que refuta abertamente Gilberto Freyre – embora ambos fossem influentes conservadores. Por meio da divergência de perspectiva do sociólogo, Nelson Rodrigues justifica a criação do texto dramatúrgico:

> Quase posso dizer que *Anjo negro* nasceu comigo. Eu não sabia ler nem escrever e já percebera uma verdade que até hoje escapa a Gilberto Freyre – não gostamos de negro. Nada mais límpido, nítido, inequívoco, do que nosso racismo. E como é humilhante a relação entre brancos e negros. Os brancos não gostam dos negros; e o pior é que os negros não reagem. Veja bem: não reagem. [...] A "democracia racial" que nós fingimos é a mais cínica, a mais cruel das mistificações.[19]

Nelson Rodrigues contestava a ideologia da democracia racial brasileira, extrapolando o conflito que permaneceu nas relações sociais e no imaginário, não só pelo desprezo e pela segregação promovidos pelos brancos, mas também pela introjeção da percepção de inferioridade por parte dos negros, pelo ressentimento e pelo desejo de vingança que essas experiências perpetuam e podem levar a extremos. Para contestá-la, o dramaturgo não ressalta falas que contestam racionalmente os argumentos do discurso oficial, mas elabora uma espécie de exposição de um "caso" exemplar (ao gosto do mestre da matéria que desejava contestar, o sociólogo Gilberto Freyre). E, nesse "caso" extremo, questões como "ver-se como negro", "modos do branco ver o negro", "apagar a própria imagem de negro" ou "fazer esquecer a condição subalterna a que se submete o negro através do discurso verbal que se substitui ao visível", "a compensação da humilhação racial através da potência erótica do negro" estão em jogo de maneira quase didática nas situações aparentemente surreais que se sucedem na peça.

---

tradução livre])". Disponível em: <http://www.edtl.com.pt/index.php?option=com_mtree&task=viewlink&link_id=406&Itemid=2>.

[19] Citado em Adriana Facina, *Santos e canalhas: uma análise antropológica da obra de Nelson Rodrigues* (Rio de Janeiro, Civilização Brasileira, 2004), p. 112.

Citamos entre aspas essas questões porque são modelares e remetem ao circuito criado pelos ideologemas que se impõem no discurso sobre as relações raciais no Brasil (nos estudos teóricos, no senso comum e nas práticas cotidianas).

O procedimento de transformar em situação visível um ideologema, uma consideração entranhada no senso comum, na fala acadêmica ou no discurso religioso, é um traço fundamental da "teatralidade" do texto de Nelson Rodrigues. Esse procedimento é levado ao extremo numa peça posterior a *Anjo negro*: em *Doroteia, farsa irresponsável*[20], o jogo com o visível está diretamente comprometido com as máximas morais que as personagens levam ao absurdo em suas falas. A peça encena o retorno de uma mulher que se "perdeu" na prostituição à casa familiar, dirigida por suas tias. Nessa exploração do que pode ou não ser visto, as tias repressivas usam leques para censurar a visão da mulher que já foi prostituta. Trata-se de uma "máquina moral", segundo Victor H. Pereira, "nesse mundo em que o princípio organizador é a moralidade, e o enredo nada mais é que o embate entre as forças morais, transformadas em signos visíveis, em corpos e objetos materiais"[21]. Essa "máquina moral" é explorada ao mais extremo radicalismo – a ponto de as tias declararem que não conseguem enxergar homens e um par de botas representar a única aparição em cena de um personagem masculino.

Em *Doroteia*, os recursos estéticos empregados na problematização do tabu a respeito do desejo sexual da mulher e dos caminhos possíveis de sua concretização – um tema destacado nos debates sobre a moral familiar da época – apresentam alguns paralelos com a exploração do visível colocada em jogo em *Anjo negro*, mas dessa vez para discutir outro tema polêmico: as relações raciais.

Nelson Rodrigues coloca a discussão sobre os limites morais da visibilidade no plano diegético em *Anjo negro* e em sua peça posterior, *Senhora dos afogados*: os personagens discutem entre si ou tomam atitudes (às vezes severas, como a mutilação) para regular o que deve ser

---

[20] Depois de três peças censuradas em seguida (*Álbum de família, Anjo negro* e *Senhora dos afogados*), Nelson Rodrigues decidiu enviar ao Departamento Federal de Censura a peça *Doroteia, farsa irresponsável*, como se fosse da autoria de Walter Paíno, e a peça foi liberada sem problemas. Ver Ruy Castro, *O anjo pornográfico: a vida de Nelson Rodrigues* (São Paulo, Companhia das Letras, 1992), p. 217.

[21] Victor H. Adler Pereira, *Nelson Rodrigues e a obs-cena contemporânea* (Rio de Janeiro, Eduerj, 1999), p. 112.

A dança dos véus e o corte do censor   211

visto e como isso deve ser visto ou sensorialmente experimentado na vida cotidiana (e, por extensão, no teatro).

Em *Senhora dos afogados*, o "coro de vizinhos" lembra muito o jogo de biombos e frestas a que se refere José de Alencar como os "véus" da linguagem no teatro e na literatura; nessa peça, no entanto, são os movimentos corporais que sublinham as regras do decoro: os vizinhos falam de situações que denotam a decadência moral da família Drummond e salientam seus comentários com atitudes como cobrir o rosto, virar-se de costas para a cena condenável ou usar máscaras[22]. De modo semelhante, em *Anjo negro*, um coro de mulheres negras acompanha o desenvolvimento da ação, comentando com refrões o que ocorre na mansão construída para proteger o protagonista contra a visão de sua negritude. Além disso, um grupo de trabalhadores negros aparece nas cercanias da mansão e acrescenta comentários que revelam que Ismael, um médico negro reconhecido socialmente por sua competência, mantém sua mulher branca encarcerada como refém.

O modo como é organizado ou orquestrado o que deve ser mostrado em *Anjo negro* indica que o protagonista Ismael tem uma função semelhante a de um demiurgo: ele cria um sistema – uma "máquina" – para evitar que sua condição de negro seja testemunhada. Lembramos que a própria distribuição dos espaços da casa (o isolamento total) materializa a obsessão do personagem – assim como a casa das tias em *Doroteia*, em que não havia quartos para que não se pudesse sonhar.

Em vários níveis e situações, o conflito racial é problematizado por meio da visão. A mulher encarcerada por Ismael não tem permissão de ver nenhum outro homem e, no início da peça, declara de maneira um tanto premonitória que havia sonhado com a imagem de Jesus Cristo e desejava relembrar essa imagem, recuperar e guardar essa recordação. O espectador também é informado de que ela não quis ver o rosto do filho que é velado pelas mulheres negras, porque não desejava ver na criança morta a imagem do marido, identificar nela seus traços raciais. Ela matava os próprios filhos porque não aceitava o fato de gerar herdeiros negros. O espectador sabe também que o casamento foi fruto de uma vingança: a mulher foi oferecida ao médico negro pela tia, que

---

[22] Encontramos exemplos abundantes desse jogo nos comentários e nos gestos do primeiro ato e no início do segundo. Ver Nelson Rodrigues, *Teatro completo* (Rio de Janeiro, Nova Aguilar, 1993), p. 673-94.

queria se vingar por ela ter se apaixonado e tido uma relação sexual com o noivo da prima. Os diálogos referem-se constantemente ao ódio provocado por esse abuso, e uma cama de solteira, com marcas de violência, permanece no palco, junto da cama do casal.

Elias, o irmão cego de Ismael, que foi mutilado por este por ser branco, filho de outro pai e foi trazido na infância para viver com o médico, aparece na mansão trazendo uma mensagem de maldição da mãe de ambos. Ele é semelhante à imagem do Cristo que a protagonista havia visto em sonho. O encontro fatal dela com esse branco gera uma filha, Ana Maria. A criação dessa moça por Ismael permite que ele a transforme numa testemunha de que ele não é negro. Ela foi cegada e persuadida de que ele era o único homem branco do mundo. Percebemos nessa situação extrema (e irônica) uma referência ao "embranquecimento" forçado pelo discurso verbal, pelos torneamentos interpretativos criados na linguagem, justamente para impedir o conflito racial latente no Brasil, ignorando, tornando-nos "cegos" à presença do negro em várias situações de nosso cotidiano e aos traços étnicos de muitos daqueles que qualificamos de "morenos" ou mesmo de "brancos", por meio de rodeios de linguagem.

De todos os meandros do enredo, deduzimos que o principal móvel psicológico de Ismael é a negação de sua raça. A revelação final da peça é que Virgínia, a mãe assassina, tem na verdade uma atração sexual irresistível pela potência do negro, mas não aceita participar da perpetuação de sua raça, da mestiçagem... Flora Sussekind observa que o ideal da sociedade brasileira "de um progressivo esmaecimento dos traços negros num futuro relativamente próximo"[23] revela-se em toda a sua crueza pela solução encontrada no desfecho do romance *O mulato*, de Arthur Azevedo, para as contradições impostas pelo protagonista Raimundo:

> Selvagem e fidalgo, tez amulatada mas fina, negro e branco: seu hibridismo determina um caráter e uma aparência marcados igualmente pela dualidade. E se para os mestiços, dentro do ideal de branqueamento da sociedade brasileira, previa-se uma extinção gradual, também Raimundo é morto. Sem deixar traços, visto que até seu filho Ana Rosa [a branca que se apaixona por ele] acaba perdendo ao saber de seu assassinato.[24]

---

[23] Flora Sussekind, *O negro como arlequim* (Rio de Janeiro, Achiamé, 1982), p. 67.

[24] Ibidem, p. 69.

A dança dos véus e o corte do censor   213

E acrescenta a pesquisadora: "Quem está em cena, em *O mulato*, não é, portanto, um personagem negro, mas a própria interpretação racial do destino das populações de cor"[25]. De modo semelhante, em *Anjo negro*, realiza-se na caracterização de Ismael uma alegorização da condição do homem negro brasileiro que consegue romper as barreiras sociais, já em pleno século XX, isolado e tentando se proteger do ódio ou da desconfiança que inspira por ser exceção no "mundo dos brancos". A caracterização que Nelson Rodrigues desejava nitidamente conferir ao protagonista, sublinhada nas indicações sobre suas roupas de linho impecavelmente branco e seus sapatos, sugere um jogo de similitudes e contrastes com o personagem Raimundo, cujo comportamento, como lembra Flora Sussekind, pautava-se pela discrição e pelo comedimento, características atribuídas ao branco[26].

Levando em conta esse procedimento nas obras de Nelson Rodrigues de retomar obras consagradas que tratavam de temas polêmicos[27], podemos concordar com a hipótese de Flora Sussekind de que *O mulato* pode ter consolidado o ângulo a partir do qual Nelson Rodrigues discute a ascensão social do negro, sua dificuldade para se integrar e o impacto psicológico da desigualdade racial no Brasil – com a desqualificação sistemática do negro e a persistência do ideal de branqueamento[28].

Completando esse processo de incorporação e releitura de referências, ocorre em *Anjo negro* uma surpreendente alusão a *Branca de Neve*. Nesse conto infantil, o príncipe encontra a moça adormecida na floresta e desperta-a para a vida com um beijo. Na peça de Nelson Rodrigues, em vez do desenlace feliz dos conflitos provocados pela madrasta (mãe má), surge na cena final o padrasto, transformado pela mitificação da jovem Ana Maria em uma espécie de príncipe que, após um beijo traiçoeiro, conduz a moça a um caixão de vidro, onde é asfixiada com a conivência da mãe. A moça cega e iludida pelo padrasto agoniza, presa entre as paredes de vidro, enquanto a mãe e o negro Ismael celebram a revelação da verdade de sua relação: o desejo sexual, misturado ao medo e ao ódio da mulher branca, e a necessidade de agressão e afirmação de sua potência por parte do homem negro. É essa mistura de amor e

---

[25]   Idem.

[26]   Ibidem, p. 68.

[27]   Ver as releituras de Nelson Rodrigues da trilogia *Electra enlutada*, de Eugene O'Neill, e de *A casa de Bernarda Alba*, de Federico García Lorca.

[28]   Flora Sussekind, *O negro como arlequim*, cit., p. 70.

História, teatro e política

ódio que promete se perpetuar, de modo escandaloso para as plateias da época, no caráter alegórico das relações raciais no Brasil, que, como apontamos, é representado nessa tragédia rodriguiana.

A crítica dividiu-se basicamente entre admiradores da beleza do espetáculo e da contundência da denúncia dos conflitos raciais no país. Houve reações extremadas em defesa da paz na sociedade brasileira:

> No *Correio da Manhã*, uma crítica estreante não titubeia em aplaudir a tentativa de interdição da peça e considerá-la um "ponto de partida para uma luta de raça, com o intuito de engendrar ódios e desordens sociais". [...] Um grupo de senhoras, ex-alunas do Colégio Sacré-Coeur, reúne-se sob a presidência do reitor do Colégio Santo Inácio e consegue 64 assinaturas para um documento que apoia a ação da censura. Nos jornais, a polêmica gira em torno do uso de músicas e orações católicas durante a cena do funeral.[29]

Para Mário Nunes, a linguagem cênica dominante na montagem dirigida por Ziembinski, qualificada de expressionista, é responsável pela contundência do espetáculo, pelo fato de "criar uma atmosfera estranha, de pesadelo, propícia ao florescimento e expansão de todas as taras, todas as aberrações e perversões do instinto"[30].

Como observamos, a radicalidade do conflito que integra estruturalmente o drama não é relevada: o efeito de choque é atribuído a "desvios" ou opções na encenação. Mais uma vez, a responsabilidade de tornar visível o conflito negado socialmente, assim como o impacto do espetáculo, são atribuídos ao diretor estrangeiro, nesse caso Ziembinski. Na mesma trilha, Paschoal Carlos Magno diz que o espetáculo "não é a vitória de um autor, mas de um diretor", que "substituiu a interpretação e o texto pela encenação". O crítico exalta as inovações técnicas e artísticas da linguagem, sem relevar as possibilidades dadas pela dramaturgia.

Apesar da divisão nas avaliações da crítica teatral, a peça foi um sucesso para época e ficou dois meses em cartaz no Teatro Phoenix, nessa primeira montagem da companhia de Maria Della Costa e Sandro Polloni. Contrariando os elogios à direção de Ziembinski, Nelson Rodrigues declarou que o exuberante cenário *"technicolor"* de Sandro Polloni ofuscou o verdadeiro impacto, que deveria ter sido em preto e

---

[29] Violeta Ribeiro, "A respeito de *Anjo negro*", *Correio da Manhã*, 11 abr. 1948.

[30] Mário Nunes, "O *Anjo negro*, tragédia em três atos de Nelson Rodrigues", *Jornal do Brasil*, 6 abr. 1948.

A dança dos véus e o corte do censor   215

branco. Acrescentou ainda que "por melhor que fosse [a atuação de Orlando Guy], não tinha a autenticidade racial e cênica de um ator negro de verdade"[31].

Nelson Rodrigues teve de lançar mão de alguns artifícios para conseguir suspender a interdição da censura[32], o que mostra que o conflito racial ainda era um tabu para os guardiões da vida cultural brasileira na década de 1950. E ver um negro no palco, representando um drama "sério", era uma impossibilidade. Ainda no fim dos anos 1960, a retomada de um texto dramatúrgico de Oswald de Andrade traria novamente à pauta os limites do que poderia ser apresentado nos palcos brasileiros e as regras de decoro específicas do "teatro sério" na abordagem dos problemas do país.

OSWALD REVISITADO E CONDENADO

Apesar do destaque de Oswald de Andrade no meio artístico e intelectual, a peça *O rei da vela* enfrentou resistências aparentemente intransponíveis em sua primeira montagem. Procópio Ferreira, graças talvez ao sucesso da peça de "cunho social" *Deus lhe pague*, foi procurado por Oswald para encenar a peça. No entanto, a reação de Procópio ao texto não teria sido das melhores, como declarou Oswald Filho em entrevista concedida ao crítico Sábato Magaldi: "[...] contou-me, a propósito, que Procópio ficou horrorizado com *O rei da vela*, quando o pai submeteu o texto à sua apreciação, na esperança de que fosse encenado"[33]. Todavia, na estreia da peça, em 1967, questionado por que não a havia encenado, Procópio declarou que a havia lido em 1933 ou 1934 e que "a impressão dessa leitura foi a melhor possível. Ficamos todos entusiasmados e pensando em representar esse original. Mas esbarramos com um grande empecilho: a censura"[34].

---

[31]   Ruy Castro, *O anjo pornográfico*, cit., p. 204.

[32]   Três meses antes da estreia da peça, quando a companhia de Maria Della Costa e Sandro Polloni ainda estava ensaiando *Anjo negro*, o texto foi interditado pela censura federal. Nelson Rodrigues recorreu à Igreja e conseguiu um parecer favorável do padre Leonel Franca, na época consultor dos bispos brasileiros e fundador da PUC; também procurou pessoalmente o ministro Adroaldo Mesquita da Costa e, depois de algumas investidas, obteve seu apoio para a liberação da peça. Ver Ruy Castro, *O anjo pornográfico*, cit., p. 202.

[33]   Sábato Magaldi, *Nelson Rodrigues: dramaturgia e encenações* (São Paulo, Perspectiva/Edusp, 1987), p. 8.

[34]   Idem.

216 História, teatro e política

Sábato Magaldi, no livro *Panorama do teatro brasileiro*, publicado em 1962, portanto apenas cinco anos antes da montagem de José Celso Martinez Corrêa, considerou que *O rei da vela*, assim como *O homem e o cavalo*, "talvez sejam incapazes de atravessar a ribalta. Mas sua não funcionalidade se explica por excesso, por riqueza, por esquecimento dos limites do palco – nunca por indigência, por visão parca, por voo medíocre"[35].

Quanto ao atormentado momento político e artístico que Oswald de Andrade vivia quando escreveu *O rei da vela* (1933), é importante lembrar que, nesse período, ele aderiu ao Partido Comunista e renovou seu círculo de contatos. Ele não fazia um teatro que se encaixasse nos parâmetros em vigor para a criação e legitimação da cultura letrada. Além disso, seus textos não reproduziam as representações oficiais do país que o Departamento de Imprensa e Propaganda, o poderoso DIP, desejava difundir, e isso constituía uma dupla barreira para a encenação de *O rei da vela*.

As peças de Oswald de Andrade foram escritas entre 1933 e 1937[36], ou seja, a dramaturgia oswaldiana foi marcada tanto pelos princípios modernistas e antropofágicos quanto pelo pensamento comunista da época. Não podemos analisar suas peças sem ter em mente a tentativa de conciliar essas referências, o norteamento do discurso dos personagens por um jargão muitas vezes panfletário nas considerações sobre a realidade brasileira e, por implicação, a defesa de procedimentos miméticos avessos à reprodução naturalista ou ao realismo ingênuo, o que afirmava a legitimidade da estética moderna:

> O teatro moderno, como o antigo, transpõe a vida para o palco, isto é, não procura imitar a vida como ela é, mas suas aparências. Resume-a, colocando-a num outro plano em cena. Procura obter uma equivalência dos fatos e não sua cópia minuciosa e igual. Se um empregado de escritório de usura aparece no *Rei da vela* fantasiado de domador de feras, isso explica bem sua função de todos os dias na vida. Os clientes são vistos numa jaula enfurecida, porque psicologicamente é essa sua posição diante do usurário. O teatro deve esclarecer pela invenção dos efeitos, pela indumentária, pela síntese, o que a peça não pode totalmente dizer.[37]

---

[35] Citado em Victor Hugo Adler Pereira, "O rei e as revoluções possíveis", em Gilberto Mendonça Teles et al., *Oswald plural* (Rio de Janeiro, Eduerj, 1995), p. 165.

[36] As peças *O rei da vela*, *O homem e o cavalo* e *A morta* foram escritas em 1933, 1934 e 1937, respectivamente.

[37] Oswald de Andrade, "Sobre *O rei da vela*" (manuscrito), doc. n. 1251, cx. 8, série Produção Intelectual, subsérie Teatro, Arquivo Cedae.

A dança dos véus e o corte do censor   217

Tendo em mente o que dissemos a respeito de José de Alencar e Nelson Rodrigues, devemos atentar para a concepção de espetáculo teatral tal como definida na citação anterior: "O teatro deve esclarecer pela invenção dos efeitos, pela indumentária, pela síntese, o que a peça não pode totalmente dizer". Ou seja, Oswald de Andrade cria uma série de efeitos para conduzir sensorialmente o espectador por um determinado caminho de apreensão da "síntese" da realidade brasileira. E um dos motivos do desagrado ou desconforto provocado pelo texto e por sua primeira montagem, décadas depois, parece resultar desse tipo de proposta.

No meio cultural brasileiro dos anos 1960, a tentativa de conciliar crítica social e estética moderna não era aceita com facilidade, ainda mais uma vertente que incorporava com irreverência elementos da cultura popular e fazia uma espécie de colagem de referências estéticas díspares, como o teatro de revista e a ópera. O clima de farsa predomina em todos os atos de *O rei da vela*. No primeiro ato, Abelardo I aparece vestido de domador de circo; no segundo, veem-se a paisagem tropical de uma ilha e o desfile dos personagens; e, no último, o cenário é um ferro-velho. O segundo ato mostra Abelardo I num momento de lazer, numa ilha da Baía de Guanabara[38] que ele comprou para dar de presente de casamento a Heloísa; a rubrica da cena ressalta que as personagens "se vestem pela mais furiosa fantasia burguesa equatorial. Morenas seminuas. Homens esportivos, hermafroditas, menopausas"[39]. Ao longo da peça, verifica-se que ela faz uma sátira *grotesca* e uma *carnavalização* da sociedade dos anos 1930. Os excêntricos e exagerados personagens reforçam o aspecto da crítica aos modelos teatrais vigentes:

> A burguesia só produziu teatro de classe. A apresentação da classe. Hoje evoluímos. Chegamos à espinafração. *O rei da vela*, realmente, espinafra tudo e todos, descasca os valores convencionais da sociedade brasileira. O termo *espinafração* é utilizado para representar o escracho e o descaso da sociedade com a situação brasileira.[40]

O tom de "espinafração", reconhecido pelo autor em texto posterior, mobilizou tanto censores quanto setores da crítica especializada con-

---

[38] Nota da primeira edição de *O rei da vela*, pela editora José Olympio, em 1937, informa que o texto foi escrito em 1933 na ilha de Paquetá.

[39] Oswald de Andrade, *O rei da vela* (Rio de Janeiro, Globo, 1990), p. 57.

[40] Ibidem, p. 42. Em 1967, ao montar a peça, José Celso proclama: "Espinafro, logo existo".

tra *O rei da vela*, quando, em plena ditadura militar, o diretor teatral José Celso Martinez Corrêa e o Grupo Oficina montam a peça. Uma luta rocambolesca contra pareceres contraditórios da censura federal e de suas repartições estaduais prolongou-se de 1967, ano em que a peça estreou, até a promulgação do Ato Institucional n. 5, em dezembro do ano seguinte. Um desses pareceres, exarado pelo Departamento de Polícia Federal, negava o pedido do Teatro Oficina para a liberação da montagem de *O rei da vela* e a continuidade das apresentações em várias cidades brasileiras em junho de 1968. Nessa ocasião, a representante do Grupo Oficina alegou a importância da continuidade das apresentações no Brasil, já que a peça havia sido encenada em cidades europeias importantes, como Florença e Paris, e obtido grande sucesso. A alegação da censura para manter a interdição era que:

> Não cremos que a participação [do grupo Oficina em festival na França] tenha sido fortuita, e sim que tenha sido levada como uma contribuição dos "intelectuais" do Brasil [brasileiros ou não] à baderna que se delineava naquele país [...]. Lembramos ainda que essa mesma "contribuição" brasileira foi levada à Florença, Itália. Não sabemos quais os meios usados para conseguirem exibir tal peça nesses países. Cremos, de qualquer modo, tratar-se de uma "internacional" estudantil ou intelectual pró-baderna mundial.[41]

A principal justificativa à censura da peça baseia-se, portanto, na acusação de relação com um movimento "pró-baderna mundial". Os termos usados pelo censor vinculam-se a certos aspectos do tratamento que a encenação de José Celso dá à questão social, considerados anárquicos e, como veremos adiante, chocantes até mesmo para os críticos liberais brasileiros. Além disso, o censor faz um relato das transformações das sociedades ocidentais e das alianças da "aristocracia" (sic) decadente com a burguesia e condena o modo como Oswald de Andrade aborda esse fenômeno na peça, denunciando o alijamento do proletariado do poder e os mecanismos de exploração econômica. As ressalvas da crítica especializada e a condenação da censura referem-se muitas vezes à perspectiva adotada na abordagem da história do Brasil e ao desrespeito dos cânones estabelecidos para as montagens consideradas "sérias" (seja num teatro conformista, seja num teatro que critica a realidade social e política do país).

---

[41] Citado em Mirna Aragão Medeiros, *A trilogia da devoração no teatro de Oswald de Andrade: teatro e censura no Estado Novo* (dissertação de mestrado, Departamento de História, Universidade Federal Fluminense, Niterói, 2008), p. 5.

A dança dos véus e o corte do censor 219

Parece-nos que, à semelhança do que ocorreu no caso das peças de José de Alencar e Nelson Rodrigues sobre a prostituição e os conflitos raciais, as invectivas de intelectuais e policiais contra a montagem e até mesmo contra o texto de *O rei da vela* devem-se a esse desafio aos códigos de "decoro" que vigoravam em nosso teatro, dessa vez para tratar da luta de classes, do cinismo e da truculência com que ela era travada no país.

Alguns críticos teatrais importantes da época envolveram-se na polêmica com o objetivo de preservar certos princípios estéticos (ou morais?) do teatro brasileiro. Alberto D'Aversa, do *Diário de S. Paulo*, escreveu:

> Fomos para a revelação de Oswald de Andrade e assistimos à orgia desenfreada de um diretor parado nas sugestões de uma vanguarda de trinta anos atrás, mal assimilada e tetricamente reproduzida. Não podemos mais aturar a sátira do pederasta, da lésbica, do coronel ou da velha tia (como dos miseráveis, mortos de fome etc.) nos moldes de um teatro de revista em sessões continuadas com desculpa de ironização de um costume; sejamos honestos com nós mesmos: isso se chama "apelação", golpe baixo, confirmação (e áulica) de mau gosto.[42]

Décio de Almeida Prado, de *O Estado de S. Paulo*, criticou o "excesso de manifestação de erotismo", considerando que as situações de lesbianismo e homossexualidade eram exageradas em relação à sua efetiva ocorrência na sociedade brasileira. Criticou também a falta de consistência dos personagens, transformados em tipos sociais. Mas considerava, ao menos, que o caráter fragmentário da montagem, intensificado por esse tipo de tratamento, já estava presente no texto de Oswald de Andrade – fugindo da tendência apontada neste trabalho de acusar a encenação pelos problemas que não se queria admitir nos textos dos autores consagrados.

O crítico Yan Michalski foi uma das poucas vozes discordantes na condenação estética e cultural do espetáculo apresentado por José Celso Martinez, observando que ali se concretizava uma tomada de posição contra as "precauções" com que os problemas do país se apresentavam nos palcos brasileiros desde muito tempo. E, acima de tudo, esse desrespeito era um gesto de rebeldia contra uma cultura de "bom gosto", dominada por uma elite muito pouco comprometida com tradições que

---

[42] Citado em Victor Hugo Adler Pereira, *A musa carrancuda: teatro e poder no Estado Novo* (Rio de Janeiro, FGV, 1998), p. 112.

tinham mais a ver com as classes populares e as formas culturais que elas desenvolveram ou com que se identificaram no país:

> Pela primeira vez vislumbro aqui o esboço de uma coisa que poderia, com algum otimismo, ser definida como um moderno estilo brasileiro de interpretação: uma fusão de técnicas modernas e de anti-ilusionismo com nossas características nacionais de malícia grossa e avacalhada, fusão esta conseguida com a ajuda de um amplo aproveitamento – naturalmente, devidamente estilizado e criticado – dessa nossa grande tradição cultural, a chanchada.[43]

Como não trazer à lembrança neste ponto o tipo de ruptura afirmado no teatro de Nelson Rodrigues? A incorporação da estética moderna, dos efeitos visuais, da exploração dos jogos anti-ilusionistas não serviam, em ambos os casos, para rasgar o véu de hipocrisia do público e da crítica tradicional e, por que não dizer, da intelectualidade brasileira? Oswald de Andrade e Nelson Rodrigues desafiaram a atitude ainda respeitosa ou temerosa que dominava os "desafios" de José de Alencar à moralidade da época. A discussão sobre a visualidade em Nelson Rodrigues e a exposição crua dos conflitos em ambos desafiavam as convenções da representação, de modo que foram mais facilmente "jogados para baixo do tapete", apresentados com o véu da conveniência e da inteligência distanciada ou de uma comicidade descomprometida e sem contundência.

O aforismo "Toda nudez será castigada!" pode funcionar, diante dessa realidade da vida cultural brasileira, como uma lembrança de que é perigoso mexer com a hipocrisia em qualquer campo da produção cultural no país, em especial no teatro. Nos casos que examinamos aqui, não houve precaução contra o perigo de se mobilizar contra o conformismo ou a hipocrisia, contra aquilo que Oswald de Andrade denominou o "cadáver gangrenado" de nossa história.

---

[43] Ibidem, p. 176.

CATARINA SANT'ANNA

11. TEATRO E "HISTÓRIA IMEDIATA": O CASO DE *OS AJUDANTES DE ORDENS* (*LES HUISSIERS*)[1], DE MICHEL VINAVER

> A peça *Os ajudantes de ordens* foi escrita num movimento de cólera e desespero intenso... Ela se situa num momento trágico da história, em que todas as saídas pareciam obstruídas. Não havia mais nenhuma abertura possível. Estávamos em plena Guerra da Argélia. Contar o que me parecia uma farsa gigantesca e monstruosa era uma maneira de reagir. [...] é a própria imagem da derrisão em que funcionam as instituições, os espíritos e os seres.[2]

Pode o teatro representar a história presente, em meio ao processo dos fatos ainda em andamento, especialmente nos períodos críticos de crise política? Como esses textos seriam construídos em tais momentos de anomia, quando falta a todos os atores envolvidos – historiadores, jornalistas, dramaturgos, políticos, cidadãos comuns etc. – o recuo necessário para avaliar o significado e, sobretudo, o próprio rumo dos acontecimentos? Como conseguir retratar teatralmente a ebulição cega dos fatos no calor da hora e, ao mesmo tempo, garantir certa posteridade ao texto teatral, já que, sendo arte, em princípio pretende não

---

[1] Traduzimos essa peça e outras três (*Les coréens, Iphigénie Hôtel* e *11 Septembre 2001/11 September 2001*) durante nosso pós-doutorado no Instituto de Estudos Teatrais, na Universidade Sorbonne Nouvelle – Paris 3, em 2010-2011. Meus agradecimentos ao pessoal do Instituto da Memória da Edição Contemporânea (Imec-Caen) e à abadia de Ardennes; à biblioteca Gaston Baty e à biblioteca Sainte-Geneviève, ambas da Sorbonne Nouvelle; e, sobretudo, a Michel Vinaver e a Christine Hamon-Siréjols, diretora do Instituto de Estudos Teatrais, que me acolheu para pós-doutorado; e à UFBA, minha universidade.

[2] Michel Vinaver, "Des huissiers, 1957, à King, 1998...", *La Terrasse*, n. 64, jan. 1999, p. 4.

ser descartável e quer sobreviver aos instantes narrados? Como não se confundir com o mero jornalismo? Como contornar a tentação de construir um sentido ou ponto de vista, ainda que apressado, que enclausuraria a abertura natural dos acontecimentos em pleno processo? Para discutir os desafios que se impõem a um teatro voltado para a história imediata, escolhemos abordar o caso da peça *Os ajudantes de ordem*, do dramaturgo francês Michel Vinaver (1927), que a escreveu em algumas semanas durante o outono de 1957, concluindo-a em 24 de novembro, já perto da queda da conturbada IV República francesa (1946-1958), em plena guerra contra a Argélia. Além dessa peça, devemos observar que o autor escreveu duas outras sobre o mesmo período: *Os coreanos (Les coréens)*, de 1955, e *Hotel Ifigênia (Iphigénie Hôtel)*, de 1959, nas quais estão em jogo a Guerra da Coreia e o retorno de Charles De Gaulle ao poder – quando instaurou a V República, mas deu continuação à sofrida Guerra da Argélia (1954-1962). No mesmo diapasão, Vinaver escreveu ainda o texto *11 Septembre 2001/11 September 2001*[3],

---

[3] Escrita imediatamente após o acontecimento real, divulgado à exaustão pela mídia mundial, o frescor do impacto do ato terrorista é conservado no texto por Vinaver: a destruição instantânea, na manhã de 11 de setembro de 2001, das duas torres do gigantesco edifício empresarial World Trade Center, de Nova York, provocada pelo choque de aviões que se lançaram contra eles; simultaneamente a outra tentativa semelhante contra o Pentágono, em Arlington, na Virgínia. Uma colagem de extratos de textos jornalísticos publicados na imprensa estadunidense compõe a primeira versão teatral, que, em seguida, o autor verte para o francês – conservando em inglês, no entanto, as falas do coro. O bombardeio informacional daqueles dias e a saturação de imagens diluem o fato histórico, de evidência paradigmática, com uma enxurrada de detalhes da vida cotidiana, então desnorteada. Na peça, a polifonia discursiva e altamente fragmentária mistura as vozes da cabine dos aviões em questão, dos controladores de voo, dos pilotos e da tripulação de um avião militar, de operadores e anônimos, seguidas de estrondos, assim como todas as declarações do ex-presidente norte-americano George W. Bush, as descrições sensacionalistas de jornalistas desorientados (dor, morte, destruição, equipes de salvamento, repercussão na bolsa de valores, dados medidos com precisão em minutos e em centímetros), depoimentos altamente emocionados de gente comum, implicada de diferentes formas no acontecimento, a leitura do folheto de instruções que preparara os terroristas na véspera do ataque, um documento redigido cinco anos antes por um dos terroristas com instruções minuciosas para seu próprio sepultamento, de acordo com os preceitos religiosos do islamismo, e, finalmente, as vozes monumentais das figuras aparentemente antípodas de Bush e Bin Laden, apresentando, de maneira irônica, um mesmo teor político e religioso, ao evocarem a proteção de Deus para seus atos, em nome da justiça, e a promessa de vingança e destruição para estabelecer a paz e a liberdade contra a opressão, pretendendo ambos contar com o apoio geral, uma vez que agem como vítimas um do outro – "Somos uma nação

na semana do intrincado evento terrorista de graves repercussões mundiais ocorrido nos Estados Unidos. Quanto ao restante de sua obra, boa parte tangencia a história econômico-social sob o ângulo de ascensão, queda e peripécias cotidianas das grandes e pequenas indústrias dentro do complexo movimento a caminho da globalização comercial: *Par-dessus bord* [Além da borda], de 1972; *Demande d'emploi* [*A procura de emprego**], de 1972; *Les travaux et les jours* [Os trabalhos e os dias], de 1979; *À la renverse* [Na contramão], de 1980; e *King*, de 1998[4].

Propomos discutir o tema em dois momentos: primeiro, situar teoricamente o pensamento de Michel Vinaver sobre teatro e história, ao lado de algumas noções da teoria da história; em seguida, passar ao exame das relações entre texto e contexto na construção da peça *Os ajudantes de ordens*.

TEATRO E HISTÓRIA: O PENSAMENTO DE MICHEL VINAVER E ALGUMAS TEORIAS SOBRE A HISTÓRIA

> Eu me sinto cada vez mais um cabelo na sopa...
>
> Soldado Belair, em *Os coreanos*

Não se trata de um teatro político "de denúncia" (ao menos nos moldes daquele praticado nos anos 1960), tampouco de *agitprop* (1917-1932), se bem que lembre por vezes o "teatro documento" dos anos 1960. Michel Vinaver evita a tentação das mensagens "didáticas"

---

pacífica", diz Bush; "criança inocente", diz Bin Laden. É nítida a impressão final de um novo paradigma para a política mundial, isto é, o religioso: "Esses acontecimentos dividiram o mundo [...] Em dois campos [...] O campo dos crentes [...] E o campo dos não crentes", profere o personagem Bin Laden (Michel Vinaver, *Dissidente. O programa de televisão*, tradução, apresentação e notas de Catarina Sant'Anna, São Paulo, Edusp, 2007, p. 69).

* São Paulo, Imesp, 2008. (N. E.)

4 As demais peças do autor são: *Choeurs pour Antigone* [Coros para Antígona], de 1956, *Dissident, il va sans dire* [Dissidente, ele vai sem dizer], de 1978; *Nina, c'est autre chose* [Nina, é outra coisa], de 1978; *Les voisins* [Os vizinhos], de 1986; *Portrait d'une femme* [Retrato de uma mulher], de 1986; *L'émission de télévision* [O programa de televisão], de 1990; *Le dernier sursaut* [O último sobressalto], de 1990; *L'objecteur* [O objetor], de 2001 (adaptação do romance de mesmo título); *L'ordinnaire* [O comum], de 1982. Suas traduções/adaptações são: *La fête du cordonnier* [A festa do sapateiro], de Thomas Dekker, em 1959; *Les estivants* [Os veranistas], de Maksim Gorki, em 1983; *Le suicidé* [O suicida], de Nikolai Erdman, em 1984; *La terre vague* [Terra vazia], de

e dos grandes discursos a favor ou contra. No entanto, ambiciona um "desmonte do sistema" para oferecer em seus textos um diagnóstico crítico da realidade em sua complexidade. Desse modo, todos os pontos de vista são válidos e estão em jogo, sem hierarquizações. O plano macro da história surge inscrito de viés, nos jogos de poder na teia do micro, isto é, na banalidade do cotidiano – ali onde a história vai sendo gerada sem que disso nos apercebamos.

Se o termo "história" tem como dupla significação "o que sucede ou sucedeu", bem como "o conhecimento do sucedido"[5], o termo "teatro", originário do grego *théatron*, significa "o lugar de onde se vê". Uma ponte é estabelecida entre um e outro domínio pelo desejo comum de investigar, analisar e informar, que por vezes os aproxima do jornalismo – sobretudo no enfoque do tempo presente em seu acontecer imediato. Embora passando ao largo das polêmicas que envolvem história, teatro e jornalismo, quando suas fronteiras se embaralharam, não podemos ignorar sua convergência no teatro de Vinaver, que se notabilizou por retratar o tempo presente utilizando acontecimentos ainda em curso, em momentos críticos, e aproveitando-se para tanto de notícias recortadas da imprensa diária.

O processo de construção dramatúrgica de Vinaver se dá pela colagem de farto material jornalístico, quando são misturados fatos de certa envergadura histórica (guerras, tramas e rumores políticos, crises econômicas, terrorismo, engrenagens da rede midiática e publicitária) a uma miríade de fatos minúsculos e absolutamente banais do cotidiano da gente comum. A realidade retratada por feixes de fragmentos díspares, em colisão irônica, oferece uma inteligibilidade não redutora da complexidade viva da vida social. Acolher a vida em estado bruto (*"le tout-venant"*), é a base desse processo criativo. Daí o autor denominar seus textos *peças-paisagem*, isto é, uma justaposição de elementos descontínuos de caráter contingente e sem interligação numa cadeia de causas e efeitos, sem hierarquização e sem um ponto de vista privilegiado (em oposição ao que considera as *peças-máquina*, isto é, as do teatro convencional). A história surge, então, indissociada da

---

T. S. Eliot, em 1984; *Jules César* [Júlio César], de William Shakespeare, em 1990; *Le temps et la chambre* [O tempo e o quarto], de Boto Strauss, em 1990; *Les troyennes* [As troianas], de Eurípides, em 2003. Ele também escreveu os romances *Lataume*, em 1950, e *L'objecteur*, em 1951, além de ensaios, crítica e literatura infantil.

[5] José Honório Rodrigues, *Teoria da história do Brasil: introdução metodológica* (5. ed., São Paulo, Companhia Editora Nacional, 1978), p. 45.

Teatro e "história imediata" 225

vida cotidiana mais banal, num todo indiferenciado, sem enquadramentos, em virtude de uma precaução do autor para evitar que seus textos sejam resgatados no plano político, isto é, que sejam revertidos, absorvidos, apropriados pela "classe dominante". Vinaver não considera o teatro um instrumento revolucionário como outros, uma vez que a plateia – público de "privilegiados", segundo o autor – seria naturalmente resistente a mudanças. O autor acredita, por outro lado, no papel social do teatro e afirma que ele pode colocar o espectador em estado de vigília, liberdade e questionamento. Daí sua noção peculiar de "peça histórica":

> Nunca tive a intenção de escrever peças históricas. Interessei-me sempre pela ganga bruta do cotidiano, tal qual eu posso captá-la, mas, bem entendido, com o que esse cotidiano comporta de ressonâncias do evento político. [...] É, portanto, o entorno histórico no qual o cotidiano se banha que me interessa mais que o próprio evento histórico. [...] é talvez a melhor maneira de escrever uma peça histórica.[6]

Do ponto de vista da história propriamente dita ou, mais precisamente, do que se denominou "história imediata" – ou seja, a abordagem de uma realidade presente e urgente em plena pulsação –, o fato histórico se veria de certa forma afogado no fato cotidiano e se perderia "no que está espalhado, fora de categoria, consagrado ao inclassificável e ao que não é importante", pois o imaginário de massa, como frisa Pierre Nora, enxerta no acontecimento algo do *fait divers*: "seu drama, sua magia, seu mistério, sua estranheza, sua poesia, sua tragicomicidade, seu poder de compensação e de identificação, o sentido de fatalidade que o acompanha, seu luxo e sua gratuidade"[7].

Muito embora esteja em jogo aqui sobretudo o jornalismo impresso, de que Vinaver lançou mão para a construção da peça de 1957 e de seu teatro em geral, importa evocar também o caso do jornalismo televisivo, de que o dramaturgo se utilizou em algumas de suas peças[8]. Do ponto de vista do jornalismo televisivo, ao vivo, em transmissão direta, de um acontecimento histórico, o acontecimento perderia seu caráter

---

[6]   Michel Vinaver, "Le sens et le plaisir d'écrire", em *Écrits sur le théâtre* (Lausanne, L'Aire, 1982), p. 284.

[7]   Pierre Nora, "O retorno do fato", em Jacques Le Goff e Pierre Nora, *História: novos problemas* (trad. Theo Santiago, 2. ed., Rio de Janeiro, Francisco Alves, 1979), p. 184.

[8]   Sobretudo em *À la renverse* (1980) e em *L'émission de télévision* (1990), assim como na já referida *11 Septembre 2001/11 September 2001* (2002).

histórico por se ver projetado no "vivido das massas" como espetáculo. A teatralidade seria inerente ao acontecimento moderno, por este ser imediatamente público, visto em curso de acontecer (ao menos no mundo livre, nas sociedades democráticas). Daí resultaria uma "inflação factual", um estado de "superinformação perpétua", mas, ao mesmo tempo, de "subinformação crônica", que, segundo Pierre Nora, seria um procedimento para conjurar, exorcizar o "acontecimento", já que este sempre comporta um poder de impacto e é dotado de uma força provocadora de mudanças. Desse modo, "multiplicar o novo, fabricar o acontecimento, degradar a informação, são seguramente o meio de se defender"[9], em razão da incapacidade de dominar o verdadeiro acontecimento, sempre ligado a uma crise e cujas consequências se desconhecem. Se, por um lado, o acontecimento se mostra de difícil decifração imediata, pela dificuldade de identificar nele a parte não factual, ou seja, as "virtualidades imaginárias, parasitárias"[10], por outro, o historiador poderia beneficiar-se do material latente que aflora à superfície do tecido social através do rasgão que o acontecimento produz nele: emoções, hábitos, representações herdadas do passado, conflitos, projeções sociais[11]. Enfim, o acontecimento traria em seu bojo um feixe de significações esparsas, que caberia ao historiador desatar para poder sair da evidência do acontecimento e pôr em foco o sistema, tornando inteligível a unicidade. Assim, a "história imediata" constituiria apenas "o primeiro esboço, a primeira apresentação, a incomparável coleção de documentos perecíveis – os gestos vivos, a voz humana, as cores e os odores de uma multidão e de um povo no trabalho e no combate – a partir do qual as outras operações históricas se desenvolvem em profundidade"[12]. Ainda porque "a imagem da 'história imediata' não para de se mexer, recusando um verdadeiro enquadramento, bem como uma acomodação satisfatória"[13].

A primeira peça de Vinaver, *Os coreanos* (1955), punha em cena um soldado do Exército francês durante a Guerra da Indochina (formada na época por Coreia, Laos e Camboja) que se extravia e resolve viver

---

[9] Pierre Nora, "O retorno do fato", cit., p. 188.

[10] Ibidem, p. 190.

[11] Idem.

[12] Jean Lacouture, "A história imediata", em Jacques Le Goff (org.), *A história nova* (trad. Eduardo Brandão, 3. ed., São Paulo, Martins Fontes, 1995), p. 222.

[13] Ibidem, p. 216.

Teatro e "história imediata" 227

numa aldeia coreana. Curiosamente, após ser montada com sucesso em 1956, em Lyon, por Roger Planchon, no Teatro da Comédia, ela foi proibida no ano seguinte e retirada do programa do Estágio Nacional de Arte Dramática de Serre-Ponçon, na região da Alta Saboia, dirigido por Gabriel Monnet, que havia preparado a montagem. A Direção Geral para a Juventude e os Esportes interditou a apresentação com o seguinte julgamento: "Suas intenções e sua orientação são incompatíveis com o programa de educação popular, cuja função é mostrar obras de grandes dramaturgos franceses". O diretor Monnet decidiu montar às pressas a *Antígona*, de Sófocles, para substituir *Os coreanos* e encomendou os coros a Michel Vinaver[14]. Este escreve, para a ocasião, em tom de lamento, uma importante observação sobre a atualidade da história do passado em peças do presente:

> Se eu pudesse, uma coisa eu não teria nunca admitido: que uma obra de arte se tornasse perpétua. (Pois a história não anda em círculos; ora, toda obra de arte responde a uma situação histórica; portanto, toda obra de arte deveria ver seu alcance apagar-se, tão logo a situação fosse superada.)
> Se eu pudesse, haveria, a todo instante, duas artes bem distintas: *a arte do presente*, a única que toca, a única que responde à situação vivida, e *a arte do passado*, de valor documental, comovente só para aqueles que gostam de sorver os vestígios do que já não é mais.[15]

O autor havia se dado conta desses movimentos da história em 1972, em seu artigo "Auto-interrogatoire" ["Autointerrogatório"], como a seguir: "Sua atualidade [de *Os ajudantes de ordens*] sempre vem à tona, sem dúvida em razão da maneira como a história, ao mesmo tempo que segue seu caminho, retorna eternamente sobre seus passos. A linha reta e o círculo"[16]. Mas muito antes, em 1956, quando *Os coreanos* foi montada em Lyon, o autor expôs com clareza no programa da peça a mesma visão da história: "A história é irreversível. Mas também é uma criação de cada instante. Todo ato pode ser assumido como um ato originário"[17], deixando claro que um "tempo novo", "aberto a todo movimento", pode ser instaurado a qualquer instante.

---

[14] Ver Michel Vinaver, "Choeurs pour Antigone", em *Écrits sur le théâtre*, cit., p. 40-9.

[15] Idem, "Antigone à Serre-Ponçon", *Théâtre populaire*, n. 26, set. 1957, reproduzido em Michel Vinaver e Michelle Henry, *Le livre des huissiers* (Paris, Limage/Alin Avila, 1980), p. 13.

[16] Michel Vinaver, "Auto-interrogatoire", em *Écrits sur le théâtre*, cit., p. 307.

[17] Idem, "Les coréens: présentation", em *Écrits sur le théâtre*, cit., p. 154.

Sua segunda peça, *Os ajudantes de ordens*, escrita em 1957, no mesmo momento dos acontecimentos que narra, só conseguiu ser montada 23 anos depois, em 1980. Ela foi concebida, diga-se, logo após a experiência de *Os coreanos* para mostrar o quadro histórico político da IV República em que ocorreu a Guerra da Coreia (1950-1953). Sua terceira peça, *Hotel Ifigênia* (1958), acompanha os fatos do mesmo período: trabalha com os rumores e as notícias radiofônicas sobre a quartelada em Argel, em 13 de maio de 1958, que põe no poder um general e é seguida imediatamente de um golpe de Estado envolvendo De Gaulle (que assim volta ao poder e instaura a V República). Rumores, conjecturas, hipóteses preenchem as conversas de franceses em férias na Grécia, que tentam acompanhar tudo por rádio, telégrafo, telefone, temerosos de sua volta ao país.

O hábito de ler diariamente diversos jornais e revistas especializadas deve-se ao reflexo adquirido por Vinaver de se manter atento a tudo o que se passa em torno; é quase uma espécie de atitude de prontidão diante do real, digamos assim. Nascido em Paris, em 13 de janeiro de 1927, Michel Vinaver descende de judeus "não praticantes" originários da Rússia (São Petersburgo), por parte de mãe (os Vinaver) e pai (os Grinberg), que chegaram à França e ali se fixaram em 1929. O avô paterno – Maximim Vinaver, em homenagem ao qual o dramaturgo adota o sobrenome artístico Vinaver – era um grande jurista das causas judias em São Petersburgo e chegou a ser deputado de renome. Daí a família do dramaturgo contar em seu passado guerras, revoluções, exílios: "Meus pais foram duas vezes exilados: fugiram da Revolução de Outubro e dos nazistas"[18]. Foi assim que, muito jovem, o autor partiu para terminar seus estudos nos Estados Unidos e chegou a bacharelar-se em Artes e Literatura Inglesa aos dezessete anos na Wesleyan University, em Connecticut – não sem antes voltar a Paris no fim da Segunda Guerra para apresentar-se ao Exército francês e chocar-se com a constatação do desmantelamento das instituições (seu romance de 1951, *L'objecteur*, nasce dessa experiência). De 1953 a 1980, fez carreira na multinacional Gillette (alto executivo na Bélgica, na Itália e na França), levando duas vidas, já que não interrompeu a carreira de escritor. Por fim, decidiu deixar a Gillette e tornar-se professor uni-

---

[18] Citado em Joan Dupont, "From Out of Purgatory, a French Musical Hit", *International Herald Tribune*, 23 fev. 1999, p. 20. Disponível em: <http://www.nytimes.com/1999/02/23/style/23iht-play.t.html>.

versitário no Instituto de Estudos Teatrais da Sorbonne. Seu passado explica sua ausência de otimismo, de esperança, de adesão, seu desapego confessado. Homem doce, silencioso, amável, discreto, secreto e de uma inteligência privilegiada, na opinião geral (na qual me incluo), foi amigo de Albert Camus, Sartre e Roland Barthes, pelas mãos dos quais escreveu, publicou e foi apoiado. Em 2009, entrou para o repertório da Comédie Française com a peça *L'ordinaire*, consagração maior para um homem de teatro em seu país. Mas, já na infância, manifestara que tipo de escritor seria: em entrevista publicada em 1999, por obra da encenação de *Os ajudantes de ordens* no Teatro da Colina em 1998, ele se recorda de sua primeira peça, escrita aos nove anos de idade, *A revolta dos legumes*: "[...] um movimento de rebelião dos legumes contra o jardineiro. [...] já havia ali certo número de temas, como o fato de ser refratário a uma ordem social, que são encontrados no meu primeiro romance, *L'objecteur*, e em diferentes peças"[19].

Por tudo visto até aqui, pode-se compreender que o autor admirasse Brecht, mas negasse qualquer filiação a ele: "Minhas posições políticas? Não tenho, justamente. Escrevendo, não somente eu não exprimo posições, mas escrever é, para mim, ver um pouco mais claro. É interrogar a realidade, sobretudo a dita política. Fazer isso é [...] um ato político"[20].

Resta conhecer então um pouco do como o autor resolve em sua escritura teatral todo esse equilíbrio delicado.

Texto e contexto: a IV República francesa na peça *Os ajudantes de ordens*, de 1957

> Eu não faço teatro da história, com uma articulação de discursos políticos, mas mostro representações dadas por homens políticos. Eles se dão em espetáculo...
>
> Michel Vinaver, 1980[21]

Para entendermos melhor como funciona o aproveitamento da "história imediata" pelo teatro de Michel Vinaver, diríamos que a realidade

---

[19] Michel Vinaver, "Des huissiers, 1957, à King, 1998...", cit., p. 4.

[20] Idem, "Auto-interrogatoire", cit., p. 303.

[21] Ver Bernardette Bost, "Un retour au désordre pour réflechir (sur) nos angoisses", *ATAC Informations*, n. 109, abr./maio 1980, p. 18.

230 História, teatro e política

nele retratada nos dá a impressão de emergir no fluxo do acontecer – no olho do furacão –, seja pelo ritmo dos acontecimentos e das reações de surpresa e espanto que vão se produzindo nos diferentes personagens (e no leitor ou espectador), seja pela trama sempre renovada de ações em cadeia de parte desses personagens, que tentam fazer face aos problemas que se multiplicam e escapam resolutamente às mãos de quem quer que seja.

No caso de *Os ajudantes de ordens*, peça em dois atos, trata-se de uma crise ministerial a seis meses das eleições legislativas de 1957 na França; Paidoux, o ministro da Defesa Nacional, mora há quinze dias em seu próprio gabinete e, para dormir, ocupa o vestiário de seus cinco ajudantes de ordens (personagens-título). Em pânico desde que leu uma moção que pede sua exclusão do Partido Radical Socialista, ele tenta identificar as forças que estão por trás dessa resolução para reverter os danos e conservar-se no poder a qualquer custo. Passa então a mover-se com especial precaução, mas também com determinação, entre os poderes da metrópole e do ultramar (em clima de descolonização), sobretudo entre aqueles que podem atingi-lo com mais facilidade, isto é, o presidente de seu próprio partido (Créal) e o presidente do Conselho dos Ministros (Létaize), que preside também outro partido, o Partido Socialista Francês/Seção Francesa da Internacional Operária (SFIO). Além dessas duas forças, Paidoux tem de lidar com dois ambiciosos jovens em ascensão: Evohé, seu protegido e "encarregado da missão" de seu gabinete, e Niepce, deputado e membro do comitê diretor de seu partido e cunhado do também deputado e vice-presidente da Federação Nacional dos Profissionais dos Cabelos. Acrescentam-se a esse quadro duas secretárias: a secretária-chefe de seu gabinete e ex-companheira de longa data, a sra. Tigon (protetora de Niepce), e sua própria secretária e protegida, a srta. Simene, irmã de um camarada de combate na Segunda Guerra Mundial, morto em deportação. Somam-se a esse jogo presente em cena mais alguns personagens que atuam fora da cena: o "ministro residente" Escargnemont, em Argel, e o general Motte, chefe militar francês na Argélia, que põe em prática a doutrina da "guerra revolucionária de pacificação", ambos cheios de iniciativas que fogem do controle de Paris e envolvidos no escândalo do "massacre de Zéboula", um vilarejo na Argélia, cuja autoria parece nebulosa (seria obra do Exército francês e a mando de quem? Seria obra de uma das duas forças rebeldes locais, por exemplo a Frente de Libertação Nacional – FLN? Ou, curiosamente, implicaria todos os lados?). Surge nos corredores do Ministério a única nota trágica nessa comédia política: a figura de preto da sra. Aiguedon, que ainda não sabe que está viúva e exige de Paidoux providências para encontrar o marido, militante comunista e amigo de juventude do ministro, preso de repente por agentes do governo colonial em Argel, os temidos "paras" (paraquedistas). Resta ainda o personagem citado, Marmórea, uma espécie de eminência parda que age em nome do poderoso grupo industrial francês de produtos para cabelo e pressiona o governo por intermédio de Paidoux e Créal para que seja derrubada a moda dos cabelos femininos curtos – que favorece os cabeleireiros (outro importante contingente de pressão política na França da época), mas causa a queda da referida indústria na bolsa de valores, pondo em risco a frágil economia francesa do pós-guerra. E há ainda a força de pressão dos colonos franceses na Argélia, de um lado, e dos *fellagas* (rebeldes que lutam pela independência da Argélia), de outro. Outras figuras são citadas na trama, como uma certa dama da sociedade que oferece jantares animados a que comparecem altas figuras governamentais e gente com influência na intimidade do poder – ocasiões para muitos rumores, tramas de bastidores e sondagens fortuitas, das quais participam ocasionalmente mocinhas de menos de quinze anos de idade, "taitianas ou haitianas". Ao fim de muitas traições, conchavos eleitoreiros, mudanças rápidas de associações inesperadas entre partidos, segredos e revelações bombásticas, ocorrem as eleições, e todos permanecem no poder, bastando redistribuir os cargos entre eles mesmos e não se esquecendo de recompensar/comprar a viúva do militante comunista liquidado – em suma, bem à moda da III República.

Apesar de envolver uma guerra ("uma guerra que não diz seu nome"[22]), um massacre e casos de desaparecimento, liquidação e tortura, a crítica avaliou tratar-se de uma comédia: "opereta política, um musical ou tragicomédia"[23], "comédia política, de estilo caricatural e burlesco"[24], "ilusionismo político"[25], "balé"[26], "sátira"[27], "crônica político-

---

[22]   Michel Vinaver, "Des huissiers, 1957, à King, 1998...", cit., p. 4.

[23]   Joan Dupont, "From Out of Purgatory", cit., p. 20.

[24]   H. L., "Les huissiers", *Resonance*, n. 215, 14 maio 1980.

[25]   B. B., "Les huissiers, aux Ateliers. Illusionisme politique et banalité quotidienne", *Progrès*, 1980.

[26]   M. C. Vernay, "Un tendre ballet entre écriture et théâtre", *Progrès Soir*, 1980.

[27]   Bruno Villien, "Le démystificateur en chef", *Nouvel Observateur*, 21-27 jan. 1980.

232 História, teatro e política

-econômica"[28], só para citar algumas. Na crítica, é reconhecida não só a atualidade geral do texto, mas também a realidade de 1957, ali retratada em detalhes, tanto na encenação de 1980 (primeira montagem, 23 anos depois de escrita a peça) quanto na encenação de 1999 (segunda montagem, 40 anos depois do texto escrito) – uma atualidade que se lamenta, evidentemente. Vale ressaltar, aliás, que para a montagem de Alain Françon, no inverno de 1999, já a uma distância de 40 anos dos fatos reais, Vinaver resolveu "reatualizar" a peça, substituindo os nomes fictícios dos partidos políticos em jogo na trama por seus verdadeiros nomes em 1957: "O Partido para a Defesa dos Trabalhadores volta a ser o SFIO; o Partido Operário e Camponês volta ser o Partido Radical Socialista"[29]. Mas nem era preciso, para efeito de comunicação com as novas plateias. Vejamos uma passagem de uma das críticas de 1980, que toca justamente na questão essencial que envolve o teatro e a história, ou seja, a de conceber que o chamado "teatro histórico" será sempre atual, enquanto conseguir tocar as plateias de alguma forma, mostrando-se oportuno para meditar sobre o presente:

> Porque pouco importa decifrar a atualidade transposta nos *Huissiers*, e saber o que pertence a Félix Gaillard ou a Guy Mollet. Ou se o sempre sutil Edgar Faure não se reconheceria em Créal e Paidoux.
> Dessas "atualidades" surgem questões atuais. Quem sustenta hoje esse tipo de discurso? Como e por que funciona hoje a fala política? Quem, tendo sido um autêntico resistente, partilha ou partilharia o poder com um não menos autêntico colaboracionista?[30]

Quanto à comicidade da peça, Vinaver afirma que esta advém dos choques, dos contrastes repentinos entre elementos díspares, da surpresa: "O riso vem como algo a mais. Vem sem ser chamado. Insinua-se nas moléculas da ação, estanca, produz uma escuta um pouco diferente da escuta comum"[31].

O CORO COREOGRAFADO DOS AJUDANTES DE ORDENS

A ação concentra-se unicamente nas antecâmaras, corredores e gabinetes ministeriais que constituem os espaços "mostráveis" em cena,

---

[28] Jean-Jacques Lorrant, "*Les huissiers* de Michel Vinaver", *Le Progrès*, 5 nov. 1980.

[29] Michel Vinaver, "Des huissiers, 1957, à King, 1998...", cit., p. 4.

[30] Jean-Yves Rideau, "Les huissiers, par la compagnie des Ateliers", *L'Humanité*, 1980.

[31] Gilles Costaz, "Michel Vinaver, l'art brut en scène", *Politis*, n. 534, 4 fev. 1999, p. 31.

Teatro e "história imediata"   233

mas sempre em ligação (por telefone, telegrama, recados e rumores) com os espaços citados na peça e de grande interesse dramático, tais como algumas cidades do "império colonial francês", em franca ebulição política na rota da descolonização. Os ajudantes de ordens, que dão título ao texto, não são mais que peças de ligação sem importância entre os numerosos elementos de uma máquina política intrincada e cujo sentido (extremamente mutante ao sabor das injunções do momento) fica fora do alcance deles, apesar da extrema proximidade dos cinco funcionários com os poderes, aos quais servem cotidianamente. Ou menos que isso: esses ajudantes de ordens são, na verdade, meros elos espaciais, sinalizadores humanos mecanizados do entra e sai dos espaços reservados dos gabinetes políticos. Eles formam uma personagem coletiva, sem nome próprio, numerados de 1 a 5, e vão costurando as cenas na forma de um coro, com falas e deslocamentos estilizados – falam de maneira escandida e andam com passos marcados coreograficamente, como prescrevem as indicações cênicas de Vinaver.

Para economia de espaço, retemos algumas falas dos ajudantes de ordens que interessam ao tema deste artigo. Por exemplo, o diálogo trocado entre os ajudantes de ordens n. 5, n. 4 e n. 3 sobre o uso indevido da pia e do vestiário pelo ministro e, na sequência: "Os princípios, é preciso saber pisar sobre eles./ Quando é estado de emergência./ Antes um caso de força maior. Você tem sempre de um lado a força maior quando do outro há os princípios"[32]. No mesmo registro de duplo sentido, esses personagens divagam sobre os males da gente política, uma vez que, se para a gente comum, comprar um simples radinho transistor exige que se pense durante semanas, imagina-se o que é tomar centenas de decisões diárias: "Segundo ajudante de ordens: [...] E o a favor e o contra estão em processos grossos assim. E, a cada lance, é a sorte de 44 milhões de indivíduos que se regra. Não adianta olhá-los de perto, vai saber como eles fazem"[33]. Essa última frase fornece o mote ("Eu não compreendo como eles fazem para refletir sobre os problemas do momento entre tantas obrigações") de cerca de dez páginas de improvisações (especulações) corais coreografadas, com o seguinte conteúdo: uma comemoração, um *vernissage*, uma recepção, uma noitada artística, uma cerimônia de condecoração, uma inauguração, uma caçada, uma venda,

---

[32] Michel Vinaver, "Les huissiers", em *Théâtre complet 1. Les coréens. Les huissiers.* (Arles, Actes Sud, 2004), p. 199.

[33] Ibidem, p. 201.

Història, teatro e política

uma missa, uma corrida, uma festa beneficente, um almoço, um jantar à luz de velas, "uma joia meu tesouro", um lanchinho no bosque, uma *première*, uma final, uma modesta costureira, uma condecoração, um coquetel, uma carícia, uma cerimônia, um leilão, uma quermesse, uma prece para as estrelas amigas[34]. Mais adiante, numa conversa distraída em que avaliam empregos melhores, com salários maiores (mas, afinal, sem a "satisfação", sem ser poupado da "mediocridade", sem poder "participar"), soltam estas farpas ao vento: "Os servidores do Estado não são defendidos./ É que o Estado é pobre./ Um mendigo que joga ao vento bilhões por dia./ É forçado./ Só essa guerra, 2 bilhões por dia"[35]. E eles se dão conta de que não são nada na máquina do Estado. Além de intuir o que está acontecendo, com tanto entra e sai de figuras importantes, algo jamais visto antes, continuam a falar de forma aleatória do cotidiano, com mais farpas distraídas contra a gente da política, até que se apresentam, sempre num coral entrecortado e coreografado com mesuras: "Eu sou a testemunha/ Silenciosa/ Atarefada/ Minuciosa/ Aparatada/ Por aqui, por favor./ É por ali, siga-me./ Por aqui, por ali./ Siga-me, por favor./ [...] Os dias em que se joga, ah, se joga, se joga/ O destino do país./ Por favor, por aqui./ É por ali, é por ali"[36]. Vale notar como esses funcionários introjetam como verdade as explicações para o não aumento de seus salários. O ajudante de ordens n. 5 conta que reclamou ao presidente do Partido Radical Socialista que a vinculação do índice de aumento dos salários dos ajudantes de ordens ao das pensões das vítimas de guerra foi um mal:

> Quinto ajudante de ordens: [...] Enquanto nos mantiverem solidários das vítimas de guerra, todo aumento do nosso salário acarretará consequências orçamentárias que o país não pode arcar, é evidente. O sr. Créal bem compreendeu. Perguntou-me: "A quem vocês querem que as vítimas de guerra sejam vinculadas?".[37]

Enfim, é importante assinalar dois momentos já na oitava e última cena da peça, dois momentos em que os ajudantes de ordens parecem refletir o desânimo, a resignação, a indiferença ou o abatimento de todo um povo vivendo havia onze anos sob a IV República. Fala o mais

---

34 Ibidem, p. 201-10.

35 Ibidem, p. 238.

36 Ibidem, p. 239-43.

37 Ibidem, p. 243.

velho dos ajudantes de ordens, que desde a guerra usa uma perna de madeira:

> Primeiro ajudante de ordens: [...] Eu olhava as ondas, não no momento em que se quebram, no momento em que vêm morrer na areia, depositando ali sua porçãozinha de espuma. Uma outra onda vem morrer com sua porçãozinha de espuma e ergue a porção de espuma da outra que parte para o mar. E cada onda traz e retoma a porção de espuma de todas aquelas que vieram morrer, o que faz que haja porçõezinhas de espuma que flutuam, talvez desde não sei quando, ao sabor das ondas que vêm morrer uma após a outra. A espuma é mais durável que a madeira dos navios e as pedras que se desgastam, friccionando-se contra o fundo do mar. Formam-se e reformam-se e é sempre a mesma espuma; e é somente quando a apanhamos entre os dedos que ela desaparece, porque nada mais é que bolhas de ar.

A imagem de inconsistência do sistema fecha a peça com o coro dos ajudantes de ordens, que vão se intercalando com as falas dos personagens reunidos em torno dos resultados das eleições e da redistribuição dos cargos entre eles, até que estes se imobilizam, a cortina do palco vai descendo e o coro vai se preparando para sair de cena, repetindo o seguinte:

> A coisa corre/ A coisa salta/ A coisa cai/ A coisa se levanta/ A coisa afrouxa/ A coisa toma fôlego/ A coisa desfalece/ A coisa volta/ A coisa se dissolve/ A coisa se desloca/ A coisa se recupera/ Se decompõe/ Se recompõe/ É completamente/ Involuntário/ Verdadeiramente/ Surpreendente/ Absolutamente/ Perfeitamente/ Sem precedentes/ A coisa corre/ A coisa salta/ A coisa cai/ A coisa se ergue. Fim[38]

Assim como a linguagem dos ajudantes de ordens alterna uma língua protocolar com algumas poucas tiradas de viva espontaneidade sorrateira trocadas entre eles (o cotidiano banal que irrompe nesses recintos constrangedores), a língua dos políticos e de suas secretárias também se mostra afeita a fórmulas da mesma natureza da fraseologia estampada na imprensa diária da época. Michel Vinaver, ao ler e recortar diariamente jornais e revistas, mal dominava o nojo e a irritação com a manipulação verbal dos fatos em andamento. No *Livre des huissiers*[39], podemos ver, entre as muitas reproduções de recortes

---

[38] Ibidem, p. 351-3. Traduzi "*Ça court/ Ça saute/ Ça tombe*" etc., substituindo o "*ça*" por "a coisa", por entender que usar "isso" não estaria no espírito das frases nem em francês nem em português.

[39] Michel Vinaver e Michelle Henry, *Le livre des huissiers*, cit.

236 História, teatro e política

antigos que acompanham o texto de 1957, uns extratos do artigo que seu grande amigo Roland Barthes publicou naquele ano[40], e que evocamos para abonar as escolhas do dramaturgo na construção de seus diálogos. No texto "Grammaire africaine"[41], Barthes analisa o vocabulário oficial dos "negócios africanos": "Ele não tem nenhum valor de comunicação, mas somente de intimidação", servindo para "operar uma coincidência entre as normas e os fatos, e dar a um real cínico a caução de uma moral nobre"[42]. Examinando então o que denomina "escritura cosmética", elenca termos muito usados, como "bando", "destino", "paz" e "pacificação". O termo "bando" designa os que reivindicam mudanças além-mar, numa depreciação que visa negar o estado de guerra e aniquilar a noção de interlocutor, pois "não se discute com foras da lei", isto é, com um "bando de rebeldes, de foras da lei, de condenados de direito comum"[43]; mas, prossegue o autor, "se o 'bando' é francês, é sublimado com o nome de comunidade". Barthes assinala também o uso da palavra "destino", justamente no momento em que "os povos colonizados começam a desmentir a fatalidade de sua condição": "Não foi a conquista militar que submeteu a Argélia à França, foi uma conjunção operada pela Providência, que uniu dois destinos". Nesse contexto da "guerra que não diz seu nome" (expressão muito usada por historiadores do período), a linguagem oficial em todas as instâncias tenta negar a coisa, não a nomeando ou lhe atribuindo nomes com sentido contrário, como, por exemplo, "paz" e "pacificação". Barthes nota ainda o caso do adorno de palavras desgastadas, mediante adjetivos – "unânime", "independência verdadeira", "aspirações autênticas" – ou advérbios – "destinos indissoluvelmente ligados".

Vinaver também colecionava palavras empregadas na imprensa, colando-as em seus vários cadernos de criação. No *Livre des huissiers*, temos escrito à mão o título "L'activité rebelle" [A atividade rebelde] para os seguintes recortes: *bandes rebelles* [bandos rebeldes], *fellaga*, *hors-la-loi* [fora da lei], *tueurs* [matadores], *terroriste* [terrorista], *rebelles* [rebeldes], *forcenés du malheur* [infelizes descontrolados][44]. Mui-

---

[40] Roland Barthes, *Mythologies* (Paris, Seuil, 1957).

[41] Idem, "Grammaire africaine", em *Mythologies*, cit.; reproduzido em Michel Vinaver e Michelle Henry, *Le livre des huissiers*, cit., p. 4.

[42] Idem.

[43] Idem.

[44] Michel Vinaver e Michelle Henry, *Le livre des huissiers*, cit., p. 44.

Teatro e "história imediata"   237

tas tiradas, especialmente as longas, refletem o gosto pelo discurso vazio que pretende mascarar a realidade e a inércia, por exemplo: as tiradas de página inteira do ministro para convencer o jovem Niepce (já cabisbaixo por seu plano ter dado errado) de que agira mal ao arquitetar sua exclusão do partido (e do poder) por meio de uma bombástica moção[45], ou para convencer a viúva do militante comunista assassinado a calar-se[46], ou então para controlar os arroubos politicamente heroicos e ingênuos de seu protegido Evohé[47], ou ainda para transformar Créal, renitente opositor e presidente do partido, em seu aliado[48]. Outro exemplo é o longo e eloquente discurso de Créal para Simene, a secretária do ministro, para convencê-la a colaborar com ele[49]. Nessa lista, cabe sobretudo a tal "moção de exclusão", escrita pelo jovem Niepce (deputado pelo Partido Radical Socialista), lida três vezes em diferentes momentos da peça. É importante citá-la aqui, uma vez que está na base da trama:

> Tigon (lendo): O comitê diretor do Partido Radical Socialista, consciente da degradação lamentável da situação na Argélia, constata a impotência do governo Létaize, de um lado, para esmagar no ovo a rebelião e, de outro, para empreender negociações para um cessar-fogo com os interlocutores válidos, levando em conta que a Argélia é, e será sempre, a despeito de sua distinta personalidade, parte integrante da República francesa; estima, em consequência, que é o caso de dissociar o Partido Radical Socialista da política atualmente em prática; decide pôr fim à sua participação no governo Létaize; afirma que, a partir de agora, a manutenção de uma pasta nesse governo é incompatível com a qualidade de membro do partido; e toma a resolução de excluir aqueles seus membros que, dentro de 48 horas, não tiverem tirado consequências desta solene tomada de posição, a única conforme aos interesses da nação.[50]

Entenda-se que o ministro, ao mesmo tempo que envia seu protegido Evohé em missão secreta a Argel para contatar diretamente o líder rebelde Zadi Muane (encontro espionado por homens de Escargnemont, comandante do Exército francês, que liquidarão Muane), continua a

---

[45] Michel Vinaver, "Les huissiers", em *Théâtre complet 1*, cit., p. 322.
[46] Ibidem, p. 301-7.
[47] Ibidem, p. 256-7 e 257-8.
[48] Ibidem, p. 230-1.
[49] Ibidem, p. 211-9.
[50] Ibidem, p. 191.

História, teatro e política

mostrar-se a favor do confronto armado, diante do presidente do Conselho de Ministros e das forças coloniais na Argélia. E, contradizendo todo o discurso de boas intenções asseguradas à viúva do militante comunista, dita à sua secretária o seguinte "memorando ao comandante interarmas":

> Paidoux: Pois que se supõe que os rebeldes querem marcar proximamente pontos decisivos, engajem-se resolutamente na reposta antecipada, acentuando imediatamente o poder de seus golpes e a qualidade de seus esforços. [...] Eles são uns 300 mil jovens que na planície, nos *djebels*, nos *douars* e nas cidades... Não, corta essa frase. [...] É preciso adquirir o reflexo do "em guarda" para dar livre curso ao espírito audacioso que os impulsiona a procurar, por suas iniciativas, a destruição desses infelizes descontrolados... (Percebe Niepce.) Você aqui? (À srta. Simene, com violência.) Ter o gosto do risco...
> (Longo silêncio...)[51]

Esse "memorando" constitui uma colagem de Vinaver a partir de trechos de uma carta do temível general Salan, extraída do *Bled*, hebdomadário militar de informação citado pelo *France Observateur* em 5 de novembro de 1957 e cujo recorte é reproduzido no *Livre des huissiers*, de Michel Vinaver e Michelle Henry. A carta é bem mais explícita e dirigida aos jovens franceses mobilizados para a guerra: "Vocês são uns 300 mil jovens que, nas planícies, nos *djebels*, nos *douars* e nas cidades, dão realidade às minhas ordens./ Minha vontade, são vocês que a tornam perceptível por seus combates, por seus trabalhos e por sua atitude. [...]"[52]. Na carta, o general usa a imagem do boxeador e do esgrimista para explicar o que quer dizer "estar em guarda": seria não só enfrentar os ataques dos "fora da lei", mas também "dar o primeiro golpe". Quanto ao fim do "memorando" de Vinaver, o texto da carta de Salan vai mais longe: "[...] a procurar, por suas iniciativas, a destruição desses infelizes descontrolados de quem o estrangeiro se serve para implodir o patrimônio francês da Argélia"[53].

Quanto à curiosa posição dos socialistas na peça de Vinaver, que se mantêm a favor do conflito armado e do esmagamento das rebeliões independentistas das colônias (ao contrário dos comunistas, que, nessa e noutras questões, como na Guerra Fria, posicionaram-se contra os

---

[51] Ibidem, p. 321.
[52] Michel Vinaver e Michelle Henry, *Le livre des huissiers*, cit., p. 10.
[53] Idem.

Teatro e "história imediata" 239

governos no poder e acabaram liquidados e no ostracismo em meados da IV República), é historicamente correta a avaliação do personagem Létaize, presidente do Conselho dos Ministros, no primeiro ato:

> Létaize: Nós socialistas temos sofrido. Temos sofrido amargamente durante 25 anos. Sempre a mesma reprovação de não termos sido patriotas. Pela primeira vez na história, temos a chance de provar que o contrário é verdadeiro. A burguesia está prestes a abandonar a defesa do Império. Então, somos nós, a classe operária, que asseguraremos isso.[54]

Quanto ao caso da viúva Aiguedon, ele corresponde também a fatos realmente ocorridos em 1957: a versão difundida sobre a morte do militante comunista francês em Argel foi "que ele foi preso numa batida para simples verificação e abatido porque tentou fugir"[55]. Tratava-se de Maurice Audin, professor na Faculdade de Argel, preso em 11 junho de 1957, torturado e estrangulado no Centro de Paraquedistas de El-iar; em 23-24 de novembro de 1957 (data em que Vinaver põe um ponto final na peça *Os ajudantes de ordens*), criou-se o Comitê Maurice Audin e, no mesmo dia, no Congresso do Partido Radical, em Estrasburgo, "Pierre Mendès-France fala do assassinato de Maurice Audin sem receber desmentido de Félix Gaillard nem de René Billères. E, no mesmo dia, o Congresso adota moção de desagravo à política argelina de Félix Gaillard, mas elege um gabinete antimendelista"[56]; em 13 de dezembro de 1958, o "relatório de síntese da comissão de salvaguarda dos direitos e liberdades individuais" vem a público; em 18 de fevereiro de 1958, as Éditions de Minuit publica *La question* [A questão], um livro de Henri Allej sobre a questão da tortura, do qual o número 407 do *France Observateur* apresenta alguns extratos e, por isso, é apreendido em 27 de fevereiro de 1958, assim como o número 408 do mesmo *France Observateur*, em 6 de março de 1958, por publicar o artigo de André Philip, intitulado "O suicídio da França"; nesse mesmo dia é apreendido o número 350 do *L'Express*, com um artigo de Jean-Paul Sartre sobre *La question*; e em 27 de março de 1958, o próprio livro *La question* é apreendido pelo governo, "por iniciativa do ministro da Defesa Nacional e das Forças Armadas; razão: 'participação em uma

---

[54] Michel Vinaver, "Les huissiers", em *Théâtre Complet 1*, cit., p. 286.

[55] Ibidem, p. 306. Fala da viúva Aiguedon ao ministro da Defesa Nacional, Paidoux, pedindo explicações e um comunicado na imprensa com a versão correta da morte do marido (ato 2).

[56] Michel Vinaver e Michelle Henry, *Le livre des huissiers*, cit., p. 96.

empresa de desmoralização do Exército, tendo como objetivo prejudicar a Defesa Nacional"[57].

O caso Maurice Audin, com grande destaque na peça de Vinaver, teve enorme repercussão e estava ligado a muitos outros episódios semelhantes, como atestam os resultados das investigações registrados no Relatório sobre a Argélia, do qual o jornal *Le Monde* publica alguns extratos, em 27 de julho de 1957, que Vinaver recorta e publica na edição documentada de sua peça em 1980[58]. No mesmo livro, Vinaver reproduz um recorte de jornal com a notícia da defesa simbólica de doutorado em ciências de Maurice Audin, na Faculdade de Ciências de Paris. Seu orientador, M. de Possel, da Faculdade de Ciências de Argel, foi a Paris como "professor convidado" para a banca de defesa, presidida pelo professor Favard e composta ainda dos professores Diximier e Schwartz, também da Faculdade de Ciências de Paris. Eles julgaram dois trabalhos de Audin: "Equações lineares num espaço vetorial" e "Ciclos limites nos sistemas diferenciais", e outorgaram o grau de doutor ao falecido, numa sessão aberta pela pergunta: "O sr. Audin está presente?" "Não." O jornal apresenta a explicação do ato:

> Com efeito, ocorre que, traduzindo a emoção que muitos universitários exprimiram em múltiplas moções ou cartas ao ministro da Educação Nacional, os colegas do sr. Audin entenderam protestar de maneira particularmente marcante contra o silêncio oficialmente observado a propósito de um desaparecimento para o qual nenhuma explicação satisfatória foi dada até aqui.[59]

Vê-se que Vinaver, como boa parte da intelectualidade francesa, participou ativamente e a seu modo dos eventos críticos desses tempos turbulentos. E parece estar explicado também por que sua peça não encontrou quem ousasse montá-la tão cedo.

Em todos os discursos grandiloquentes e raciocínios tortuosos de convencimento de outrem ou afirmação equivocada de autoimagem por parte dos personagens, está refletida a visão de Vinaver sobre o período: trata-se da imagem da usura, do inexorável desgaste por que

---

[57] Idem.

[58] "Contre le régime concentrationnaire. Rapport sur l'Algérie", *Le Monde*, 27 jul. 1957. Recorte reproduzido em Michel Vinaver e Michelle Henry, *Le livre des huissiers*, cit., p. 9.

[59] "M. Maurice Audin obtient le doctorat ès sciences après une soutenance symbolique à la Sorbonne", *Le Monde*, 3 dez. 1957.

Teatro e "história imediata"   241

passam os sucessivos governos da IV República, por não serem portadores de nenhum projeto e não terem controle sobre nenhum acontecimento, "matéria morta, incapaz de regeneração" numa "paisagem de intensa erosão": "As palavras perderam seu peso. As personagens são restos. A ação assemelha-se ao movimento morto das massas de areia deslocadas pelos ventos. [...] Agitando-se, fazem 'como se'"[60].

Deixando de lado aqui, por economia de espaço, detalhes de intertextualidade literária, como é o caso nos nomes escolhidos para as personagens, espécie de anagrama dos heróis da peça *Édipo em Colona*, de Sófocles (Paidoux para Édipo, Létaize para Teseu, Créal para Creon, Tigon para Antígona, Niepce para Polinice, Simene para Ismênia etc.), podemos avançar, com apoio de indicações do próprio autor[61], as seguintes correspondências com fatos políticos da época: o "massacre de Zéboula" remete ao massacre de Melouza, em 31 de maio de 1957, na Cabília, Argélia; a prisão do rebelde Zadi Muane corresponde à de Yacef Saadi, preso em Argel em 24 de setembro de 1957; a morte do militante comunista Aiguedon refere-se à de Maurice Audin, professor assistente da Faculdade de Ciências de Argel, preso em 12 junho de 1957 e morto em 21 junho de 1957 no Centro de Paraquedistas de El-Biar; a missão de Evohé a mando do ministro Paidoux corresponde à de Goëau-Brissonnière, colaborador do ministro dos Negócios Estrangeiros, Christian Pineau (em julho de 1957, o presidente do Conselho, Bourgès-Manoury, envia uma missão a Túnis para entrar em contato com o FLN, mas a missão fracassa por causa das atitudes ambíguas do ministro da Defesa Nacional, André Morice, tal como o ministro Paidoux em *Os ajudantes de ordens*). Já a batalha entre a moda dos cabelos curtos e a dos cabelos longos começa em 1956 e, como a peça explora tão bem, envolve os sindicatos dos cabeleireiros, a indústria L'Oréal, a defesa da feminilidade ameaçada pela moda dos cabelos curtíssimos, o lançamento dos permanentes feitos em casa e dos cabelos postiços, enfim, uma trama política e social bem entrelaçada, que mal consegue encobrir os grandes interesses financeiros e, consequentemente, eleitoreiros, que envolve desde o comum dos cidadãos até a escala mais alta do poder na época. Diga-se aqui, no entanto, que esse tema ocupou novamente as manchetes dos jornais

---

[60]   Michel Vinaver, "Les huissiers", *Annuaire*, Théâtre de Nice, Centre Dramatique National de Nice Côte-d'Azur, Nice, 8 out. 1998 a jun. 1999.

[61]   Michel Vinaver, *Programme des huissiers*, Théâtre de la Colline, Paris, 14 jan./28 fev. 1999.

242 História, teatro e política

e das revistas na França em meados de 2010 e, mais uma vez, envolveu o "império" L'Oréal, o ministro das Finanças (que se demitiu) e o próprio presidente da República, entre outras personalidades, transformando--se rapidamente em uma "questão de Estado" de consequências políticas imprevisíveis e, por isso mesmo, logo definida como uma "questão de família" entre a sra. Bettencourt – dona da maior fortuna da França e a mais importante contribuinte fiscal do país – e sua única filha, ambas herdeiras e principais acionárias da L'Oréal. Portanto, ao menos na França, a peça de Vinaver continua atual.

Para terminar, diga-se que a IV República durou apenas doze anos e teve um nascimento bastante complicado, em virtude da difícil reconstrução da França (e de toda a Europa) após a liberação. Foi difícil conciliar as muitas forças políticas (direita, centro, esquerda, moderados, socialistas, comunistas...) em conflito num quadro de grandes sequelas provocadas pela ocupação nazista durante a Segunda Guerra Mundial. Depois da guerra, com a França em ruínas, não foi fácil cumprir as muitas promessas feitas às colônias. E o "Império francês", que passou a se chamar eufemisticamente "União Francesa", desmoronou com os movimentos de descolonização. A política internacional teve papel importante nisso, sobretudo a ascendência dos Estados Unidos na Europa, cuja reconstrução deveu muito ao Plano Marshall e levou à obediência durante a Guerra Fria, que dividiu o mundo entre Leste e Oeste e estigmatizou os comunistas. Enfim, o grande medo interno de alguns partidos em relação a outros gerou muitas combinatórias para evitar que este ou aquele dominasse o poder. Mas foi sobretudo o receio de um eventual governo forte, fosse do general De Gaulle, fosse dos comunistas (grandes vitoriosos nas consultas feitas em forma de referendo à população nos primeiros anos de reconstrução), que levou à mobilidade infernal nos quadros políticos sempre efêmeros da IV República (1946-1958)[62].

É assim que podemos afirmar que Michel Vinaver construiu com *Os coreanos* (1955), *Os ajudantes de ordens* (1957) e *Hotel Ifigênia* (1958) uma espécie de ciclo histórico da IV República – um grande afresco das contradições políticas, econômicas e sociais da França no pós-guerra.

---

[62] Consultamos: Paul Courtier, *La Quatrième République* (Paris, PUF, 1994); Eric Duhamel, *Histoire de la IVe République* (Paris, La Découverte, 2000); Benjamin Stora, *Histoire de la guerre d'Algérie (1954-1962)* (Paris, La Découverte, 2006); Mohammed Harbi, *La guerre commence en Algérie* (Bruxelas, Complexe, 1998); Patrick Souty, *La guerre de Corée (1950-1953). Guerre froid en Asie Orientale* (Lyon, Presses Universitaires de Lyon, 2002).

Conclusão

A prática teatral de Michel Vinaver estaria mais próxima da prática da *micro-história* – uma tendência historiográfica das décadas de 1970 e 1980. O *plano molecular* da realidade, visado pelo teatro do autor, implica um trabalho com fragmentos abundantes do real para compor um panorama instantâneo o mais abrangente possível de um fato do presente em pleno curso. Assim como a prática da *micro-história* constituía um trabalho experimental que se intercambiava com as ciências sociais, questionava a metodologia historiográfica existente e mostrava-se pessimista diante dos grandes sistemas de explicação globalizantes do real (o marxismo, por exemplo), assim também o teatro vinaveriano afastou-se desde o início do "teatro político de denúncia", do teatro brechtiano e do "teatro-documento", uma vez que o autor recusa o maniqueísmo, a defesa de teses, a tomada de partido contra ou a favor, e está sempre em busca do máximo de aberturas possível.

As características desse teatro seriam, *mutatis mutandis*, as mesmas atribuídas à micro-história: basear-se na redução da escala de observação, em uma análise microscópica e em um estudo intensivo do material documental[63]; "descrever vastas estruturas sociais complexas, sem perder de vista a escala do espaço social de cada indivíduo e, a partir daí, do povo e de sua situação na vida"[64]; "seleção de um ponto específico da vida real, a partir do qual se exemplificam conceitos gerais – em vez de funcionar como um ponto de partida para um movimento mais amplo em direção à generalização"[65]; "a crença em que a observação microscópica revelará fatores não observados"; procurar tornar eloquentes ocorrências simples, privilegiar índices, sinais, sintomas e descrevê-los em contexto, partindo do particular, concentrando-se nas contradições dos sistemas normativos, na fragmentação e na pluralidade dos pontos de vista[66]; acentuar "as ações mais insignificantes e mais localizadas, para demonstrar as lacunas e os espaços deixados em aberto pelas complexas inconsistências de todos os sistemas"[67]; demonstrar "a falibilidade e a incoerência dos contextos sociais, como

---

[63]   Giovanni Levi, "Sobre a micro-história", em Peter Burke (org.), *A escrita da história: novas perspectivas* (trad. Magda Lopes, 2. ed., São Paulo, Unesp, 1992), p. 136.

[64]   Ibidem, p. 137.

[65]   Ibidem, p. 138.

[66]   Ibidem, p. 153-5.

[67]   Ibidem, p. 155.

Convencionalmente definidos"[68], nos quais "um fato aparentemente anômalo e insignificante assume significado, quando as incoerências ocultas de um sistema aparentemente unificado são reveladas"[69]; "estudar o social, não como um objeto investido de propriedades inerentes, mas como um conjunto de inter-relacionamentos deslocados entre configurações constantemente em adaptação"[70]; construir "um arcabouço de análise que rejeita simplificações, hipóteses dualistas, polarizações, tipologias rígidas e a busca de características típicas"[71]; enfim, buscar expressar a complexidade do real.

A exploração da *dimensão molecular* da vida social mostra o comportamento humano agindo em relativa liberdade dentro do sistema, como resultado "de uma constante negociação, manipulação, escolhas e decisões do indivíduo, diante de uma realidade normativa que, embora difusa, não obstante oferece muitas possibilidades de interpretações e liberdades pessoais"[72]. Em suas relações com a história, Vinaver parece retratar, sem maniqueísmo, a implicação, sem exceção e em graus variados, de todos os indivíduos de um agrupamento humano na construção de sua própria história.

---

[68] Ibidem, p. 157.

[69] Idem.

[70] Ibidem, p. 160.

[71] Idem.

[72] Ibidem, p. 135.

Sobre os autores

Adalberto Paranhos – Professor do Instituto de Ciências Sociais e dos Programas de Pós-Graduação em História e em Ciências Sociais da Universidade Federal de Uberlândia (UFU). Bolsista de produtividade em pesquisa do Conselho Nacional de Desenvolvimento Científico e Tecnológico (CNPq). Autor, entre outros livros, de *O roubo da fala: origens da ideologia do trabalhismo no Brasil* (2. ed., São Paulo, Boitempo, 2007). Editor de *ArtCultura: Revista de História, Cultura e Arte* (www.artcultura.inhis.ufu.br).

Catarina Sant'Anna – Professora da Escola de Teatro e do Programa de Pós-Graduação em Artes Cênicas da Universidade Federal da Bahia (UFBA). Coordenadora do Grupo Interdisciplinar de Pesquisa Gaston Bachelard, Ciência e Arte (GIPGAB/UFBA), cadastrado no CNPq. Autora de *Metalinguagem e teatro: a obra de Jorge Andrade* (Cuiabá, EdUFMT, 1997).

Edelcio Mostaço – Professor do Departamento de Artes Cênicas e do Programa de Pós-Graduação em Teatro da Universidade do Estado de Santa Catarina (Udesc). Bolsista de produtividade em pesquisa do CNPq. Coautor, entre outros livros, de *Para uma história cultural do teatro* (Florianópolis/Jaraguá do Sul, Design Editora, 2010).

Evelyn Furquim Werneck Lima – Professora da Escola de Teatro e do Programa de Pós-Graduação em Artes Cênicas da Universidade Federal do Estado do Rio de Janeiro (UniRio). Bolsista de produtividade em pesquisa do CNPq e Cientista do Nosso Estado da Fundação Carlos Chagas Filho de Amparo à Pesquisa do Estado do Rio de Janeiro (Faperj). Coordenadora do Laboratório de Estudos do Espaço Teatral e Memória Urbana da UniRio. Autora, entre outros livros, de *Das vanguardas à tradição: arquitetura, teatro e espaço urbano* (Rio de Janeiro, 7Letras, 2006).

KÁTIA RODRIGUES PARANHOS – Professora do Instituto de História e do Programa de Pós-Graduação em História da UFU. Bolsista de produtividade em pesquisa do CNPq e do Programa Pesquisador Mineiro, da Fundação de Amparo à Pesquisa do Estado de Minas Gerais (Fapemig). Autora, entre outros livros, de *Era uma vez em São Bernardo: o discurso sindical dos metalúrgicos (1971-1982)* (2. ed., Campinas, Unicamp, 2011). Editora de *ArtCultura: Revista de História, Cultura e Arte* (www.artcultura.inhis.ufu.br).

LUCIANA MONTEMEZZO – Professora do Centro de Artes e de Letras e do Programa de Pós-Graduação em Letras da Universidade Federal de Santa Maria (UFSM). Coordena os grupos de pesquisa Los Duendes: Teatro en Español e Traducere. Coautora do livro *Mediações do fazer literário: texto, cultura & sociedade* (Santa Maria, PPGL, 2009).

MARIA DE LOURDES RABETTI – Professora da Escola de Teatro e do Programa de Pós-Graduação em Artes Cênicas da UniRio. Bolsista de produtividade em pesquisa do CNPq. Coordenadora do Laboratório Espaço de Estudos sobre o Cômico, do Centro de Letras e Artes da UniRio. Autora, entre outros livros, de *Teatro e comicidades 2: modos de produção do teatro ligeiro carioca* (Rio de Janeiro, 7Letras, 2007).

MARIA SÍLVIA BETTI – Professora do Departamento de Letras Modernas da Faculdade de Filosofia, Letras e Ciências Humanas e dos Programas de Pós-Graduação em Estudos Linguísticos e Literários em Inglês e em Artes Cênicas da Universidade de São Paulo (USP). Autora, entre outros livros, de *Oduvaldo Vianna Filho* (São Paulo, Edusp, 1997).

MIRNA ARAGÃO MEDEIROS – Mestre em História pela Universidade Federal Fluminense (UFF). Pesquisadora da Fundação Getulio Vargas (FGV) e assessora pedagógica do Programa de Leitura da Universidade do Estado do Rio de Janeiro (LerUERJ).

PAULO M. C. MACIEL – Doutor em Artes Cênicas pela UniRio, com pós-doutorado pela mesma instituição.

ROGER CHARTIER – Professor no Collège de France na cátedra Écrit et cultures dans l'Europe moderne. Diretor de estudos na École des Hautes Études en Sciences Sociales. Também leciona na Universidade da Pensilvânia e é membro do Centro de Estudos Europeus na Universidade Harvard, nos Estados Unidos. Autor, entre outros livros, de *Do palco à página: publicar teatro e ler romances na época moderna* (Rio de Janeiro, Casa da Palavra, 2002).

VERA COLLAÇO – Professora do Departamento de Artes Cênicas e do Programa de Pós-Graduação em Teatro da Udesc. Autora, entre outros livros, de *O teatro da União Operária: um palco em sintonia com a modernização brasileira* (Florianópolis, Udesc, 2010).

VICTOR HUGO ADLER PEREIRA – Professor do Instituto de Letras e do Programa de Pós-Graduação em Letras da Universidade do Estado do Rio de Janeiro (Uerj). Autor, entre outros livros, de *A musa carrancuda: teatro e poder no Estado Novo* (Rio de Janeiro, FGV, 1998).

Este livro foi composto em Berkeley, 11/13,5,
e impresso em papel Pólen Soft 80 g/m²
na Corprint Gráfica e Editora para a
Boitempo Editorial, em agosto de 2012,
com tiragem de 1.500 exemplares